U0105487

芃野東南民族叢書

整體稀缺與文化適應

——三岩的帕措、紅教和民俗

上冊

何國強　主編・許韶明、何國強　著

目次

總序

黃淑娉

　　青藏高原古稱「芃野」¹，「喜馬拉雅」與「橫斷」兩條山脈在東南交匯，形成北半球地表褶皺最明顯而緊密的區域——縱橫千里，層巒疊嶂，忽而峽谷幽深、激流洶湧，忽而懸崖突兀、雪峰傲立。雄奇的景觀掩飾著嚴酷的自然。適宜耕種的土地集中在河谷，陡峭的高坡土層稀疏、岩石裸露、雜草叢生，經常發生泥石流。山川、植被、動物、村莊依季節交替呈現出各種姿態：旱季，塵土飛揚、風霜嚴寒、萬物蕭條；雨季，四野青翠、鳥語花香、人畜徜徉於雲端。

　　芃野東南素有「民族搖籃」之稱。在北緯25°38'、東經90°104'的廣袤區域，由東至西，有金沙江、瀾滄江、怒江、獨龍江和雅魯藏布江，史前時代的漢羌之爭，造成部分羌人融為漢族，部分羌人西遷。²西遷的羌人一部分沿著江河古道北上甘青，另一部分南下川

1　《詩經·小雅·小明》曰：「明明上天，照臨下土。我征徂西，至於芃野。二月初吉，載離寒暑。心之憂矣，其毒大苦！……」大意為周天子令諸侯征伐氐羌係部落，西行到青藏高原，將士思鄉，無心戀戰，企圖班師回朝的情景。《說文解字》解「芃」，一為「遠荒」；一為草本植物，如「秦芃」——蘭花形，生長於黃土高原與青藏高原接壤地帶、海拔3,000米的荒野，愈往西愈密。故「芃野」指今青藏高原東部，即今川、青、滇、藏四個省（自治區）相交界的區域。

2　如〔南北朝〕范曄《後漢書·卷八十七·西羌傳第七十七》（景印文淵閣四庫全書本第252253冊）有「秦獻公初立，欲復穆公之跡，兵臨渭首，滅狄獂戎。忍季父印畏秦之威，將其種人附落而南，出賜支河曲西數千里，與眾羌絕遠，不復交通」的記載，說戰國初期（公元前475年）以「昂」為首的一支羌人迫於族群競爭的壓力，由今甘陝地區向西南徙遷至玉樹地區。

滇，到達今川、滇、藏交界區，更有一些部落進入了東南亞。他們南北行走的整套路線分佈的區域到公元前 4 世紀業已形成民族走廊。《史記》記載了張騫出使大夏（今阿富汗）見到四川特產的見聞漢朝的四川特產遠播大夏絕不可能走西域絲綢之路，那樣將徒增路程，最有可能的是走西南絲綢之路，起點為成都，終點為印度甚至波斯（今伊朗），中間點為夜郎（今貴州）、滇（今昆明）、南詔（今大理）、緬甸。這說明中西交通很早就貫通了。，那是公元前 2 世紀發生的事情。又過了兩個世紀，最後一批遷徙者沿著民族走廊進入東南亞。東晉、十六國時期（317-420 年），鮮卑族從大興安嶺西遷，抵達青海湖與當地羌人雜處，出現西羌、吐谷渾、白蘭、黨項、附國、吐蕃、姜人等古代部族，也有南遷的情況出現。各氏族部落在南遷路中定居、聯姻、繁衍，發生貿易、戰爭和宗教行為，經過千百年的基因採借與文化交匯，演變出藏族、門巴族、珞巴族、納西族、傈僳族、怒族、獨龍族、景頗（克欽）族、克倫族、驃族、緬族、撣族等境內外民族。[3]元明以降，封建國家的勢力先後侵及這片土地。目前，一塊歸中國，一塊歸印度，一塊歸緬甸。《艽野東南的民族叢書》就揭示了中國西南川、滇、藏和川、青、藏接壤地帶極具內涵的民族文化。這些民族是藏族、納西族、怒族、獨龍族和傈僳族。這些民族人們的體質特徵與三支種群有關：①蒙古北亞人，特徵是高身材、中頭型、高鼻型、前額平坦、黑眼珠，男人高大英俊，女人身材頎長；②蒙古南亞人，特徵是身材略矮、低頭型、前額微窄、褐色眼珠、低鼻型；③「藏彝走廊」型，介於前兩者之間，又自成一類，其特徵是中身材、中頭

3　參見〔五代〕劉昫《舊唐書》卷197列傳第147（景印文淵閣四庫全書本第268-271　冊，臺灣商務印書館，1983年）和（宋）歐陽修《新唐書》卷222上列傳第147上下　（景印文淵閣四庫全書本第272-276冊，臺灣商務印書館，1983年）關於南蠻、西南　蠻和驃國的描述。

型、中鼻型，孩子的眼珠較黑，成人的眼珠泛褐。具體來說，怒族和獨龍族人帶有蒙古南亞人的體質特徵，藏族、納西族和傈僳族人帶有「藏彝走廊」型的體質特徵。由於藏族人的來源複雜，內部族群眾多，有的體質特徵偏向蒙古北亞人。例如，三岩藏族人的體質特徵與塔吉克族、維吾爾族、錫伯族、哈薩克族、蒙古族等北方民族關係密切些，跟藏彝類型的藏族關係疏遠些。[4]無論體質特徵如何，這5個民族的人民都有率真淳厚、健談好客、謙讓剛毅、吃苦耐勞的一面。人們因地制宜謀取生活資料，建造房屋，修建梯田，引水渡槽，高山放牧；人們也抽煙喝酒、唱歌跳舞，知足常樂。

　　新中國成立後，黨和政府組織集中進行民族識別（1953-1956年）和少數民族語言與社會歷史調查（1956-1958年）。根據20世紀80年代出版的《民族問題五種叢書》的描述，當時藏族、納西族、怒族、獨龍族和傈僳族等民族已出現社會分化：有的社會結構呈尖錐形，如藏族的農奴制、納西族的土司制；有的社會結構呈鈍錐形，如保留著原始公社殘餘的怒族和獨龍族。民族文化的保持與傳承是通過社會結構來實現的。獨龍江兩岸的村落出現了頭人、大小巫師（南木薩、龍薩）、工匠、平民、家奴。前三種人基本上是富裕的族人，他們擁有土地，蓄養奴隸，並未完全脫離勞動。奴隸來自債務和買賣，成為家庭的一員，由主人安排婚姻，給予經濟開支。奴隸在公共場合（如祭禮、公議、公斷等）與平民有身份界限。勞動過程中主僕地位不同，主人為奴隸提供生產資料（如土地、牲畜、農具、種子），並佔有全部收穫物。人們在社會結構中各居其位，各層次的差別不大，在血緣、地緣基礎上發生的共濟、共慶、換工等集體行為維持著內部平

4　參見何國強、楊曉芹、王天玉等《三岩藏族的體質特徵研究》，載《人類學學報》
　　2009年第4期，頁408-417。

等，原始宗教和基督教起到恐嚇叛逆者、安撫民眾、制止反抗的作用。舊的社會結構被打碎以後，新的社會結構逐步建立，其所傳承的文化與過去有著質的不同。

17 世紀，西方人陸續進入喜馬拉雅東部山區與橫斷山脈南部的多條河谷。早期的傳教士、探險家帶著獵奇的眼光看待這裏的風土人情。19 世紀伊始，民族學家、地理學家、行政人員、橋樑工程師開始進入這片地域上無人知曉、地圖上一片空白的沃野。到 20 世紀 40 年代末的 150 年間，他們記錄了大量寶貴的材料。英國、美國、印度三國學者的成績尤為突出，如果只見他們為殖民政府服務的一面而不見其科學記述的一面是不公平的。在此，我願意借鑒沙欽·羅伊的書單[5]，肯定 J. 馬肯齊、J. 布特勒、G.W. 貝雷斯福德、A.F. 查特爾、P.C. 巴釐、B.C. 戈海爾、M.D. 普格[6]等人的工作；我還要提到 F.M. 貝利、F.K. 沃德、維雷爾·埃爾溫、P.N.S. 古塔、馬駿達、N. 羅伊、B.C. 古哈和 S. 羅伊等人的努力，特別是約瑟夫·洛克、克里斯托夫·馮·菲尤勒－海門道夫和埃得蒙·利奇的奉獻。

洛克於 1922 年到達中國西南邊陲，在川、青、甘、滇接壤地帶考察，為美國農業部、國家地理協會和哈佛大學收集植物和飛禽標本，在麗江度過了 27 年。隨著時間的推移，洛克的研究興趣轉移到納西族的文化上。他的《納西英語百科詞典》收入了東巴教及瀕於消亡

5　參見〔印〕沙欽·羅伊著，李堅尚、叢曉明譯：《珞巴族阿迪人的文化》（拉薩市：西藏人民出版社，1991年），頁297-302。

6　他們的代表作分別為《孟加拉東北極邊地區山區部落記事》（1836年）、《阿薩姆山區部落概述》（1847年倫敦版）、《阿薩姆東北邊境記》（1881年西隆版、1906年重印）、《阿波爾的弔橋》（載《皇家工程師》1912年第16卷）、《阿薩姆山區部落的頭飾》（載《皇家孟加拉亞細亞學會會刊》1929年總字第25卷）、《阿波爾人的農業組織》（載《人類學系調查報告》1954年第3卷第2冊）、《東北邊境特區的娛樂活動》（1958年）等，這裏僅僅提到很少的一部分。

的古納西語，他撰寫的《中國西南古納西王國》敘述了當時甘青交界處、滇西北、川西南和西藏納西族居住區域的地理、歷史、物產和文化。1992 年，邁克爾・阿里斯在紐約出版了《喇嘛、土司和強盜》，以圖文並茂的形式回顧了洛克在川、滇、藏的田野研究經歷。[7]

第二次世界大戰期間，利奇在克欽山區打游擊。那個地區為中國的滇、藏和印度的阿薩姆邦三面環繞，有號稱「野人山」的莽莽叢林。利奇廣泛地接觸克欽人，於 1954 年出版《上緬甸諸政治體系》，提出社會轉變的動力學模型。幾乎在同一時期，克里斯托夫・馮・菲尤勒-海門道夫在印度調查了 10 年，期間以特派員的身份在阿薩姆地區工作兩年。他和妻子貝蒂・勃納多在調查阿帕塔尼人[8]的間際中，專程到麥克馬洪線以南的斯皮峽谷，那裏距離西藏的瓦弄咫尺之遙。因物資供應不足，1944 年 4 月 2 日夫婦倆開始撤退，準備翌年再進行調查，後因印度政府決定推遲這項計劃，最終未能進入西藏察隅地區。海門道夫基於田野調查的 12 本書[9]對於青藏高原的研究極具參考價值。

7　參見Michael Aris et al. Lamas, Princes, and Brigands: Joseph Rock.s Photographs of the Tibetan Borderlands of China. China House Gallery, China Institute in America, 1992.

8　中國民族學界有一種觀點，認為阿帕塔尼人與珞巴族人同源，阿帕塔尼是珞巴族的組成部分。珞巴族包含20多個部落，如尼升、巴依、瑪雅、納、崩尼等，其經濟形態與獨龍族完全相同。

9　它們是《赤裸的那加人：阿薩姆邦的獵頭部落的戰爭與和平》（1939年第1版、1968年第2版、1976年第3版）、《蘇班西尼地區的民族學注釋》（1947年）、《喜馬拉雅山區未開化的民族》（1955年）、《阿帕塔尼人和他們的鄰族：喜馬拉雅山東部的一個原始社會》（1962年，有中譯本）、《尼泊爾的夏爾巴人：信佛的高地居民》（1964年）、《尼泊爾、印度和錫蘭的社會等級制度和血緣關係：對印度教與佛教相接觸地區的人類學研究》（1966年）、《尼泊爾人類學述略》（1974年）、《喜馬拉雅山區的貿易者：尼泊爾高地的生活》（1975年，前三章半有中譯本）、《喜馬拉雅山地部落：從牲畜交換到現金交易》（1980年）、《阿魯納恰爾邦的山地人》（1982年）、《西藏文明的復興》（1990年）和《在印度部落中生活：一位人類學家的自傳》（1990年中譯本）。

　　20 世紀 50 年代以後的民族學家，無論是美國人、英國人、法國人、印度人，還是中國人，都是在利用前人收集的原始資料、繪製的地圖、提煉的概念、闡述的命題和他們的民族識別、文化分類的成果，並汲取他們務實與求真的精神力量。

　　中國學者對青藏高原東南部的民族調查可追溯到抗日戰爭時期，左仁極、羊澤、朱剛夫、李式金、李中定、陶雲逵、黃舉安（以姓氏筆劃為序）等人曾赴三江（金沙江、瀾滄江、怒江）並流地區，調查成果雖然一鱗半爪，但科學精神不可低估。李霖燦、方國瑜、楊仲鴻對納西語的研究尤其值得一提。新中國成立後的幾十年間，我的同仁，如王輔仁、王曉義、孫宏開、劉龍初、劉芳賢、宋恩常、宋兆麟、吳從眾、李堅尚、楊毓襄、張江華、姚兆麟、龔佩華、譚克讓、蔡家騏、歐陽覺亞（以姓氏筆劃為序）等，跋涉於川、青、滇、藏交界區的山水之間，也提出批判地學習和吸收西方人類學的任務。[10] 1979年，西藏社會科學院資料情報研究所在北京成立，後遷至拉薩，組織翻譯了一批文獻，吳澤霖、費孝通都身體力行地做過譯介工作。[11]由於各種原因，我們的研究起步較晚，田野研究缺乏長期性、系統性，理論方法上也有故步自封的表現，偏重於社會經濟形態的素材，而較容易忽視社會組織、風俗制度與意識形態的素材。

　　改革開放以來，國內強調「補課」，出版了不少社會文化人類學（民族學）的理論著述，這是可喜可賀的。最近十幾年，獲得高級職稱的中青年學者也越來越多。但是，不可否認，一些民族學工作者欠缺實地調查的經歷，學界對田野調查的要求放鬆，對邊陲少數民族的研究遠遠不夠，市面上田野研究的著述稀少。有人說，目前田野工作

10　參見林耀華〈序〉，見黃淑娉、龔佩華《文化人類學理論方法研究》（廣州市：廣東　　高等教育出版社，2004年）。

11　參見《費孝通譯文集・前言》（上冊）（北京市：群言出版社，2002年），頁2。

的條件（如交通、通訊、住宿、飲食、醫療、安全、語言溝通、調查
工具和手段等）較之 20 世紀五六十年代不知改善了多少，可如今的
實地調查與書齋研究的比例較之於過去不知減少了多少。[12]本人深有
同感。我雖然退休多年，但也知道一點外面的情況。現在科研的資助
力度每年都在增大，下達的課題也在增多，出版界欣欣向榮，民族類
的期刊、書籍相當多；但是，深入紮實的調查研究沒有跟上來。由於
辛勤收集第一手資料和認真提煉、精巧構思並以樸實平正的筆調敘述
的作品不太為社會所賞識和鼓勵，因此田野作品越來越少。這種情況
與歷史的發展很不合拍。就青藏高原東南部而言，隨著旅遊的開發，
三江並流自然景觀被列入《世界遺產名錄》，社會對非物質文化的保
護意識被帶動起來了，國內外迫切需要瞭解這一區域的民族現狀，搶
救、整理和保存當地的原生態文化迫在眉睫。但經常到農牧區做調查
的人不多。原因何在？這恐怕與投入和產出的衡量標準有關。譬如，
有些環境陌生而艱苦，原創性作品生產周期長，即使出得來，社會反
應也需要一定時間，不如「跟風」成效快。「不可否認，學界急功近
利的浮躁之風，評判成果室內室外一刀切的做法，都是使田野調查邊
緣化的原因。」[13]我認為，端正調查之風、調整激勵機制勢在必行，
否則民族學研究將難以為繼，更談不上以良好的姿態服務於社會。

　　西北川、青、藏交界區，以及西南邊陲川、滇、藏接壤地區，民
族學資源異常豐富，吸引著以何國強教授為首的研究團隊不畏艱苦、
鍥而不捨地調研。這套由 7 部專著組成的叢書即有選擇性地介紹了那
裏的民族文化。分冊和作者名依次為《青藏高原的婚姻和土地：引入

---

12 參見郝時遠主編：《田野調查實錄：民族調查回憶・前言》（北京市：社會科學文獻
　出版社，1999年），頁3。

13 英國皇家人類學會編訂，周雲水、許韶明、譚青松等譯：《人類學的詢問與記錄・
　序言》（北京市：國際炎黃文化出版社，2009年），頁13-14。

兄弟共妻制的分析》（堅贊才旦、許韶明）、《碧羅雪山兩麓人民的生
計模式》（李何春、李亞鋒）、《整體稀缺與文化適應：三岩的帕措、
紅教和民俗》（許韶明、堅贊才旦）、《獨龍江文化史綱：俅人及其鄰
族的社會變遷研究》（張勁夫、羅波）、《青藏高原東部的喪葬制度研
究》（葉遠飄）、《婦女何在？三江並流諸峽谷區的性別政治》（王天
玉）、《滇藏瀾滄江谷地的教派衝突》（王曉、高薇茗、魏樂平）。翻開
細細品味，看得出作者們長期研究的積纍。主編何國強教授是我的學
生，也是這個研究團隊的組織者。他 17 年來堅持探索漢藏區域文化，
主張多學科相結合，調查素材、史志和理論三點互補，中外資料融會
貫通，以及漢族區域和少數民族區域的文化現象互為襯托的研究思
路。自 1996 年夏天至今，他已 11 次踏上青藏高原。擔任博士生導師
以後，他努力尋求基金會的支持[14]，推動每一屆研究生到青藏高原東
部和東南部選題作論文，秉承老一輩民族學家研究西南民族的傳統，
深入偏遠的高山峽谷。據我所知，另外 10 位中青年作者在跟隨他學習
期間，除極少數人之外，皆有 1 年左右的調查經歷，目前分別在高校
或科研部門工作。他們的成果與書齋式的研究不同，每一本書都充滿
鮮活的材料，講理論、重實際，穿插縱橫（時空）比較和跨文化研究
（類型）比較，散發著田野的芬芳。

　　調查員根據已有的知識草擬提綱，到當地觀察、詢問和感受，苦
學語言，一絲不苟地記錄，孜孜不倦地追尋文化變遷的足跡，修正調
查提綱和理論預設。他們入鄉隨俗、遵循當地禮節，與村民建立互

---

14 本研究相關課題獲得4次資助，即「青藏高原的兄弟共妻制研究：以衛藏和康的五
個社區為例」（香港中山大學高等學術研究基金，2004-2005年）、「青藏高原東部三
江並流地區民族文化的歷史人類學研究」（教育部人文社會科學基金，2006-2008
年）、「三江並流峽谷的民族文化和社會結構變遷研究」（國家社會科學基金，2007-
2009年）、「川青滇藏交界區民族文化多樣性的動力學研究」（國家社會科學基金，
2012-2014年）。

信，由此獲得可信的感知材料。但這套叢書不是田野材料的機械堆砌，而是在科學方法和理論模組引導下的分析、綜合與描述，不僅揭示了該地區存在的一些問題——如風俗制度的動力和機制、傳統生計的命運、社會轉型時期婦女的角色變遷等——而且對這些問題做出了切合實際的解答。

這套叢書堅持了民族學研究偏遠之地的優良傳統，同時強調多維視角，突出科研的前沿性、創新性及應用性，對於邊疆少數民族的研究具有彌足珍貴的作用，同時給東南亞乃至世界的民族學提供了參考價值；在搶救和整理瀕臨絕境的原生態文化方面，體現了學術研究在增進國民福祉及促進社會和諧過程中的作用，在為西部開發提供決策依據並帶動民族文化的保護性研究等方面均有不可忽視的意義。

這套叢書還凸顯了「好料做好菜」的訣竅。前期 4 個課題資助，10 餘年田野調查取得的第一手資料絕不會自動轉化為社會公認的產品，需要緊扣「民族特色」提煉選題，科學搭配，形成整體效應。編者先是將婚姻與喪葬制度、血緣組織、傳統生計、本地宗教和外來宗教（東巴教、藏傳佛教和天主教）的碰撞、婦女地位、先進民族的幫助與後進民族的發展等選題集合在一個總題目下共同反映特定區域的文化，「好菜」就做了一半；繼而在中山大學出版社的鼎力協助下申請國家出版基金資助專案，爭取新的資源來整合後續工作。這樣，整道「菜」就做好了。以上兩點在何國強教授與中山大學出版社的通力合作中可見端倪，同時專家的支持[15]也相當重要。在這個基礎上，各分冊的作者和責任編輯保持良好的互動，認真審稿，精益求精地修改文本、補充資料、優化結構，本著為人民高度負責的精神對待自己的

---

15 這套叢書於2011年入選「十二五」國家重點圖書出版規劃專案，2012年入選國家出版基金資助專案。兩次申報工作，均得到四川省社會科學院任新建研究員和中國人民大學胡鴻保教授的極力推薦。

職業。凡此皆說明學術界與出版界的精誠合作對於完成科研成果轉換的重要作用。

前言

地球上有條神秘的北緯 30 度線，世界上的許多自然景觀、文化古跡均薈萃在這條虛擬的緯線之上，三岩赫然位於其間。三岩是金沙江中上游一段狹窄的峽谷，此處山高水深，地勢險峻，群山連綿，而三岩人的村寨錯落有致、星羅棋佈地散佈在這些高山峽谷上，顯示出依江而建、就地取材和聚族而居的特徵。

然而，三岩吸引著眾多研究者的興趣，還不僅因其獨特的生態環境與地理位置，更是因其長期作為「化外野番」存在於國家的視閾之外。所謂「窮山惡水出刁民」，「三岩」一詞亦可能來源於此。歷史上的三岩人「以獷悍為能，以殺掠為事」，他們來往於川藏大道之間，夾壩偷盜，殺人越貨，為所欲為。毫不誇張地說，三岩人曾讓鄰近地區的農牧民避讓三舍，讓歷代的政府官吏談之色變，也讓過往穿梭於茶馬古道的眾多商隊馬幫膽戰心驚。三岩流傳著的一些族源傳說、《強盜歌》和「男人不搶竊，不如守灶門」等習語，足見此習俗絕非空穴來風。

誠然，三岩得以聲名遠揚，還因為當地保存著原始社會時期基於父系血緣認同的宗族組織──帕措，保留有「男織女耕」和刀耕火種的原始生產方式，實行多偶制婚姻，以及遵奉苯教和以紅教寧瑪派為主體的藏傳佛教的宗教信仰等。正因為如此，三岩作為一個特殊的旅遊文化勝地，被附加上「父系社會的活化石」、「男人國」、「父系部落」等光環，作為獵奇的商品不斷地給讀者消費。近年來陸續上市的一些與三岩有關的旅遊文化作品，可視為其中的代表。

一定程度而言，三岩社會中人們的行為模式、生活習慣和價值理念，或許與我們一般所熟知的社會有所不同，甚至讓人感到匪夷所思、震撼不已。然而，把所有極端的事件和情景放置在人類學的視角之中，一切都是可以解釋並找到答案的。誠如人類學家博厄斯所言，每個社會都是其特殊歷史的產物，要想瞭解為何這一特定的社會不同於另外一個，關鍵點就隱藏在特定人群的歷史當中。為此，筆者隱約感到，三岩在歷史發展時期所形成的獨特的族群與文化，正是當地獨特的生態環境與文化適應相結合的歷史產物。人類學既是社會科學中的一門顯學，也是理解人類自身社會與文化的一把利器。人類學（尤其是文化人類學）為深刻理解人類生活的複雜性與多樣性提供了獨特的視角，採用人類學的方法對三岩做較為透徹的學術探討，在當前的學術界還甚為少見，本書正好填補了這一空白。

本書的關鍵字有兩個：整體稀缺與文化適應。一方面，三岩是個整體稀缺的社會。顧名思義，「整體稀缺」的社會不僅指在生態環境和物質資料方面極度匱乏，還指一個政治制度、軍事制度、道德規範、宗教制約等方面高度缺乏的社會，近乎等同於人類早期無政府的自然狀態。整體稀缺在三岩地區包括了五個方面的內容，分別為物質生活資料的稀缺、社會制度的稀缺、道德的稀缺、精神教化的稀缺和娛樂與遊戲的稀缺。可以認為，惡劣的生態環境促使三岩人長期處於一種「整體稀缺」的狀態，在無形中造成一種「生態迫力」。另一方面，人們絕非被動無助地適應著環境；正相反，這是一種動態的調試過程，此過程常常被認為是種文化適應。文化適應是特定的動物有機體在與外界環境的互動過程中，用來調適自身與其關係的一種具體而又明確的文化機制。文化適應特別關注在特定環境中人類文化與環境的和諧發展。文化適應在三岩地區表現出三種獨特的維度——帕措、紅教和民俗。

　　在此文化適應的進程中，從政治層面上來看，帕措不僅是種基於父系血緣認同的世系群，而且還是一種獨特的政治組織，雖然它何時形成於三岩，於今已無稽可考；從意識形態層面上來看，在吐蕃政權和中央王朝的國家勢力進入之時，此處宗教走上了一條由多元走向單一的發展道路，紅教亦由此在三岩呈現出「獨尊一家」的盛況；而從社會文化層面上看，三岩人歷經歲月編織出了一條貫穿生活與生產各方各面的繩索——民俗。帕措、紅教與民俗三種文化制度形成一個系統化的整體，它們不僅具有和諧的特徵，而且共同指向同一內核——社會團結。此社會團結作為一種社會文化主題，又被三岩社會內部不斷地加以強化，最終促使三岩發展出極具自身特色的族群、宗教與民俗文化。

　　誠然，剖析三岩社會、政治與文化結構是本書的重點，如關注三岩的整體文化，釐清帕措這一基於血緣的社會政治組織的運作模式，追溯三岩的宗教文化何以出現單一化的特徵，以及翔實地羅列出涉及三岩人生活方方面面的民俗文化等。然而，本書的重點並不局限於此。中國自身的地理、政治和歷史背景，是否對三岩人的社會、政治和經濟生活發揮著重大的影響？三岩人如何被捲入國家的進程中？三岩人的精神世界究竟是怎樣的情況？三岩人又是如何成功解決爭端與衝突的？它對於保留三岩人的族群性是否有著積極的作用？以上的諸多問題，本書都試圖一一去尋找答案。

　　毋庸置疑，三岩的族群與文化並非是一成不變的，特別是當國家政權進入之後，三岩也在發生劇變。例如，三岩自從被納入國家和地方政權的管轄之後，其盜搶與夾壩的行為反倒頻繁地發生，顯示出某種文化適應性。近100年來，也就是在「國家進入之後時期」，藏傳佛教下的紅教寧瑪派在三岩地區逐漸呈現「獨尊一家」的景況，有別於三岩在「國家進入之前時期」的多元性特徵，而這明顯也與當地特

殊的歷史化進程密切相關。

需要指出的是，三岩在藏語中又名「熱西熱克西巴」，意為「化外野番之地」，正所謂「歷不屬藏，亦未附漢」。帕措不僅是個立足於血緣關係的社會群體，更是個在政治上相對獨立的政治團體。可以認為，帕措存在的價值，主要是確保其自身的主權自治性。從這層意義上講，帕措具備了原始部落社會的某些特徵。然而，誠如拿破崙・查岡所言：「當前地球上鮮有未知的部落存在，能與他們進行『初次的接觸』……當這些部落社會永久地消失，遺留下來的僅僅是一些報導人的回憶錄而已……」許多的民族與族群正遭遇著這一問題，它們也被稱為「消失的少數民族文明」，其中有馬塞族、胡力族，雅諾瑪莫人、涅涅茨人、杜立巴人、瓦努阿圖人以及我國和尼泊爾的珞巴人等，三岩人自然可算作其中的一分子。

近百年來，隨著國家的進入、政府的干預以及外來文化的影響，三岩社會的政治獨立性正日漸勢微，甚至在逐步消失。如果說以往高山峽谷在相當程度上限制了三岩人與外界的交往，那麼現在與之前的情況已不可同日而語了。從縣城通往各鄉的公路均早已修通，絕大多數三岩人的家庭添置了電視機，購買了 VCD 機和 DVD 機，一些村子甚至實現了手機通網，電腦和網路也將逐步進入三岩人的家庭。當然，三岩人也時刻渴望著與外部的交流。以往把三岩人與外界分離開來的高山峽谷，已不再是阻隔三岩人走出三岩的障礙。2006 年，昌都地區貢覺縣舉辦了首屆「三岩文化藝術節」，可看到各方為加速此種交流所做出的努力。

概而言之，三岩的建設者們正在描繪一幅藍圖：在不久的將來，沿著金沙江峽谷修建寬敞的柏油馬路，北接江達，南達芒康，兩岸架起多座行走汽車的弔橋，交通條件的改觀將根本改變三岩的封閉狀態，給傳統文化帶來巨大的衝擊。不難預想，隨著旅遊業的興起、

「地球村」的實現和現代化的衝擊，不可避免地將對三岩社會產生深遠的影響。未來的三岩將會朝著什麼方向發生變化，三岩人還能多大程度地保留自身的族群文化，他們的內心世界是否還容得下佛教文化，現在均是值得深思又難以預料的問題。在此之前，筆者能夠做的就是在變化到來之前盡可能全面地記錄，做些「搶救」性的田野工作，希望能把三岩人在一兩百年間的「生活世界」翔實地展現在讀者的面前，並且結合理論作出適當的解釋。至於本書能在多大程度上完成這一使命，相信讀者在閱讀過程中，自可下個結論。

許韶明

2013年10月於廣州

第一章
三岩

> 踞西康之中央，崇山疊，洵溪環繞，深林絕峪，出入鳥道，形
> 勢危險，以吉池為上岩，雄松為中岩，察拉寺為下岩，總其名
> 曰「三岩」，尚為中外人士不跡之地。
>
> ——劉贊廷

第一節　三岩進入國家的肇始

三岩位於北緯 29°33′14.36″～30°24′5.16″，東經 95°51′59.38″～
96°32′18″，是金沙江中上游一段狹窄的峽谷。此地山高水深，地勢險
峻，群山連綿，後人留有「崇山疊，洵溪環繞，深林絕峪，出入鳥
道，形勢危險」的形象描述[1]。

一　社會與國家的起源

眾所週知，人類社會是從以親屬關係為基礎的簡單社會逐漸演化
為以國家為單位的複雜社會的。然而，社會人類學關於人類社會的起
源一直存有爭議。例如：作為個體的人如何融入社會化的群體生活？
按照血緣親疏原則組織起的家族或氏族是歷史發展的必由階段嗎？這

1　參見劉贊廷：《武城縣志》，《中國地方志集成‧西藏府縣志輯》（成都市：巴蜀書社，
　1995年），頁133。

種社會的凝聚力從何而來？諸如政治制度、宗教、民俗等非直接性的生產活動，究竟在社會中扮演著何種角色？早期社會是如何處理暴力、衝突與合作的關係的？國家最終又是如何產生的呢？

表面看來，這些問題涉及面異常地寬廣，彼此間又似乎各不相干，鮮有人知道它們間實質存在著某種必然性。一個多世紀以來，關於家庭、國家以及生產關係之間的關係，業已開展數次激辯。例如，關於家庭的產生，當前主要存在兩種截然不同的說法：一種認為家庭是構成社會的細胞，人類社會不外乎由這種自然關係的數量的累加復合為民族，進而發展為國家；另一種觀點認為人類天然就是群體性動物，在男女兩性關係的自然屬性的基礎上組建而成的家庭，是先期於社會的。

摩爾根確立了以親屬制度來追溯家庭形式的理論和方法。他結合各地收集而來的民族志素材，描繪出國家進入之前時期的胞族、氏族及部落群的基本情況，其正確性被後來民族學和歷史學所發現的大量的新資料所證實。在他看來，家庭形式與親屬制度之間天然有著本質的聯繫，婚姻形態是家庭形式的基礎，家庭形式又是親屬制度的基礎；另一方面，國家是由氏族和部落髮展而來的，後兩者分別建立在血緣認同與姻親聯盟的基礎之上，「自由、平等、博愛的社會結構」，是多數早期社會的顯著性特徵。[2]

在摩爾根的研究基礎上，馬克思強調了私有制在國家起源中所起到的關鍵作用。然而，關於家庭的起源，馬克思的態度卻表現得模棱兩可。一方面，他默認人類社會一開始便是從集團起步的；另一方面，他也認為家庭作為人類生物學的生活單位保留在社會集團的基

2　〔美〕摩爾根著，楊東蓴、馬雍、馬巨譯：《古代社會》（北京市：中央編譯出版社，2007年）。

底。換言之，他認為家庭基本上是人類的自然範疇，沒有堅持說明其是階級社會的產物。關於國家，純粹的馬克思唯物論的觀點則認為，國家是社會本身的運動，表現為由內部矛盾的發展而成，以統治階級的意志為不可轉移，並以統治階級的形態而定型的。

恩格斯同樣關注前資本主義社會，他就家庭的發展形式提出了一個重要的觀點——不同的生產技術形式與不同的婚姻家庭形式相聯繫。蒙昧階段，不存在私有財產觀念，因而不存在經濟不平等現象，婚姻形態是建立在母系繼嗣上的群婚。野蠻階段，男性取得了生產領域的支配權，出現對偶婚。文明階段早期，出現了父權制家庭，婦女依附於日益以男性為主導的經濟體系，婚姻以一夫一妻制的個體婚為主導。此外，社會出現了三次社會大分工，有兩次發生在原始社會後期，不僅引起流動人口的增加，而且出現了新的合作關係，新的技術、工藝、產品乃至新的管理形式。由於資源與財富的不對稱流動引起貧富之間的分化，從而衝擊了原有的血緣關係、婚姻家庭、社會組織。隨著私有制的產生和階級的分化，國家便產生了。[3]

一定程度上，日本人類學家豐增秀俊豐富了馬克思和恩格斯的階級衝突論思想。他認為，人類在獲取食物的過程中，隨著原始狩獵社會的發展，發生了兩次重要的分化，即出現了分別以農耕和畜牧為基礎的農業社會和游牧社會。兩者之間的鬥爭強化了制度化的社會內部關係，於是國家出現了。由於一方集團在與另一方集團經常性的鬥爭中取得了壓倒性的勝利，出現了一方剝奪另一方財產乃至勞力的情況。階級的形成和國家的成立，完全改變了社會集團的性質，後者更是直接導致了以血緣為繼承自然順序的家庭或氏族的出現。埃及、巴

---

3 〔德〕恩格斯：《家庭、私有制和國家的起源》（第二章、第九章），《馬克思恩格斯全集》第21卷（北京市：人民出版社，1965年），頁88、179-198。

比倫、印度和中國，依次成為世界最早的一批農業文明國家，一個重大的原因是游牧民社會給予農業社會施加了壓力，無論是在掠奪的數量還是次數上都占絕大多數，促使後者內部結構不斷地強化，最後導致了集團化國家的產生。[4]

二　中國社會與國家的起源

關於國家的產生，後來出現的諸多學說無不集中在兩種——衝突論和整合論之上，即認為所有的原生國家不是通過衝突就是通過整合產生的。[5]在筆者看來，農業社會和游牧社會之間發生鬥爭進而整合為國家，這種說法放入中國的歷史化進程中，還是頗為貼切的。眾所週知，古代中國的社會文化向來分化為農業文明和草原文明兩種主要類型，兩者之間為了爭奪有限的資源所發生的掠奪與反掠奪性戰爭，幾乎主導了中國歷史的整體變遷與發展。神話傳說中黃帝與蚩尤之間的戰爭，可視作這種衝突的最早印記。

中國社會兩種文明的分野，首先與中國大陸的地形、地勢的分佈有著極為密切的關係。我國的地形複雜多樣，山區面積大，東部和西部存在很大的差異。西部主要是山地、高原和盆地；東部主要為丘陵和平原。就地勢而言（參見圖 1-2）[6]，表現為西高東低，大致呈梯形分佈，其中又分為三個級別：第一級——我國西南部的青藏高原，平均海拔在 4,000 米以上，號稱「世界屋脊」；第二級——在青藏高原邊緣以東和以北，是一系列寬廣的高原和巨大的盆地，海拔下降到

4　〔日〕豐增秀俊，葉渭渠、唐月梅譯：《原始社會》，（北京市：中國文聯出版公司，1991年）。

5　何國強編著：《政治人類學通論》（昆明市：雲南民族大學出版社，2011年），頁10。

6　圖1-2獲得廣東省地震工程勘測中心馬浩明博士的技術指導。

1,0002,000 米；第三級——在我國東部，主要是丘陵和平原分佈區，大部分海拔在 500 米以下。第三級階梯繼續向海洋延伸，形成了近海的大陸架。西高東低的地勢一直向海洋傾斜，有利於海洋上濕潤氣流向內陸推進，帶來充沛的降水。自西向東來看，崑崙山—阿爾金山—祁連山—橫斷山脈，把屬於第三級的青藏高原與第二級的高原、盆地切割開來；大興安嶺—太行山—巫山—雪峰一線則把第二階梯與第一階梯的丘陵和平原分離開來。如果說位於第一階梯的丘陵和平原地帶適合精細型農業耕作，那麼位於第三階梯的青藏高原則更適合於畜牧業的發展。作為第二階梯的高原、盆地地帶，可視為兩者之間的緩衝地帶。

一種來自混沌學的觀點認為，宇宙是由混沌之初逐漸形成現今有條不紊的世界的，即由無序進入有序。[7]混沌現象起因於物體不斷以某種規則複製前一階段的運動狀態，而產生無法預測的隨機效果。具體而言，混沌現象發生於易變動的事物或系統，在行動之初極為單純，但經過一定規則的連續變動之後卻產生了始料未及的後果，也就是混沌狀態。混沌現象最先用於解釋地理和自然界，後來延伸到人文及社會領域。[8]在筆者看來，就中國歷史而言，處於第二階梯內乃至它與第一、第三階梯的交界地帶，均可列入多元文化的「混沌區」之內。

這片廣袤無垠的土地，為多元文化的培育、產生與發展提供堅實的土壤。具體表現為：農業文明與草原文明之間的衝突進行得尤其激烈，相互之間的接觸也來得更為頻繁，不僅強化了各自的內部組織，而且直接導致地區差異性與文化多元性的產生。三種因素在其中發揮

7　吳祥興等：《混沌學導論》（上海市：上海科學技術文獻出版社，2001年）。

8　唐曉峰：《從混沌到秩序——中國上古地理思想史述論》（北京市：中華書局，2010年）。

作用：第一，農業文明和草原文明的對抗不可能一直維持下去，彼此也有休養生息的需要，而在兩者之間的緩衝地帶，往往能為地方差異性製造出一個保護性的屏障；第二，現實總是摻雜著各種各樣的複雜條件，很難說誰與誰非要擁有同質的文化不可；第三，就歷史的本質而言，每個社會文化均是自身特殊歷史的產物。如果這種設想成立，我國作為多元一體的民族國家，就其家庭與國家的起源和發展問題，便可獲得一個可供參考的變數。換言之，國家與家庭的起源，完全可能會是一幅截然不同的圖景。在獨特的地理環境、歷史傳統、社會—文化等諸多因素的合力作用下，家庭與婚姻的觀念、國家的起源，以及生產關係在其中所扮演的角色，均可通過一個具體的個案加以說明。它猶如一面映照之鏡，以便我們更好地反省自身。三岩位於青藏高原東南部邊緣、橫斷山脈地區，屬第二、第三階梯交界地帶，恰巧為我們提供了一個理想的研究社區。

三　三岩的歷史變遷與族群融合

　　三岩社區的行政區域，包括沿金沙江一帶今屬川、藏二省（自治區）的 5 縣 14 鄉（參見表 1-1）。歷史上的三岩雖有文化傳承，卻無文字記載。關於三岩文化的來龍去脈，早已湮沒在歷史的煙塵中。誠然，通過其它民族（如漢族、藏族等）所保存的浩如煙海的典籍，倒也可以蠡測一番。

表 1-1　三岩涵蓋的區域

金沙江峽谷區		省（自治區）	縣	鄉
三岩	上三岩	西藏	江達	邦拉、生達
			貢覺	剋日、羅麥

金沙江峽谷區		省（自治區）	縣	鄉
三岩	中三岩	西藏	貢覺	沙東、敏都、雄松
		四川	白玉	山岩
	下三岩	西藏	貢覺	木協
			芒康	戈波、尼增、宗西、竹巴龍
		四川	巴塘	甲英

　　首先，關於青藏高原邊緣地帶的位於金沙江河岸的民族，漢族中與此相關的歷史文獻記載大多語焉不詳，但認為那裏是荒涼之地大概總沒有錯。在《詩經‧小雅》中，有「我徂徂西，至於氒野」的詩句。「氒野」一詞後來用來指代青藏高原地區。關於金沙江，古籍有「弱水」、「繩水」和「淹水」的說法。古代關於弱水的記錄其實很多，例如，《山海經‧大荒西經》云：「西海之南，流沙之濱，赤水之後，黑水之前，有大山。名曰崑崙之丘。……其下有弱水之淵環之。」《十洲記》曰：「鳳麟洲在西海之中央，地方一千五百里，洲四面有弱水繞之。鴻毛不浮。不可越也。」這些記錄均表明弱水乃水名。《山海經》的成書年代跨越了幾個時期，分別為東周、春秋、戰國，但至晚不會在秦統一（公元前221年）以後。[9]東漢許慎的《說文解字》及稍後的《漢書‧地理志》中，卻將今雅礱江以上部分稱為淹水。由此可見，至少在東漢以前，古人對西域河流尚存在錯誤的認識。《禹貢》被認為是中國古代地理的金科玉律，《禹貢》對於山川的資源考察是華夏文明甚至人類歷史上最早的大規模地理考察活動，但是它也錯誤地認為長江來自「岷江導江」，對金沙江上游的理解依然存在著空白，只好籠統地稱其為「黑水以西」。[10]實際上，關於「金沙

9　茅盾：〈中國神話的保存與修改〉，《二十世紀中國民俗學經典‧神話卷》（北京市：社會科學文獻出版社，2002年），頁34。

10　〔宋〕程大昌：《叢書集成之禹貢山川地理圖》（北京市：商務印書館，1936年）。

江」的提法，直到明朝末期的《天工開物》才首次出現：「金多出西南……水金多者出雲南金沙江（古名麗水，此水出吐蕃），[11]繞流麗江府，至於北勝州，迴環五百餘里，出金者有數截。」[12]

在更為久遠的年代，金沙江沿岸就有不同的族群在遷徙中定居下來。就歷史沿革而言，當地一直處於中央王朝或地方勢力的管轄區內，不是受其政治勢力的輻射作用，就是受其排斥和擠壓。例如，三岩在西漢屬旄、羌之地；西晉時期受瑪律敢管轄；隋代為附國；唐代由吐蕃、吐谷渾等地方政權接管；元代設宣政院轄地，明代替換為朵甘思宣慰司；清代中期在三岩設置流官宗本，清末成立武城縣；民國初期設川邊特別區、西康省等。[13]

一如其它多數的邊疆民族地區，與三岩相關的國家管理機構和地方政權不乏歷史連貫性。然而，在更多的情況下，三岩被稱為「絷西熱克西巴」。藏語中「熱克」是「勝者為王」的意思，「三岩」則是藏語地名的音譯[14]，意為「惡地」。這明確指出三岩是作為「化外野番」的狀態而存在的，具有相當的主權自治性。此外，當地還有「熱克奔沒，秤沒龍巴」的說法，即三岩是個「既沒有頭領，也沒有王法的地方」。當地民歌中有這樣的歌詞，其意大致為：「這一帶是沒有官員的村莊呵，百姓不受法律的約束。」史料也留下了佐證：「（三岩野番）自東至西僅二百餘里，自南至北計四百餘里，無土司頭目管束，各不

---

11 金沙江實質發源於青海省，而非西藏（吐蕃）。

12 〔明〕宋應星著，潘吉星譯注：《天工開物》（上海市：上海古籍出版社，2008年），頁128-129。

13 參見顧頡剛、章巽編：《中國歷史地圖集——古代史部分》，（北京市：地圖出版社，1955年）。

14 因漢語方言的發音差別和漢字諧音的問題，出現了音譯不統一的情形，如「三艾」、「三芟」、「三崖」、「薩安」、「撒硬」、「山暗」、「三暗巴」和「桑岩」等，發音雖不一致，但在歷史上與現實中均指同一區域。三岩設治後，稱「武成」，後人亦稱「武城」，雄松為治所駐地。

相下，或數十戶為一村，或百餘戶為一村，不相往來，各村亦常互
鬥。」[15]三岩其惡，既指山水險阻，也指民風彪悍，有「無酋長，以
搶劫殺人為雄，歷不屬藏，亦未附漢」的記錄。[16]由此可見，獨特的
地理位置和條件，一定程度上隔絕了三岩與外界的聯繫。

然而，三岩的名聲在外，更多地與當地的社會—文化因素相關，
如存在基於父系血緣認同的宗族組織——帕措、刀耕火種的原始生產
方式、驍勇彪悍的民風、掠奪與偷盜成性的「夾壩」行徑、駭人聽聞
的「血仇制」、多偶制婚姻形態，以及由多元化轉向單一性的宗教信
仰等。由於許多原汁原味的傳統文化和民俗風情得以保存下來，三岩
被冠名為「父系原始社會的活化石」[17]。

有文獻指出，三岩宗的社會組織以「帕措」頭人來維繫，歷代王
朝和藏政府都未能真正設治管理。[18]事實上，相對「三岩」而言，「帕
措」一詞出現的歷史更為久遠。關於「帕措」的來源與歷史，現已無
任何資料可考，但存在以下五種說法，指明「帕措」存在的時間至少
長達 600 多年：第一，「帕措」產生於人類早期的「英雄年代」，即原
始社會初期的父系氏族社會；第二，「帕措」是阿里古格王朝流亡的
後裔；第三，「帕措」是從四川省的白玉、巴塘和德格等地遷徙過來
的，有六七百年的歷史；第四，「帕措」是史詩中總管王絨察根的後
裔；第五，在貢覺縣人民政府組織的一次調查中，發現 13 世紀薩迦
派高僧八思巴前往薩迦時曾路經貢覺，他除了為貢覺望族達魯家的經
堂開光以外，還組織康區繕寫人員抄寫《甘珠爾》經，當時有一本

---

15 傅嵩炑：〈三岩投誠記〉，《西康建省記》，（臺北市：成文出版社，1912年），頁81。

16 參見劉贊廷編：《武城縣志》，《中國地方志集成·西藏府縣志輯》（成都市：巴蜀書
社，1995年），頁133。

17 范河川編著：《山岩戈巴》（成都市：四川大學出版社，2000年）。

18 西藏昌都地區地方志編纂委員會編：《昌都地區志（上）》（北京市：方志出版社2005
年），頁29。

《藏經》在後記中談到抄寫的施主時，涉及了「乃達帕措」的名字，這部經書原來珍藏在貢覺縣羅麥鄉的達松寺內。[19]

　　歷史上的三岩，不僅作為具體的地域概念，更是作為族群概念為外界所知的。可以斷言，三岩具有濃厚的民族學色彩，首當其衝與當地位於一條古代民族遷徙路線的活躍地帶及其輻射區有關。北緯25°33′，東經97°104′，自古以來是北方古代民族交匯地帶，從戰國延至元代，許多民族在這裏融合。史載「秦獻公初立，欲復穆公之跡，兵臨渭首，滅狄獂戎。忍季父昂畏秦之威，將其種人附落而南，出賜支河曲西數千里，與眾羌絕遠，不復交通」[20]。公元前475年，以「昂」為首的一支羌人迫於族際競爭的壓力，向西南徙遷至玉樹地區。古羌人是游牧民族，逐水草而居的習性與族群互動的「多米諾效應」同時發生作用，橫斷山脈所包夾的數條河谷則給予他們由北而南的便利。時間是悠久的，變化是複雜的，不僅三岩藏族，而且納西、普米、白等民族的先民都可追溯到氐羌系部落。

　　金沙江上游為通天河，兩岸有7處負山臨水的遺址。玉樹縣仲達鄉切定郎巴溝遺址的器物研究表明，「某些因素與卡約文化晚期比較接近」[21]。卡約文化晚期發生在戰國至東漢時期，一般認為是羌人的遺存，[22]推測切定郎巴溝遺址的居民可能受到「羌」文化的浸染。該遺址南面160公里另有一個名叫卡則的遺址，出土雙大耳罐陶器、石板墓葬、裝有兒童屍骨的甕棺，含古羌文化特質，金沙江沿岸的石

---

19 西藏昌都地區地方志編纂委員會編：《昌都地區志（上）》（北京市：方志出版社2005年），頁1098。

20 〔南朝〕范曄：《後漢書・卷八十七・西羌傳第七十七》第10冊（北京市：中華書局，1965年），頁287。

21 青海省地方志編纂委員會編：《青海省志・文物志》（西寧市：青海人民出版社，2001年），頁59。

22 參見俞偉超：〈關於卡約文化的新認識〉，《青海考古學會會刊》1981年第3期。

渠、巴塘、理塘、德榮、貢覺、德欽、中甸等縣也有類似發現。由此可以推測，「昂」羌可能與玉樹土著融合，其後人順金沙江南下，沿途繁衍生息。

　　五胡十六國時期（317-420年），鮮卑族的一支從大興安嶺西遷，抵達青海湖與羌人雜處，建平元年（330年）建立了吐谷渾政權，國勢南擴至通天河一帶。隋朝（581-618年），附國、党項、多彌、蘇毗和白蘭等部族在通天河流域活動。正史載：「俗尚武力，無法令，各為生業，在戰陣則相屯聚……牧養犛牛、羊、豬以供食……三年一聚會，殺牛羊以祭天。人年八十以上死者，以為令終，親戚不哭。」[23]該情形迄今仍在三岩有所遺存。

　　在吐谷渾逐漸衰落之際，吐蕃卻在青藏高原悄悄興起，其勢力滲入到青海南部。唐貞觀七年（633年），吐蕃降服蘇毗。唐麟德二年（665年），吐蕃滅吐谷渾。我們不能排除幾次的戰爭造成小股民眾沿通天河南下金沙江的可能。

　　早期在吐蕃東南部還有附國和東女國兩個政權，其地在今昌都以東及今甘孜藏族自治州，是漢代位於蜀地的犛牛羌、白馬羌與藏族先民聯合的部落。「附國者，蜀地西北二千里，即漢之西南夷也。」附國的國王字宜繒，「其國南北八百里，東西千五百里」。附國有居民兩萬多戶，主事農業，兼營畜牧業，住石塊壘砌的碉房，用牛皮筏渡河。公元608至609年，附國兩次遣使入貢隋朝。東女國在附國的西邊，北接党項，風俗和附國相同。公元7世紀初，附國、東女國均為吐蕃所滅。三岩原為附國的一部分，內附於唐朝。唐龍朔三年（663年）後，唐與吐蕃在這些地區對峙長達一個多世紀，三岩在兩

23　〔唐〕魏徵等：《隋書・卷八十三・列傳第四十八・西域・党項》第6冊（北京市：中華書局1973（1982）年），頁1845。

個強大的政權面前搖擺不定，時而納入唐王朝的版圖，時而歸順吐蕃
政權的統治。

在吐蕃王朝建立以前，象雄才是青藏高原上最為古老的帝國，不
僅擁有自己的文字——象雄文，更是西藏傳統的原始宗教——苯教[24]
的發源地，對後來的吐蕃乃至整個西藏文化均產生深遠的影響。吐蕃
王朝建立以後，贊普松贊干布起兵攻打象雄，收編了所屬的各大部
落。8 世紀中葉，贊普赤松德贊時期，吐蕃軍隊再次與象雄軍隊會
戰，取得了決定性的勝利。吐蕃王朝衰敗後，在象雄故地又建立了古
格、蘭普等小王國。其中古格王國一度雄霸藏西長達 600 餘年之久。
弔詭的是，在距今約 300 年前，古格王國突然由盛入衰，當前僅留下
那些曾經輝煌一時的城市和寺院的遺址。一種說法認為：古格王國遭
受滅頂之災之後，它的一支民眾曾一路東遷，最終選擇在金沙江峽谷
的三岩地區定居下來。三岩當地一些帕措的族源傳說中，一直存有類
似的說法。

吐蕃王室分裂後（842-862 年），原住於康定一帶的一支古羌部落
在首領直路阿哇率領下翻越大雪山進入玉樹，啟動一輪新的民族融
合。此後的 400 年間，原吐蕃王朝東部疆域內的眾多移民部落和大量
吐蕃守軍及隨軍奴隸大都無力返回吐蕃本土，他們逐漸擴散和定居於
甘、青、川、滇一帶，與當地部落雜處。[25]

明萬曆年間（1573-1620 年），藏軍在今巴塘、理塘地方與北擴於
此的納西人開戰，逼其退卻。崇禎十二年（1639 年），青海蒙古和碩
特部南征康區，其軍民南出通天河，直下金沙江。由此可見，木氏土
司的納西屬民與和碩特部的蒙古人，都有可能給三岩帶來文化碰撞。

---

24 苯教又可寫作本教、本波教。
25 石碩：〈西藏文明的東向發展——13世紀西藏與中原政治關係形成的必然性〉，《青藏
  高原的歷史與文明》（北京市：中國藏學出版社，2007年），頁276。

明末清初，來自中央王朝的地方軍隊應當地營官的請求，征伐了今沙魯裏山地區的唆囉人政權，迫其族人向理塘、巴塘、白玉、貢覺和芒康等地遷徙，其中的一支可能來到三岩並定居下來。

　　7 至 9 世紀，吐蕃王朝擴張，東向佔領了今青海省、甘南、川西、滇西北等地，三岩也就落入其囊中。13 世紀，蒙古部落聯盟入主中原，統治西藏百餘年，三岩歸屬元朝。雍正三年（1725 年），清政府將三岩布施給達賴，[26] 噶廈在此設宗，駐宗本一名，負責納稅、催糧、派款以及支派烏拉等事宜，由比本若干協助他與歐巴（村長）和寺廟打交道。三岩大小寺廟分屬金沙江東岸的亞青寺和西岸察雅的主寺管轄，後兩者分別是拉薩沙拉寺和哲蚌寺的分寺。三岩稅收入不敷出，皆用於本地喇嘛的生活。[27] 光緒二十二年（1896 年）十二月，清廷在西擴的趨勢下，會同川、滇、藏三方官員勘界，明確轄區，防止滋生邊界糾紛[28]。三岩被劃為三段：「以吉池為上岩，雄松為中岩，察拉寺為下岩。」[29] 「上三岩」、「中三岩」和「下三岩」，設「土千戶」（土官名，相當於噶廈的宗本），由巴安府統轄。民國二十一年（1932 年）十一月，國民政府與噶廈在江達簽署《崗托條約》，確定

26　上述表明三岩雖處於邊陲，為強權所忽視，但早已納入不同屬主的版圖，不然雍正不可能將其賜予達賴，因為把不屬於自己的財產贈給他人是不合法理的，可見所謂「歷不屬藏，亦未附漢」的表述並不準確。

27　〔美〕皮德羅‧卡拉斯科著，陳永國譯：《西藏的土地與政體（內部資料）》（西藏社會科學院西藏學漢文文獻編輯室編印，1985年），頁146。

28　勘界結果，寧靜山以西歸西藏，以東屬四川，以南的中甸屬雲南。朝廷在寧靜山、邦木塘（巴塘）、達拉寺（今貢覺縣敏都鄉過拉山的臺西寺或熱克更慶桑燈林寺）立界樁，邊界劃在金沙江西岸以西。金沙江不是川藏界河，界樁以西屬於達賴的「香火地」，故宣統二年（1910年）十月，邊軍克三岩，實為收復矣，非竊奪也。民國七年（1918年）二月爆發昌都事件，邊軍撤出三岩，藏兵趁勢進駐則有失法理，直到民國二十一年（1932年）十一月《崗托條約》確定金沙江為川藏之界河。

29　劉贊廷編：《武城縣志》，《中國地方志集成‧西藏府縣志輯》（成都市：巴蜀書社，1995年），頁133。

以金沙江為界，將西岸昌洛等 5 個原屬於白玉縣的村落劃給西藏，同時將東岸原屬於三岩的色巴（八學）、巴巴、劣巴 3 個村落劃給白玉縣，自此中三岩一分為二，金沙江以西為「大三岩」，以東為「小三岩」。目前「上三岩」有 4 個鄉，即金沙江西岸江達縣的 2 鄉（邦拉、生達），貢覺縣的 2 鄉（剋日、羅麥）；「中三岩」也是 4 鄉，即貢覺縣的 3 鄉（沙東、敏都和雄松），金沙江東岸白玉縣的山岩鄉；「下三岩」有 6 鄉，即金沙江西岸貢覺縣的木協鄉和芒康縣的 4 鄉（戈波、尼增、宗西和竹巴龍）以及東岸巴塘縣的甲英鄉。

這些地區的居民均為藏族。據筆者親身參與的實地測量，三岩藏族帶有蒙古人種北亞類型的體質特徵，主要表現為高身材、中頭型、中鼻等。其特徵不僅與中國南方、北方的其它民族有明顯的差別，而且跟藏族其它支系也有很大的差別。[30]這些信息促使筆者去閱讀史料，從而發現族源上，三岩人極其可能是古代氐羌係部落與當地土著（或吐蕃佚名）融合的後代，與蒙古人種東北亞型（如鮮卑）也有關聯。這一現象不乏史料的佐證。例如，據《貢縣志》記載，貢覺在「唐初被藏番征服，元世祖西征，以蒙古人游牧至此佔領，與土人混合，變為蒙古種族，分為百戶制」[31]。鑒於三岩臨近貢覺，因此三岩人是蒙古人後裔的說法，存在一定的可信成分。

上述民族，有些與三岩擦肩、匆匆而過；有些暫時居住，過幾代又走；有些在金沙江兩岸紮根。民族遷徙是混血和播種文明的過程，峽谷的封閉性使外來的生物基因和文化種子（生計模式、血緣組織、婚喪禮儀等）留存下來。史書對這樣的化外之地無從記載，唯有「野

---

30 何國強等：〈三岩藏族體質特徵研究〉，《人類學學報》2009年第4期，頁408-417。

31 劉贊廷編：《貢縣志》，《中國地方志集成・西藏府縣志輯》（成都市：巴蜀書社，1995年），頁107。

番」[32]一詞，多少道出了古風的積累和嬗變。三岩山勢巍峨，天高草低，一年中寒冷期長，必須以血緣為根，以地緣為本，結成親屬式社會，提倡尚武好鬥與溫順服從共存，不同場合不同表現。在一定條件下，這種游牧民族的風氣難免演變為極端事件。

乾隆五年（1740 年），三岩人與雲南怒族發生大規模械鬥，朝廷派員調查；乾隆四十四年（1779 年），三岩人搶劫乾隆賞賜給達賴喇嘛的茶包，翌年清兵和藏兵聯合進剿；乾隆五十八年（1793 年），峨眉知縣王贊武率丁押運餉銀從昌都返四川途中，在阿足山石板溝被三岩人劫走騾馬馱只和印信；道光二十四年（1844 年），血族「夏哥」與「拉學」火拼，參加者百餘人，械鬥持續數月，雙方死傷 18 人，燒毀 28 座土樓，後「拉學」獲勝，將俘虜綁在樹上活剮，把「夏哥」逐到蓋玉[33]；光緒五年（1879 年）十一月，駐藏幫辦大臣維慶在三岩大石包（今芒康縣宗西鄉）被搶；光緒七年（1881 年），法國教父梅玉林一行在核桃園蠻塘被三岩人劫殺，物品全部被搶走；光緒二十三年（1897 年），駐藏大臣訥欽在喜竹橋遭三岩人突襲，搶走奏摺。

四　三岩進入國家

三岩久在王化之外，史志皆以「野番」、「蠻野」稱之，出峽谷二百餘里的社會皆有法度，受其騷擾，苦不堪言，僅趙爾豐任川滇邊務

---

32 「野番」是清代對邊疆地區未服王化的少數民族的蔑稱。「三岩野番」指在巴塘與貢覺之間所居住民族，又名「三崖」。參見任乃強著，西藏社會科學院整理：《西康圖經》（拉薩市：西藏藏文古籍出版社，2000年），頁12。又見季羨林名譽主編：《中國少數民族古籍集成・第九十五冊（漢文版）》（成都市：四川民族出版社，2002年），頁208。

33 紅（山）岩鄉黨支部、工作組：《山岩鄉關於戈巴組織問題的調查報告》（1974年4月），資料來源：白玉縣檔案館。

大臣期間，接到控告三岩搶殺之訴狀就不下千餘起，[34]正所謂「人民
獷悍，夾壩搶劫，多出其中」[35]。1910 年 9 月，趙爾豐親自率軍赴貢
覺，征討三岩、江卡、桑昂、雜瑜等地，設貢覺、三岩、江卡、桑
昂、雜瑜委員。[36]在決意清剿三岩之後，趙爾豐以宗西為據點，招募
行軍嚮導，原計劃募 40 名，結果徵到 44 名青壯年，各帶槍支彈藥，
騎馬一匹組成馬隊。[37] 1910 年 10 月，傅嵩炑在趙爾豐的授意下五路
進擊三岩；德格土司多吉僧格備糧械，親帶 80 名土兵充當嚮導；新
軍統領程鳳翔剛從雲南歸轅，也立即請行。「合眾之力，經苦戰一
旬」，終於攻克三岩，將其收服。三岩攻克後，欲行「改土歸流」之
事，按漢制設縣，先設「三岩勘定蠻民投誠委員」承管過渡事項，委
員范潤，後為武成縣令。三岩跨金沙江，南北狹長，分上、中、下三
段。治所設在雄松，土築縣署、監獄、倉廠及小學堂各一處。兵營設
在村內，有營房數十間，駐新軍一營，由管帶顧占文統領。

　　辛亥革命（1911 年）後新軍撤離，但藏兵並未立即復入，噶廈
設「日喀宗」，派駐宗本管轄三岩。1918 年，西藏噶廈政府全面進佔
三岩、貢覺，設三岩宗和貢覺宗，屬昌都地區（時稱「朵麥基巧總管
府」）轄地。1932 年 11 月，《崗拖條約》規定以金沙江為川藏省界，
三岩從北至南分屬兩地：涉江達、貢覺和芒康的地域屬藏，涉德格、
白玉和理塘的地域屬川。在 1951 年西藏實現和平解放之前，噶廈地

---

34 劉贊廷編：《武城縣志》，《中國地方志集成‧西藏府縣志輯》（成都市：巴蜀書社，
　　1995年），頁136。

35 任乃強著，西藏社會科學院整理：《西康圖經》（拉薩市：西藏藏文古籍出版社，
　　2000年），頁207。

36 同上，頁211。

37 劉贊廷編《寧靜縣志》，《中國地方志集成‧西藏府縣志輯》（成都市：巴蜀書社，
　　1995年），頁623-624。

方政府先後委派 9 任宗本[38]進行管理。宗本任期一般為 3 年，宗政府下設管家、仲譯（文書）、扛巴（管事房帳目）和傭人若干名，領藏軍 100 至 500 餘名駐紮在三岩地區。貢覺宗在清末民初時，共劃為 12 個頭人區，後因鄰區和本區頭人相互間爭奪地區而被外區逐步侵佔，加上本區頭人亦有擴張自己轄區的企圖，強者將弱者強行合併歸自己所轄。自若干年前該區行政治區就減少到 9 個頭人地區，又稱上、中、下共 9 區，設 9 個定本，此種狀態一直維持到 1959 年建縣。上三區為邦達區、孔莎區、巴拉區；中三區為林窮區、阿卡區、麥博區；下三區為阿拉區、由美區、子榮區。

　　1951 年 10 月，三岩宗解放委員會成立，隸屬昌都地區解放委員會。1959 年 7 月 23 日，自治區籌備委員會第二次全體會議通過了《關於西藏地區行政區劃的調整方案》，將三岩、貢覺兩宗合併為貢覺縣。同年 10 月 1 日，貢覺縣人民政府宣告成立，把三岩宗和貢覺宗合併為現在的貢覺縣。最初三岩劃為雄松、羅麥兩區；1962 年又分為羅麥、雄松和木協三區；1988 年三岩撤區建鄉時分為 1 區 6 鄉，保留羅麥區；1997 年又更名為三岩辦事處，下轄剋日、羅麥、沙東、敏都、雄松、木協 6 鄉，統稱為三岩片。

　　概而言之，三岩進入國家的肇始，是個相當漫長的歷史化進程，既有中原農業文化與邊疆草原文化之間的抗爭與交流，又有邊疆地區地方政權內部的分裂與整合，由此拉動一撥又一撥的族群遷徙、融合，並最終選擇在青藏高原東南部邊緣的金沙江峽谷定居下來。多族群的融合與互動，帶來了各自獨特鮮明的文化。猶如考古學所界定的文化堆積層，在適應當地特殊自然環境的歷史進程中，這些族群中一

---

38 9 任宗本姓名依次如下：索布該根、折玉色、錫色代本、木夏代本、打然色、德山色（2 年後去世，由其 2 名管家代理）、德山色、墨必色、得墨色。

些特質文化慢慢地沉澱並堆積起來，經過長年累月的「發酵」作用，
最終在三岩培育出獨具特色的族群與文化。

第二節　生態環境與村落

　　地球上有條神秘的北緯 30 度線。儘管這是一條地理學家劃出的
虛擬線，但它卻更像一條生命之線。它首先是條最為壯麗的風景帶，
壯美的大海、純美的雪山、雄偉的古堡、完美的建築、瑰麗的峽谷、
美麗的生物、綺麗的山嶽、絢麗的溶洞，全部薈萃在這條緯度線上。
地球上的幾大河流，從埃及的尼羅河、伊拉克的幼發拉底河，到美國
的密西西比河、中國的長江，都在這一緯度線注入大海。這裏既有地
球上最高的珠穆朗瑪峰，也有最深的西太平洋馬裏亞納海溝。更令人
驚歎不已的是，這裏還是一個擁有燦爛文明的地帶，人類最早、最輝
煌的古代文明，如古巴比倫空中花園、古埃及金字塔、中國三星堆文
化，都在這條緯線上綻放著璀璨的光芒。[39]

　　在中國大陸的腹地，北緯 30 度橫貫西東，依次穿越西藏、四
川、湖南、湖北、江西、安徽、浙江等幾大省區，整個地帶大山大川
廣布、物產人文薈萃。就自然景觀而言，這裏既有「一覽眾山小」的
珠穆朗瑪峰、受萬人頂禮膜拜的康區神山──貢嘎山、氣勢磅礴的長
江三峽，也有蒼蒼茫茫的神農架、洶湧澎湃的錢塘江潮、山奇雲秀的
黃山風光。就人文景觀而言，三星堆面具的由來，神農架野人的謎
蹤，花山謎窟的千古疑團，以及懸棺如何掛在懸崖之上，無不吸引著
世人好奇的目光。[40]

---

39 尹祥智編著：《神秘發現之旅：北緯30度線──一條穿越地球種種秘境的神奇緯線》
　　（天津市：天津社會科學院出版社，2003年）。

40 膳書堂文化編著：《視覺天下：神秘的北緯30度》（北京市：中國畫報出版社，2010
　　年）。

　　此外，這裏還是一條點綴著中華多元一體文化的歷史隧道：從浙江河姆渡 7,000 年前的水稻到西藏昌都卡若遺址的小米；從良渚的玉到三星堆的青銅；從周莊的水鄉到丹巴的碉樓；從普陀島的普濟寺到拉薩的布達拉宮；從《三國演義》到《格薩爾傳》；從唐蕃古道到藏彝大走廊……[41]

　　相映成趣，北緯 30 度線不僅橫跨青藏高原東部的橫斷山脈眾多的高山和峽谷，還橫跨了金沙江上游兩岸，三岩恰巧也位於其間（參見圖 1-3）[42]。在金沙西岸，北緯 30 度線穿越的是西藏三岩地區的木協鄉；在金沙東岸，北緯 30 度線穿越的是四川省巴塘縣的甲英鄉，那裏歷史上亦屬三岩地區。根據帕措表現出的兇悍程度論名排位，木協鄉人可名列榜首。當年組織三岩人與趙爾豐的大軍作戰，表現最為突出的就是來自木協鄉的帕措，位於當地的察拉寺是整個三岩帕措聯盟的指揮中心。那麼，作為「父系原始社會活化石」的三岩村落，又將以怎樣奇特的自然景觀與人文景觀示人？

一　三岩的生態環境

（一）地理條件

　　就其山脈水系等自然地理條件而言，三岩地處金沙江兩岸的高山峽谷地帶，坐落於幾條龐大山脈的縱橫交錯之中，西有芒康山[43]，東有沙魯裏山脈，東南為橫斷山脈，三山大體呈杯狀分佈，處於北邊杯

---

41 單之薔：〈從大上海到珠穆朗瑪峰：中國人的景觀大道——318國道〉，《中國國家地理雜誌》2006年特刊，頁48。

42 根據任乃強的繪圖製作。參見任乃強著，西藏社為科學院整理：《西康圖經》（拉薩市：西藏藏文古籍出版社，2000年），頁517。

43 芒康山亦稱為寧靜山。

口處外延地帶的是高原臺地，為康區西部最為廣闊的高原牧場。三岩境內崇山峻嶺，千溝萬壑，深林絕峪，交通艱險，從海拔 2,400 多米的金沙江峽谷最低處，驟然上陟到四五千米的陡峭山峰，所謂「山道崎嶇悉為險要，無所謂關隘也」[44]。谷地兩側山高坡陡，林木稀少，植被組成以耐寒的有刺灌叢與禾草為主，在高山上部的陰坡長有少量雲杉等暗枕葉林，反映了橫斷山區常見的乾旱峽谷景觀特色。

就其土壤類型而言，三岩屬紅土區。紅土，顧名思義，指那些色澤泛紅或偏紅的土地和土壤。紅土是青藏高原地區土地資源的一種類型，主要分佈在青藏高原東部和南部地區。這種紅土具有豐富的礦產資源，尤其含有大量的鐵錳元素，經過長年累月的氧化作用，漸漸變成暗紅色或赤紅色的鐵錳氧化物，故形成了所謂的「紅土」。

隨著海拔高度的不同，三岩當地受亞熱帶濕潤季風氣候（低海拔河谷）、溫帶半乾旱季風氣候（高海拔山地）影響，乾濕季對比明顯，夏季溫和濕潤，冬季乾燥寒冷，全年無霜期為 80 天左右，年降水量 400 毫米左右，雨季集中在 5 月至 9 月；光照充足，年溫差大，日溫差小，日照時間長；常伴有凍霜和旱災等自然災害發生。此外，金沙江峽谷地區谷坡陡峭、林木稀少、氣候乾燥，河谷除了紅色、淡紅色的岩成土以外，主要發育著褐土。褐土屬乾性森林土壤，土體乾燥多礫，有機物含量低，且鹼性反應強烈，適合灌叢植被生存，尤以白刺花、小角柱花、甘青鼠李、麻黃、醉魚草、蘋果樹、李樹、核桃樹、野桃樹等最為常見；在土地更為貧瘠的地方，生長著小檗屬、枸子屬、薔薇屬、忍冬屬、褐柳屬等灌叢植物，海拔在 3,700 米以上。不同的坡向長有不同的植被，如陰坡長有高山柳灌叢，陽坡長有草甸

---

44 劉贊廷編：《武城縣志》，《中國地方志集成・西藏府縣志輯》（成都市：巴蜀書社，1995年），頁146。

等，這些地方適宜放牧。因此，三岩的農業經濟多以精細化耕作農業
為主，以粗放型畜牧業為輔，所飼養的牲畜以犛牛、黃牛、綿羊、山
羊、馬、驢、騾等為主，兩種生產方式均需要投入大量的勞力。海拔
3,400 米以下為山地針闊混交林，主要見於金沙江東岸的山岩鄉和蓋
玉鄉的河谷地帶以及西岸的西藏地區的木協、雄松、羅麥等區域的河
谷地區，植被主要有鐵杉、油松、雲南松、槭、樺等；草本植物以早
熟禾屬、野青茅、刺芒野古草、鬚芒草、黑穗畫眉草等禾本科及其它
林間草被組成。海拔 3,4004,200 米，有的上限高達 4,400 米，是高山
針葉林帶，表現為針葉林多與亞高山草甸交錯分佈，主要樹種為鱗皮
冷杉、紫果雲杉、高山櫟等，多組成純林與灌木林地鑲嵌分佈於草甸
和灌叢草甸之間，可作為冬春牧場。

　　三岩位於金沙江中上游、「三江流域」腹地，金沙江從北到南流
經三岩峽谷 110 多公里，東西兩岸山高穀深，定居的村莊分佈在沿江
海拔 2,5003,000 米之間的山坡之上。「由日藕東行，沿途均有民舍，
約五里折而北下，行夾谷中，峰巒秀拔，草木清華，沿溪出谷，大河
前橫，即金沙江上源，自玉樹流來，穿疊蓋全部流入三岩野番而出巴
塘，南流入滇，始有金沙江之名。」[45]

　　三岩境內不僅只有金沙江一條河流，金沙江以西的三岩地區還分
佈著三條主要的河流，其源頭全部是高山融水，它們最終匯入金沙
江，同時也把三岩峽谷進行了橫向的分割。這些河流分別是：流經從
昌、羅麥、各麥的羅麥溝，流域面積為 96 平方公里；流經沙東、敏
都、阿尼的敏都溝，流域面積為 141 平方公里；流經京古、木協、拉
巴、則達的斜曲溝，流域面積 284 平方公里。[46]三大流域形成了所謂

45 吳豐培編：《川藏遊蹤彙編》（成都市：四川民族出版社，1985年），頁322。

46 參見貢覺縣縣志編寫辦公室：《認識特點、發揮自然優勢——貢覺縣自然資源調查報
　　告》（1986年）。

的上三岩、中三岩與下三岩。傳統的上三岩包括莫絮、剠日、羅麥一帶；中三岩包括沙東、敏都、雄松一帶；下三岩則是木協一帶以及今芒康縣境內的部分地區。溝內的河谷地帶，兩側的高山海拔多在4,000米以上，雖然一定程度上限制人口的發展，但是卻適宜生存，而由此天然形成一個個小型的生態區域。每一個生態區域因為高山的阻擋而與外界分離，僅能依靠河谷溝通。難怪有人發出感歎：「全境形勢，群山疊崦，溪水環繞，無一望之平原，雖有山水之雅，而無放馬之田，山道崎嶇，一奇域也。」[47]

如果僅站在生態學的角度來看，現實生活中這些高山深谷確實很大程度上限制了三岩人彼此間的交往，但它們並不能完全阻礙三岩峽谷之間的聯繫。因此，雖說三岩的村莊因自然條件限制總是界限分明，卻不能認定這種界限始終無法逾越。

（二）氣候

由於海拔較低且受到金沙江水系的影響，三岩峽谷氣候比較溫潤，雖然每年都有枯水期，但是山間的河流終年不凍。三岩氣候上的四季變化並不明顯，基本上只分為寒冷、溫暖兩大季節，在時間長度上相差無幾，前者為 10 月至次年 3 月，氣溫低者可達 -29℃；後者為4 月至 9 月，氣溫高者可達 29.9℃（參見表 1-2），但晝夜溫差大，白天氣溫變化亦大，垂直氣溫變化更是顯著——經常是在季節交換之際，村莊裏生趣盎然，山頂上卻白雪皚皚，形成了鮮明的反差。

---

47 劉贊廷編：《武城縣志》，《中國地方志集成・西藏府縣志輯》（成都市：巴蜀書社，1995年），頁144。

表 1-2 三岩五年氣溫變化表

（單位：℃）

年份	6-10 月最高	11 月—次年 5 月最低
1980	26.1	-20.1
1981	29.4	-23.9
1982	26.3	-29.0
1983	29.5	-24.3
1984	29.9	-24.8
平均值	28.2	-24.4

　　三岩季節也可以依據降水量的多寡分為乾、濕兩季，寒冷季節降水少，為乾季；溫暖季節降水多，為濕季。降水集中在濕季的 6 月至 8 月（參見表 1-3）。

表 1-3 三岩五年降雨量變化表

（單位：毫米）

年份	總量	6-8 月	占全年(%)	11 月—次年 1 月	占全年(%)
1980	567.2	428.0	75.46	0.5	0.09
1981	435.0	331.5	76.21	8.7	2.00
1982	478.9	366.2	76.47	7.3	1.52
1983	282.5	206.1	72.96	7.1	2.51
1984	489.8	291.0	59.41	0.9	0.18
平均值	450.7	324.6	72.10	4.9	1.26

　　明清以前，瘴氣是峽谷自然環境對早期人群影響較為嚴重的一種自然現象。瘴氣發生的原因在於地理環境與自然氣候。瘴氣雖受到季

節的影響程度略有不同，卻不會因季節的變遷而消失。「瘴氣發生的
環境都是氣候炎熱，多雨潮濕，死亡的動物及植物落葉易於腐爛而產
生嵐霧瘴氣，再加上重巒疊嶂，樹林茂密，空氣不流通，瘴氣鬱結，
不能稀釋，最終得以為患。」[48]成書於明代的《雲南圖經志書校注》
中也記載：「沿江（金沙江）多嵐瘴，隆冬行者皆流汗。土人云，唯
雨中及夜渡可無虞。」[49]說明雖然此時已經有人定居，但瘴氣仍然彌
漫在峽谷之中。周瓊認為，進入清代，由於從明代開始的大規模移民
以及屯墾加大了對金沙江流域的農業開發，使得這裏的瘴氣區域迅速
消失。[50]然而，其所謂的金沙江流域僅僅局限在雲南境內的金沙江中
游峽谷地帶，三岩所在的金沙江上游地區則沒有提及。而據清初的官
方文獻記載：「前遣大兵進藏，議政大臣及九卿等俱稱：藏地遙遠，
路途險惡，且有瘴氣，不能遽至。」[51]可見此時藏地仍然受到瘴氣的
嚴重影響。因此，雖然金沙江流域較大的落差導致不同流域內可能存
在影響瘴氣的不同地理環境因素，但是，由於三岩峽谷所處的封閉環
境，及其地處藏地東南邊陲的高海拔位置，也必然會一度煙瘴彌漫，
人跡罕至。

（三）自然災害

有史以來，三岩各種自然災害較多，主要有乾旱、泥石流、洪水
和地震等。

---

48 金強、陳文源：〈瘴說〉，《東南亞縱橫》2003年第7期，頁75-79。

49 〔明〕陳文著，李春龍、劉景毛校注：《景泰雲南圖經志書校注》（昆明市：雲南民
　　族出版社，2002年），頁147。

50 周瓊：《清代雲南瘴氣與生態變遷研究》（北京市：中國社會科學出版社，2007年），
　　頁220-227。

51 參見《清史稿》，卷五二五，《西藏傳》。

1 乾旱

1954 年，「三岩宗的災情是較為嚴重的，農田被水沖去不能恢復的有一百二十多畝（1 畝 ≈ 666.67 平方米），受冰雹災全部損失者有五百五十畝地，坍塌房子有五十三所，未受災農田平均減產四分之一以上，受災戶數共有四百五十二戶……」[52]。「1979 年 5 月，因為嚴重的乾旱氣候，三岩片有 5,600 畝的蕎麥未能下種，僅雄松區就有 1,500 畝未能下種。」[53]「1995 年 8 月，三岩木協、雄松、敏都三鄉因乾旱發生大面積蕎麥蟲災，受災面積達 1,200 多畝，因災害減產達六七成以上。」「1997 年 9 月，拉妥、金古和高山地帶普降大雪，致使全縣各鄉牧場牲畜跌膘體弱，縣至雄松、敏都、羅麥公路全部中斷，至次年 5 月，全縣各種災情因無詳細資料無法細查。」[54]

2 泥石流

泥石流往往造成嚴重的災害，每年季節性的集中降雨導致三岩境內的河穀水流量迅速提高而引起災害。據《貢覺縣志》記載：「1998 年的特大洪災中全縣境內多處發生泥石流，巨石和樹木裹挾而下，沖毀當地房屋 3 棟，雙季地下沉多達 30 餘畝，雄松鄉因發生滑坡致使兩處 180 餘畝耕地下沉約 3 米，沖毀公路多處，使縣城至各鄉公路中斷長達兩個多月。」[55]

52　覺縣檔案館：三岩宗1955年第一、二季度工作總結》。
53　西藏自治區貢覺縣地方志編纂委員會編：《貢覺縣志》（成都市：巴蜀書社，2010年），頁110。
54　貢覺縣縣志編寫辦公室：《貢覺縣縣志編寫資料卡片》（手抄本）。
55　西藏自治區貢覺縣地方志編纂委員會編：《貢覺縣志》（成都市：巴蜀書社，2010年），頁115。

3 洪水

三岩因地形和自然條件因素，加之山高穀深，陡坡植被稀少，山洪時有發生，特別在夏秋天多雨的季節。例如，2000 年貢覺地區暴發山洪，三岩片六鄉亦受到影響，部分鄉政府房屋和 61 戶群眾住房成為危房；此外，洪水還沖毀公路及驛馬驛道 137 公里，大小橋樑 27 座。[56]

4 地震

地震進一步加深了三岩人慘痛的歷史記憶，當地至今有這樣的傳說：「三岩原來是有人的，大概在七八百年以前，曾有一次大地震，山抖地崩，使原來的人都死了，或剩下來的也極少，因此現在的人是以後來的，原來三岩更多的樹林也被地震埋沒了。」[57]《十三世達賴喇嘛傳》中就有這樣的記載：「陰木兔年，在昌都三岩一帶發生地震，人和村莊受害。」[58]十三世達賴喇嘛土登加措的生卒年代是在 1876 至 1933 年之間，所以其生平之陰木兔年應是公元 1915 年，距今不足百年的歷史。這一點雖然無法確定發生在三岩的地震強度，但足以證明當地確實發生過大地震，重則可讓一個村莊瞬間消失，輕則造成人口銳減，促使居民外遷。歷史上這種走出去與遷進來的人口流動過程是不可避免的，而在三岩進入國家的過程中，這種情況屢見不鮮，「周行全岩境地，無一畝之平山，有萬仞之險。民情大都苦寒，考查地質，僅居中等，況兵災之後，村碉房因抗拒被焚者有之，畏罪

---

56 同上，頁111。

57 白馬康珠：男，58歲，原貢覺縣雄松鄉夏雅行政村村長，現邊居貢覺縣莫洛鎮紫西村任村長，2004年三岩搬邊戶，小學文化。

58 西藏自治區科學技術委員會、西藏自治區檔案館編譯：《西藏地震史料彙編》（第一卷）（拉薩市：西藏人民出版社，1982年），頁168。

潛逃流離他鄉者有之」[59]。

　　一定程度而言，三岩的自然和氣候條件是歷史上青藏高原地區氣候變遷的一個縮影。據今 3,500 年到 7,000 年前，青藏高原氣候適宜，年平均氣溫大概比現今高出 3°C，氣候溫暖濕潤。據孢粉分析和在藏北多處地區新舊石器遺址的考古發現表明，現今無人的北羌塘草原，當時已經出現了人類活動的足跡。此後，青藏高原進入新冰期。從公元元年到 2000 年，青藏高原的歷史溫度變化在偏冷和偏暖之間來回搖擺（參見圖 1-5）[60]。圖 1-5 的曲線表明，公元初氣候甚為寒冷，2 至 3 世紀氣候有短期的回暖，3 至 5 世紀氣候亦以偏低為主，6 至 12 世紀高原處於相對溫暖時期。進入 12 世紀末，氣候明顯下降到正常值以下，尤其在 17 世紀中期最為寒冷，除了 18 世紀氣候回歸到正常水準外，青藏高原的偏冷狀態一直維持到 19 世紀前期，冰川活動亦以冰進為主。總體而言，青藏高原地區在近兩三百年來以偏旱為主（參見圖 1-6）[61]。特別是 19 世紀中期以來，氣候屬於較溫暖的時期，降水由偏多轉為偏少。

　　總體看來，金沙江峽谷地區在近兩三個世紀以來的氣候多以偏旱為主。由於氣候的變化和植被的破壞，乾旱河谷化現象急劇向金沙江中下游峽谷延伸，使得生態環境本來就很脆弱的河谷地貌和生存條件更為惡化，水土流失程度逐年加劇，生態恢復難以逆轉。與此同時，有關三岩「夾壩」的記錄卻頻頻進入國家的視域。兩者之間是否存在某種關聯性呢？此種設想讓人浮想聯翩。

---

59 劉贊廷編：《武城縣志》，《中國地方志集成・西藏府縣志輯》（成都市：巴蜀書社，1995年，頁143。
60 此圖據中國科學院社會研究所的相關調查與研究文獻繪製而成。
61 此圖據中國科學院社會研究所的相關調查與研究文獻繪製而成。

二 三岩的村落

氣候條件是否對三岩的村落形成造成了影響，這裏姑且不論，但說自然地理條件對其施加了影響，卻是毋庸置疑的。在芒康山、橫斷山和沙魯裏山等幾座雄偉高大的山脈的包圍與切割之下，三岩境內山坡險峻陡峭、氣候乾旱無常、水資源分佈不均、沙石質地土地貧瘠少產，有限的耕地資源和零塊狀分佈的森林、植被和草場，加上頻頻發生的自然災害，用「窮山惡水」來形容三岩實不為過。事實上，「三岩」在藏語中就含有「惡地」之意，其意與漢語中的「窮山惡水」大體相當。

（一）三岩人的血緣組織——帕措

地理環境往往與社會制度存在著密切的關聯性。美國人類學家羅伯特・卡內羅（Robert L. Carnerio）就文明的產生開創性地提出「限制論」（theory of circumscription）的學說，認為在形成國家之前，必須存在某種限制性因素，防止臣民逃離未來統治者的控制。[62]在他看來，有三種限制性因素在起主要作用，分別是地理環境、資源和社會條件。其中地理環境的影響起到了主導性的作用。例如由於山脈、海洋和沙漠對人類的阻隔，才產生了文明。由於人口增長而沒有擴張的餘地，從而開始爭奪稀少的資源，這樣就導致在內部出現了強化。隨後出現了階級，其中由統治者控制稀少的資源，對外部就有了擴張的需要，這些都需要有一個中央集權的政府來嚴密組織。埃及、巴比倫和印加之所以形成國家，情形莫不如此。

無獨有偶，另一位美國人類學家喬治・福斯特（George M. Foster）

---

62 Carnerio R L. "A Theory of the Origin of the State". *Science*, 1970 (169):733-738.

針對墨西哥辛祖坦（Tzintzuntzan）農村的經濟，提出建立在有限的自然資源條件上的「利益有限論」的模型。[63]福斯特的理論模型證明了自然資源的短缺對於群體利用各種方式建構我群或稱封閉體系的必要性和可行性。本質上，三岩峽谷也是一個自然資源嚴重限制人口需要的地域，土地資源有限，自然災害又在不斷消耗既有資源，故可推測，三岩人的行為必定是由基於群體關係平衡狀態（equilibrium）的認知模式決定的。但與辛祖坦農民有所不同，為瞭解決人口對土地資源的需求，在無法通過促進資源有效增長的情況下，三岩人並沒有建構起與現實完全不同的封閉體系，而是在傳統的血緣關係基礎上發展出依據人群關係的行為模式，這種血緣關係即三岩人的帕措[64]。

「帕措」，本質是種世系群，當地藏語中意為「一個以父系血緣為紐帶組成的部落群」，既是一種社會組織也是一種政治組織，其認同基礎建立在明確的父系血緣之上。三岩地區對父系組織（部落）這個特定的社會形態有四種稱呼，即帕措、戈巴、措帕、帕戈。「帕措」是金沙江西岸的統稱；在金沙江東岸的山岩鄉則統稱為「戈巴」。[65]

毋庸置疑，三岩的人群分佈同樣依賴於自身特殊的自然地理與生態環境。從生態人類學的觀點來看，惡劣的自然條件促使三岩人民不斷地強化內部的制度與文化，最終形成了獨特的帕措體系，即基於父

---

63 Foster G M. *Tzintzuntzan: Mexican Peasants in a Changing World*. Boston: Little Brown, 1967:384.

64 作為血緣群體的帕措參見本書第二章相關論述。

65 本土學者范河川認為，從廣義上講「帕措」和「戈巴」的詞義相同，均有集團、部落的意思。狹義上講有一定的區別，帕措所指的範圍較小，血緣更純，僅指父親一宗，嚴格說現在這樣的部落已經沒有了。戈巴所指範圍較寬，是大的血緣宗族部落兼併小的血緣宗族部落，失敗的血緣宗族部落投靠大的血緣宗族部落的組織，其形態嚴格按大部落父系宗族血緣關係傳遞，現在的三岩戈巴在幾百年的爭奪、械鬥、兼併後普遍是這樣的。為了行文需要，除特別指出說明以外，本書採用「帕措」一詞，以囊括金沙江東西兩岸的情況。

系血緣為認同的世系群。換言之，三岩人群的組織原則是適應周邊自然環境的自然性結果，本質上是不同的人群根據特定原則組織起來處理有限資源配置的終極產物。

（二）三岩村落的佈局

特殊的氣候和自然地理條件，加上基於父系血緣為認同的帕措制度，促使三岩人在村落上的佈局具有鮮明的個性。就金沙江兩岸各村落與民居的佈局而言[66]，這些特性具體表現在以下五個方面：

第一，多數村落高低錯落地分佈在金沙江兩岸峽谷地帶，呈現出沿江分佈的跡象。出現這樣的佈局，主要與當地的生產方式有關，這裏有兩個因素的考慮：一是金沙江兩岸峽谷地帶受亞熱帶濕潤季風氣候影響，夏季溫和濕潤，冬季乾燥寒冷，適合種植一年兩熟或一年一熟型經濟作物，如青稞、春小麥、冬小麥、蕎麥、元根和各種類型的蔬菜等；二是三岩長期以農耕經濟為主，[67]需要獲得長年穩固的灌溉用水，因此貼近金沙江建村無疑是個不錯的選擇。

第二，村落的形成明顯受帕措的影響，表現出聚族而居的傾向。這種聚族而居是建立在以父系血緣為認同的基礎上的，即所謂的「父系世系群」，在當地藏語中稱為「沖」。例如，雄松鄉缺所村的多吉帕措總計 20 多戶，人數大約 100 人，全部聚集在本村內居住，形成了一個「沖」。再以雄松鄉雄松村為例，該村下面有三個自然村，分別

---

66 歷史上三岩的區域比現今的行政區劃要廣，由於西藏貢覺縣三岩六鄉和四川省的山岩鄉是三岩文化的核心地帶，也是帕措文化保留得最多、最原始的地方，因此成為了本書的研究重心。三岩帕措文化，在金沙江西岸稱為「帕措」，在金沙江東岸稱為「戈巴」。本書以後就三岩的民俗與文化所開展的討論與比較，主要集中在這兩個區域，如無特別說明，帕措其義涵括戈巴。

67 貢覺縣的木協鄉和白玉縣的山岩鄉擁有較為廣闊的森林與草場資源，除了農業以外還有相當數量的畜牧業，因此遠離金沙江邊一些。

為巴羅、夏亞和加卡。從總體來看，三個村落彼此之間有一定的距離，但卻又相互呼應，形成一個非常自然的整體。從單個村落來看，三個村子內部的民居尤為集中，幾乎都是連在一起的。這種村落佈局絕非隨意而為或偶然可成的，帕措成為村落佈局背後的「設計藍圖」。據雄松村當地報導人的說法，「雄松」在當地藏語中指「三個北面」的意思，實際上指位於北面的三個村落。這三個村落中最早形成的是巴羅村，村中主要有三個大帕措——巴羅帕措、卡帕措、可哥帕措，屬於三兄弟，後來這三個帕措又繁衍出夏亞帕措、加噶帕措。隨著帕措內部人口的不斷衍生和勢力的擴大，夏亞帕措、加噶帕措逐漸分離出來，形成了現在的巴羅、夏亞和加噶三個村落，也就是我們現在所講的雄松三村。

第三，村落的民居基本修築在壩子或緩坡之上，房子的入口處多朝向金沙江岸，鱗次櫛比般地排列開來。房子的入口朝向金沙江岸，明顯受地勢的影響，這樣做更方便於開闊視野。三岩地區的壩子並不多見，一般僅位於與金沙江峽谷與河岸齊平的開闊地帶，最初的村落基本都是建在壩子之上的。例如，敏都鄉阿尼村建村的歷史相對久遠，村內民居幾乎全部修建在距離河岸不遠處的壩子之上。三岩四周峭石峻崖，陡坡隨處可見；即便如此，在眾多陡坡的中間地帶，還是夾帶一定數量的緩坡地帶。相對於陡坡而言，這些緩坡一般比較寬闊，不僅提供更多便於耕作的農田，而且有更多適宜的空地用來修建房屋。三岩中絕大多數的村落均是修建在緩坡之上的，形成三岩民居依山而建、就地取材、自然和諧的特色。

第四，民居與農田往往交雜一處，難分你我。這點大概也與當地聳峙險峻、起伏不平的地形與地勢有關。當地建立村落之前，往往選擇在肥力較強的低坡上開墾出梯式農田，然後在鄰近的緩坡上修建住宅。這樣做的目的，主要是為了省去大量進行農作時上山下山所耗費的額外勞力。

　　第五，在村落中民居的分佈上，同樣遵循一條父系血緣親疏的認同原則，形成一簇簇宏偉的建築群。在這條按照血緣親疏的認同原則中，父系血緣與房屋的間距離差呈正比關係，即房主之間父系血緣的關係愈加密切，房子間彼此的距離也就愈加接近。在三岩地區的村落中，由兩幢或數幢「碉樓」式的樓房緊密地聚攏在一起的建築群隨處可見，有些甚至共用一段乃至數段的牆壁。這樣的房子，往往是同一帕措家族裏的幾個兄弟共同修建的。當一個或數個兄弟決定分家以後，一般選擇在原來老房子附近修建新居。這樣做至少能帶來三個方面的好處：①房子聚集在一起，擴大了原來老房子的規模；幾個房子連在一起，裏面修建有互相溝通的秘道，帕措內部成員之間訂立攻守同盟，力量變得更加強大，外人也不敢輕易欺侮。②由於當地資源相對匱乏，共用一段乃至數段牆壁，有效地節約了石料和木材等建材。③當地氣候變化無常，把房子修建在一起，很好地起到防禦風沙和抵禦泥石流或洪水等自然災害的作用。

（三）三岩行政鄉的分佈

　　2006 至 2010 年期間，筆者曾數次到金沙江兩岸從事田野工作，就西藏三岩片六鄉以及四川省白玉縣山岩鄉的基本情況獲得了大致的瞭解，現描述如下：[68]

　　貢覺三岩片位於貢覺東部、金沙江西岸，地面起伏劇烈、高低懸殊大，屬高山峽谷區，平均海拔 3,905 米。境內植被資源豐富，森林分佈集中，從北至南依次為剋日、羅麥、沙東、敏都、雄松、木協六鄉，共設 49 個村民委員會[69]，95 個自然村，總計 12,088 人[70]。地域

---

68 資料來源：2006至2010年間的田野工作。由於幾年間的數字有所差異，以2009年獲得的新資料為主。除特別說明外，以下均同。

69 村民委員會又為行政村，以下均同。

面積 2,334 平方公里，其中，森林覆蓋面積 212.67 平方公里，草場面積 151 萬畝，可耕面積約為 12.2 平方公里，人口密度為每平方公里 5.18 人。2000 年，三岩共有耕地 17,454.2 畝，其中水澆地 5,200 畝，人均佔有耕地 0.69 畝，各類牲畜 46,094 頭（只／匹），人均佔有牲畜 3.81 頭（只／匹）。2000 年，三岩地區國民生產總值為 2,247 萬元，占全縣的 25.32%，人均純收入 2,180 元，糧食產量 676.6 萬斤，占全縣糧食產量的 26.8%，平均畝產 388 斤。[71]

1 剋日鄉

　　剋日鄉位於東經 98°50′7″，北緯 30°51′19″，藏語中「剋日」為「渴望勝利」的意思。地處貢覺縣東南部，總面積 176 平方公里，距離縣城 97 公里，海拔 2,890 米，是三岩最北部的一個鄉。東與四川白玉縣蓋玉鄉隔江相望，西與則巴鄉接壤，南與羅麥鄉毗連，北靠江達縣城西鄉，下轄 5 個村民委員會，158 戶，920 人。剋日鄉氣候溫和，動植物種類繁多。董曲河在境內穿過，水利資源豐富。剋日屬農業鄉，2000 年全鄉有耕地面積 1,500 畝，牲畜 2,999 頭（只／匹），農作物主要有青稞、冬小麥、春小麥、元根、扁豆、豌豆和各種蔬菜，有林地面積 1.809 萬公頃，植被較好，主要木材有松、柏、樺等樹，經濟林有野山桃、野山杏、核桃和蘋果樹等。境內地形複雜，怪石奇觀尤為獨特，野豬、山雞、藏酉猴、狗熊出沒山麓，松茸、木耳、猴頭菌盛產林間。

---

70 1997年三岩片統計人口總數達13,140人，但由於此後政府大力鼓勵三岩人移居到其它地方（如西藏林芝等地），因此人口數有所減少。

71 資料來源：《2000年貢覺縣政府統計報告》。

2 羅麥鄉

羅麥鄉位於東經 98°52′32″，北緯 30°42′4″，藏語中「羅」是「野山柳」之義，「麥」是「下」之義，羅麥指位於野山柳下面的村寨。羅麥鄉地處剋日鄉南部，東與四川白玉縣蓋玉鄉隔江相望，西與則巴鄉相鄰，南接沙東鄉，北靠剋日鄉，總面積 133 平方公里，海拔 3,380 米，距縣城 116 公里。羅麥鄉原來隸屬羅麥區，1988 年正式建鄉，鄉政府設在羅麥村，轄 7 個村民委員會，19 個自然村，245 戶，1,754 人。羅麥鄉境內森林資源豐富，有金、銅等多種礦藏，屬山區農業鄉，全鄉有耕地面積 2,368 畝，以種植青稞、小麥為主，有牲畜 8,261 頭（只／匹）。

3 沙東鄉

沙東鄉位於東經 98°54′31″，北緯 30°36′17″，藏語中「沙東」指有黃金的地方。地處羅麥鄉南部，東與四川白玉縣山岩鄉隔江相望，西與阿旺鄉接壤，南與敏都鄉相連，距離縣城 142 公里，海拔 3,620 米，總面積 138 平方公里，下轄 6 個村民委員會，11 個自然村，309 戶，1,972 人。境內氣候溫和，動植物種類繁多，山高水深，盛產冬蟲夏草，果樹資源豐富。該鄉以農業為主，有耕地 2,802 畝，主要種植青稞、大麥和蕎麥，草場 2.701 萬畝，牲畜 7,501 頭（只／匹）。

4 敏都鄉

敏都鄉位於東經 98°54′34″，北緯 30°34′3″，藏語中「敏都」指水果成熟的汊河口。地處沙東鄉南部，東與四川白玉縣山岩鄉隔江相望，西與阿旺鄉為鄰，南接雄松鄉，北靠沙東鄉，海拔 2,940 米，總面積 133 平方公里，距縣城 145 公里。全鄉轄 9 個村民委員會，14

個自然村，有 383 戶，2,211 人。敏都坐落在金沙江河岸峽谷地段，地形複雜，生物物種分部廣，植被覆蓋好，有大片森林和灌木林，其中有雲杉、白樺等名貴樹種和大黃、秦椒等藥材；野生水果豐富，有毛桃、蘋果、核桃、草莓和楊梅等。該地全年陽光充足，雨水充沛，水資源豐富，2000 年有耕地 3,032 畝，牲畜 4,122 頭（只／匹）。農業耕作可一年兩熟，以種植青稞、大麥和蕎麥為主。

5 雄松鄉

　　雄松鄉位於東經 98°54′54″，北緯 30°29′50″，藏語中「雄松」為「三個北面」之意。地處貢覺縣東南部，敏都南部，東與四川白玉縣山岩鄉隔江相望，西邊和南邊都與木協鄉接壤，距縣城 128 公里，海拔 3,740 米，面積 125 平方公里，是三岩六鄉中面積最小的一個。雄松曾是武城縣、三岩宗政府所在地，現全鄉有 9 個村民委員會，14 個自然村，共有 304 戶，1,753 人。雄松境內氣候溫和，年平均降雨 322 毫米，年平均氣溫 8.6℃，無霜期 120 天，動植物種類繁多，森林、水利資源豐富。雄松屬於農業鄉，全鄉耕地 3,808 畝，牲畜 5,891 頭（只／匹），以種植青稞、大麥、蕎麥為主，還可種植土豆、胡豆、蘿蔔等蔬菜。草地以山地草地為主，夏季草場多集中在噶瑪曲池，冬季草場分佈在沿金沙江邊的狹長坡地上。

6 木協鄉

　　木協鄉位於東經 98°53′16″，北緯 30°24′19″，是三岩最南面的一個鄉，北接雄松、敏都，南鄰芒康縣，東邊隔江與四川白玉縣山岩鄉相望，西邊毗鄰阿旺和拉妥兩鄉，距縣城 112 公里，平均海拔 3,000 米，面積 384 平方公里，有 12 個村民委員會，577 戶，3,478 人。木協氣候溫暖，境內斜曲和莫曲兩條河流橫貫全鄉，植物生長茂盛，傳

說木協之地生長有萬種植物，木協也因此得名。當地適合種植各種經濟作物，土地總面積為 384 平方公里，林地面積 1.04 公頃，草地面積約 30 萬畝，水域面積 12 平方公里，其中耕地 3,932 畝，屬半農半牧鄉，以種植青稞、大麥、小麥為主，有各類牲畜 17,320 萬頭（只／匹）。

7 山岩鄉

山岩鄉[72]位於東經 98°59′54″，北緯 30°38′，地處白玉縣西南部、金沙江東岸，平均海拔約 3,000 米，距離鄰近的蓋玉鄉（區）約 73 公里，距離白玉縣城約 150 公里，中間需要翻越一座海拔 5,050 米高的歐業拉山（又名火龍山）。山岩鄉總面積 466 平方公里，下轄 3 個生產大隊，分別為劣巴、色巴和巴巴。劣巴大隊轄然翁、劣巴 2 個村民委員會；色巴大隊下轄八學、色麥、色德 3 個村民委員會；巴巴大隊下轄西巴、當妥 2 個村民委員會。1990 年全鄉共有 390 戶，總計 2,105 人[73]。山岩鄉屬農業鄉，農業耕作可一年兩熟，主要經濟作物為青稞、小麥、洋芋、豌豆和胡豆，主要牲畜有黃牛、犏犛牛、馬、山羊和綿羊等。境內氣候溫暖，森林資源眾多，出產蟲草、貝母等名貴藥材，有獐子、豹、鹿、狗熊等野生動物。

（四）三岩的物質生產活動

一定社會的人群要獲得生存和發展，必須擁有穩定的生計方式，以滿足自身攝取蛋白質的需求。一方面，以往的三岩由於地緣的封閉性，鮮為外界所知；另一方面，正是受到外來文化的影響較小，三岩

---

72 三岩在金沙江東岸稱為「山岩」。山岩屬於三岩區域的一部分。

73 第四次全國人口普查數字。四川省甘孜藏族自治州白玉縣志編纂委員會編：《白玉縣志》（成都市：四川大學出版社，1996年），頁50。

反倒保存了許多比較原始的生產技術和生產工具。據說，正因為如此，當地依然流行古老的「刀耕火種」[74]的耕作方式。然而，據筆者在金沙江兩岸的實地考察獲知，事實根本不是這樣的。如果說當年曾流行過「刀耕火種」的生計模式，那也只能是在遙遠的過去。從當前三岩地區獨特的生態條件和村落佈局而言，傳統性的農業、畜牧業、採集業和經濟林業，構成了三岩社區從事物質生產活動的主要內容。

1　農業

首先，農業活動是人們基本的生產方式和生活資料的來源，主要表現在以下三點：

第一，河谷、高山與森林並存的自然生態條件，決定當地人必然以農業耕作為主，以畜牧業為輔，以採集、林業為補充的生產模式。前面講過，三岩峽谷地區的土質以紅土為主，受高原寒冷氣候環境的限制，這些紅土的熟化程度低，水量少，肥力差，質地粗，鹼性反應強，除金沙江西岸的沙東鄉至雄松鄉一帶的土地相對肥沃一些以外，[75]多不適宜農業耕作。目前，也只有金沙江沿岸一帶河谷的海拔稍低的紅土地得到了局部的開發和利用，約在海拔 2,600 至 3,400 米的山腰以下的溝邊緣開闢出層層梯形耕地，呈碎塊狀分佈。在海拔 3,700 米以上的高山地帶一般長有草甸或植被等，這些地方適宜於粗放型放牧，可用於夏季牧場。此外，在金沙江峽谷地帶，如金沙江東岸的山岩鄉和西岸的西藏地區的木協鄉、雄松鄉和羅麥鄉，由於受溫

---

74 刀耕火種指古時一種耕種方法，先砍伐樹木，焚燒樹樁與荒草用作肥料，然後就地挖坑下種。宋代王禹偁在《畬田詞》序中曾對此有過描述：「上雒郡南六百里，屬邑有豐陽、上津，皆深山窮谷，不通轍跡。其民刀耕火種，大抵先斫山田，雖懸崖絕嶺，樹木盡僕，俟其幹且燥，乃行火焉。火尚熾，即以種播之。」

75 劉贊廷編：《武城縣志》，《中國地方志集成‧西藏府縣志輯》（成都市：巴蜀書社，1995年），頁147。

暖濕潤的季風氣候影響，當地的植被和森林資源特別豐富，尤其適宜
冬季放牧。因此，三岩的農業經濟必然以精細化耕作為主，以粗放型
畜牧業為輔，並夾雜一定程度的採集業，採集物以各式的食用菌類、
人參果和蟲草為主。

第二，傳統的農耕方式、技術和工具保留完整，極具特色。由於
三岩地區農業比重較大，耕地相對集中於河谷或毗鄰河谷地區的山
地，適宜種植的農作物有青稞、冬小麥、春小麥、蕎麥、豌豆、油
菜、土豆和洋芋等。這些農作物具有兩種特性：①精細化耕作；②耐
寒。傳統農業耕作方式為二牛抬槓，耕深 10 至 15 釐米。三岩多為坡
地，土地貧瘠，肥力不足，一般實行輪作制，種一年休一年。耕地以
春耕為主，農田以旱地居多。由於河谷地段的氣候較為濕潤暖和，農
作物可一年兩熟，但需投入更多的勞力。在半山處的緩坡地帶，這裏
的旱田因碎石多、質地粗、鹼性強，且肥力差、水土流失嚴重，一般
只能做到一年一收。依藏曆來固定農事，一年中的農時活動安排如
下：一月、二月收集柴薪（主要為砍青岡樹樹枝）、牛糞；三月、四
月割草、田間管理、耕地、施肥、拔草和播種（以青稞和春小麥為
主）；五月、六月為採集蟲草季節；七月、八月、九月採集松茸、青
岡菌、牛肝菌和貝母等，同時耕地、施肥、拔草、田間管理並種植豌
豆、洋芋和各類蔬菜等；十月、十一月割草回家儲備；十二月、一月
為大雪封山季節，大多數的農田均被冰雪覆蓋，這時牲畜要領回家中
圈養。由於土地肥力差，且水土流失嚴重，因此這裏的農民很重視施
肥，肥料主要來自牛羊的糞便，甚至大量使用人糞。人糞的採集工序
如下：在房子的頂層處搭建一個茅廁，一般位於房子的側面，下面用
石塊搭建一個化糞池，專門用於收集人糞，達到一定數量後用於農業
施肥。此外，一年尚需除草兩至三次，除草後把雜草分散堆於田地上
曬乾，使其腐化後轉化為肥料。春小麥和青稞是三岩地區傳統的種植

作物，因此，當地人特別注重青稞和春小麥的種植。兩種作物的選種和留種均頗為講究，一般選用長勢最好的莊稼作為來年播種用種子，並對其進行精心的護理。此外，當地依然保留許多相當原始的生產工具，有除草農具、木耙、木鏟、木鋤、木犁、連枷、鐵犁、石磨、石盤、打場工具和收割的刀具等，足以成立一間館藏豐富的民俗工具博物館[76]。

　　第三，傳統農耕文化歷史久遠，底蘊深厚。由於可耕作的土地稀少珍貴，當地特別重視農田的護理和使用。日常生活中也存在各種與農耕文化相關的禁忌和觀念等。較為明確的農事性別分工有：春耕時拽牛、扶犁和播種的必須是男人，女人只能在後面從事翻土等輔助性工作。當地人認為男人身強力壯，只有這樣分工才能保證所播種的種子獲得豐厚的糧食收穫。不能隨意翻動和污染水源，否則會觸怒龍神，感染疾病。不能褻瀆神山，神山上的產物不得任意採集（包括蟲草等），否則會觸犯神靈，引發冰雹，影響牲畜的繁殖和莊稼的生長等。每年藏曆六月十五，以帕措為單位，全體成員必須去與村子相鄰的神山進行一次專門的煨桑儀式，名為「熏煙節」，也謂「豐收節」，祈求年年豐收、人畜興旺。祭典時先用柏樹枝堆成一堆或幾堆，由專人負責點燃，然後眾人圍繞煙堆祈禱，並向天鳴槍或大聲吆喝，希望神靈接受熏煙和禱詞，保祐族人。每年藏曆八月十五至十八，一些村子還要過收割節。收割節十分隆重，僅次於過藏曆年，過節時要宰殺牛羊，喝酒，點燃篝火，通宵達旦跳鍋莊舞以慶祝豐收。

2 畜牧業

　　畜牧業是農業以外比值最重的生計方式，主要放養的牲畜有犛

---

76 本書第四章對此有專門的闡述。

牛、耕牛、奶牛、山羊、綿羊、馬、騾、驢等。三岩地區的村民委員會多達 56 個，自然村更是超過 100 個。在政府報告中，多數村落雖然冠名為農業村，少數村為半農半牧，純牧業村幾乎沒有，但事實上絕大多數的村子均發生農業與牧業並舉的情況。在藏東的高山峽谷區，垂直氣候表現得尤其明顯，同一經緯度的高山峽谷垂直落差特別明顯，造成土壤、氣候、植被的差異，從下往上依次為乾旱河谷有刺灌叢帶、山地亞熱帶常綠闊葉林帶、山地暖溫帶常綠與落葉闊葉林、山地溫帶針闊葉混交林，以及高山亞寒帶灌叢及高山草甸帶等。由此可見，農業與畜牧業並舉首先獲得了生態條件的支持，兩種方式的結合顯得尤其緊密。西藏的兩個主要生產門類——農業和畜牧業，其實在藏南河谷區與藏東高山峽谷區都有，劃分只是相對而言，通常農民都有屬於自己的牧場，夏天他們在高山放牧少量牲畜，冬天則把畜群趕回村莊裏或峽谷處。

然而，由於地處高山峽谷，三岩的草場具有一定的局限性，使得畜牧業無法成為當地的主要經濟支柱，這是因為：第一，草場產量低，由於高寒乾旱的高原氣候影響，土質差，高原鼠害嚴重，將近 80% 的牧草生長低矮、稀疏，單位面積產量低，一般畝產量在 250 斤左右，隨著海拔的升高，牧草的產量遞減。第二，草場利用的季節性明顯，但不平衡。夏秋季節，因涼爽多雨，牧草生長快，整個草地均是理想的放牧場所；冬春季節，海拔較高的地方風大雪大不適宜放牧，只能在背風雪、較溫暖的河谷地帶放牧，農區則回到村子的附近放牧。同時，由於冷暖兩季草場的利用率不均衡，造成一部分草場利用過度，另一部分草場利用不足的局面。第三，缺乏割草的草場、無輪息的草場。牧草生長低矮、地形起伏不平，三岩地區嚴重缺乏用於割草的草場，只有湖盆和河灘的少數草場可供利用，但大多又處於冬春草場，因此抗災能力很弱。

在歷史發展的過程中，各村之間、各帕措之間均有各自的牧場，一般界限分明，並用石塊作為標誌。受地理環境的限制，草場資源相對稀少，各村所佔的比例還出現不均勻的情況，爭奪有限的草場資源常常引發糾紛與械鬥。例如，1959 年，雄松鄉的巴羅村與缺所村因為草場糾紛引發械鬥，兩村死傷 100 多人；2007 年，兩村再次因為草場問題發生矛盾，很多村民參加械鬥並有多人受傷，為此縣政府三番五次派遣工作組做好協調工作，終於平息了爭端。又如，雄松鄉巴羅、甲嘎、夏亞三村與木協鄉上羅娘兩村自 1984 年以來，先後就巴拉以下至嘎瑪曲池以上草場爭議引發了多次的糾紛，經過縣政府組織工作隊進行協調後，五村終於簽訂了臨時使用協議，暫時緩解了矛盾；但自 2000 年以來，矛盾又被再次激發，且糾紛的勢頭呈現逐年上陞的跡象，尤其是 2002 年貢覺縣實行阿旺鄉古牧場異地搬遷工程以後，巴羅等五村為了爭奪巴拉以下至嘎瑪曲池以上草場的使用權，屢次背棄 1984 年協議於不顧，並導致五村多次發生相互械鬥的事件。再如，貢覺縣敏都鄉阿尼村與四川白玉縣山岩鄉巴巴、色巴村有草場糾紛苗頭，特別是 1986 年在金沙江上建立起阿尼弔橋以後，雙方由於交通便利反而進一步加深了矛盾，出現了幾次相互械鬥的情況。

三岩所放養的牲畜以藏系綿羊、岩洋、山羊和犛牛、犏牛、黃牛以及馬等為主。當地還存在一種特別的風俗，即認為在外面放養牲畜時，不能讓陌生人隨意進入帳篷內，否則會對牲畜帶來危險，不是導致牲畜生病，就是讓它們減少牛奶和羊奶的產量。此條禁忌之所以存在，說明三岩當地尤其看重附加在牲畜身上的經濟價值，因此必須想盡辦法對其加以保護。

總之，對於地處崇山峻嶺、跨越高山和峽谷兩地的三岩社會而言，農業與牧業兩種生產方式並舉不但不會影響生產，反而有利於生產，是一種有效適應當地生態環境的經濟模式。

3 採集業

採集業在家庭收入中所佔的比例逐年攀高，成為農業和畜牧業的重要補充成分。當前採集活動主要集中在蟲草、貝母和各種食用菌類（尤其是松茸）上，採集時間集中在夏季。近 20 年來，隨著蟲草和松茸的價格不斷呈現出成倍增長的趨勢，採集蟲草與松茸成為三岩人獲得現金收入的穩定來源，因此亦成為三岩社會中固定的農事活動。事實上，採集業並非新近出現的經濟模式，採集─狩獵活動很早就存在於三岩，在歷史上甚至扮演過極為重要的角色。據報導人講述，以往三岩人尤其善於狩獵活動，經常外出組織集體性的圍獵活動，可捕捉的獵物有鳥類、獐子、野兔、野雞以及一種當地稱為「白屁股」的麞鹿等，為三岩的食譜增添了多種肉類的補充。狩獵所獲得的食物無論多少，必須在帕措內部平均分配，多少帶點原始公社時期互惠型經濟活動的成分。由於野生動物資源的日益減少，宗教提倡不殺生的觀念漸入民心，以及政府三令五申禁止村民參加狩獵活動等因素的影響，狩獵已經基本退出了當地的農事活動範疇。另一方面，當地的森林資源卻極其豐富，果樹種類繁多，採集果實在一定程度上滿足了村民攝取蛋白質的需要，果樹也在一定程度上豐富了三岩人的飲食結構。三岩的剋日鄉、羅麥鄉和木協鄉由於海拔較低、氣候溫暖濕潤，特別適合種植果樹。在剋日鄉，蘋果、核桃和桃子是三岩地區特有的野生品種，此前有人對此做過描述：「本縣氣候雖寒，而花果與巴安、白玉大概相同，蓋因重山向陽之深谷，宜生雜樹。如黨河溪宗巴以及金沙江之兩岸均為產樹區域。其桃、李、杏、杜特為豐美，計七所地方有桃樹十株，所結之桃大如茶杯，食之蜜甜，為本縣之特產。其東部產胡桃，待成熟收之，去殼合青稞磨粉作為食料。」[77]此外，

---

77 劉贊廷編：《武城縣志》，《中國地方志集成・西藏府縣志輯》（成都市：巴蜀書社，1995年），頁147。

採集麝香作為一種具有採集性質的副業，也成了三岩的一種生產副業，因麝香具有藥用價值，通過與外界交換能為當地增加一些額外的經濟收入。

4 經濟林業

近年來，三岩地區大力開展經濟林業。截至 20 世紀 90 年代初，三岩片已退耕還林和在荒山野嶺地區種植經濟林木地 3,900 畝，經濟林木以核桃樹、蘋果樹和花椒樹為主，其中，種植核桃樹 780 畝，種植蘋果樹 2,340 畝，種植花椒樹 780 畝；此三項共計收入 240 多萬元，為三岩片人均收入（按 13,000 人計算）提高了 190 餘元。[78] 發展經濟林木，已經成為貢覺縣政府今後大力發展三岩六鄉經濟建設的一個重大專案。

（五）三岩的「非常態型」生計方式

概而言之，農業、畜牧業、採集業和經濟林業是當前三岩主要的生計方式。由於它們的歷史相對久遠，獲得食物來源的方式也最為穩定，這裏姑且稱其為「常態型」生計方式。相比之下，除了參加經常性的生產活動以外，三岩社區中的個人甚至整個家庭，均可通過其它的方式獲得食物，以滿足自身攝取蛋白質的需求，這裏將其稱為「非常態型」生計方式，主要有：外出務工、出家、偷盜和夾壩（搶劫）等。

1 外出務工

三岩當地多有人外出朝佛或打工，死亡率與出生率基本持平，本

---

78 貢覺縣檔案館：《中國縣情大全・貢覺縣》（1991年4月）。

地人口以輸出為主，鮮見外來人口流入。從三岩跑去昌都、拉薩和成
都打工的人不在少數。2006 年春，筆者曾在金沙江兩岸各村落從事
一個多月的入戶訪談，其中有一點留下了深刻的印象：當地外出務工
的以年輕的男人居多，婦女僅占很小的比例。當地盛行一妻多夫婚
俗，如果家庭中兄弟眾多（3 個以上），往往會有一個丈夫外出經商
或打工，最遠的甚至去到拉薩或成都。這些外出務工的丈夫，經常會
給家裏匯款以幫補家用；或者他們在過藏曆年時適時地回來「省
親」，並從外面帶來許多新鮮的貨品（如縫紉機、收錄機、VCD 和電
視機等），著實會讓同村人羨慕不已。其中有些丈夫會在外地另外成
家立業，但他們仍然承擔起資助原來家庭的義務。當然，許多未婚的
年輕人也會抱著勇闖天下的幹勁跑到外地去打工。憑藉吃苦耐勞的精
神和堅忍不拔的毅力，一些人做得相當成功。例如，平措就是一名來
自三岩羅麥鄉羅麥村的年輕人。家中兄妹 7 人當中，平措小學畢業以
後就輟學了，原因十分簡單：家裏的牛羊和田地均需要人手幫忙。
1997 年，年僅 16 歲的平措和另外一個同村夥伴阿登瞞著家人，帶著
賣蟲草賺來的幾百塊錢跑去拉薩打工。後來夥伴阿登因無法適應大城
市的生活回到了家鄉，但平措堅持了下來，從經營一些小買賣做起，
一步一個腳印，最後成為 TCL 公司拉薩分公司的銷售人員，並在拉
薩購買了一間 60 多平方米的房子。

2 出家

三岩地處金沙江峽谷兩岸，地方不大，寺廟的分佈卻相當廣泛，
平均每鄉有一座或數座寺廟，當地有關宗教的神話傳說更是不勝枚
舉。當前在西藏貢覺縣的三岩片共有 23 座寺廟，除了噶舉寺屬白教
噶舉派外，其餘 22 座全屬紅教寧瑪派；在四川的山岩鄉共有 5 座寺
廟，全屬紅教寧瑪派。這些寺廟還有一個特色：除了少數幾座為大寺

廟外,多數寺廟規模很小,遠遠看去與一般的民房無異,甚至還不如村里民居的碉樓氣派;一些寺廟甚至就夾雜在村子裏面,不經人指認根本無法辨認。歷史上這些寺廟一般由勢力較為雄厚的帕措所掌控,內部的教派鬥爭異常複雜。誠然,寺廟也需從當地吸收神職人員以維持寺廟的基本運作,他(她)們則從寺廟或家人處獲得維持生活的基本食物。筆者從貢覺民宗局的訪談中瞭解到,三岩的寺廟一般都有固定的人員編制,政府根據這些編制發放一定的生活補助。實際上,許多寺廟(尤其是一些歷史久遠、遠近聞名的寺廟)裏面的神職人員遠遠超出了政府的定崗編制,這就需要寺廟尋求特殊的管道來養活這些額外多出來的僧侶了。一些規模較大的寺廟會從事一些商業性活動(如出賣蟲草),積極利用自身的影響力獲得來自其它地方的募捐和資助。例如,三岩臺西寺[79]的白洛活佛有信徒遍佈全國以及東南亞,他也積極利用自身的影響募集到很多善款,不僅用來擴建寺廟,而且養活了一大群的神職人員。另一方面,由於當地盛行一妻多夫制婚姻,造成了大量的未婚婦女,她們中絕大多數被鄰近寺院所吸收,成為基層神職人員中的一種——覺母(尼姑)。以往大帕措(戈巴)之間由於爭奪漂亮、富有、勢力大的帕措的女子現象甚為突出,容易引發械鬥事件,當爭奪現象嚴重時,一些長相漂亮的女子所屬的帕措會將其送到寺廟裏當覺母,而這些漂亮的姑娘為了自己帕措(戈巴)的利益,只有犧牲青春年華來換取和平。[80]此外,在三岩還發生一些家庭完全放棄基本的生產性活動,全家搬進寺院裏修行的個案。例如,

---

79 又名熱克更慶桑燈林寺或達拉寺,位於西藏三岩敏都鄉。熱克更慶桑燈林寺是史上康巴地區最著名的寺廟之一,史上流傳的說法是「南拉尼達噶松,薩拉嘉達噶松」,意為「天上日月星,地上嘉達噶」,其中達即達拉寺,是紀中所記載的蓮師和益西指嘉佛母的聖地之一,因此熱克更慶桑燈林寺又名「嘉達噶松」。

80 稅曉傑、范河川、楊雅蘭編著:《發現山岩父系部落》(北京市:中國青年出版社,2007年),頁181。

62 歲的呷姆的家原來在白玉縣山岩鄉八學村，現在她是更青寺的一名「阿尼」（覺母），出家已有 10 多年了。呷姆在沒有出家之前生活還過得去，由於後來在生活中出現了一些不如意的事情，讓她感到世道無常，於是決定出家修行，以求解脫，後來還把自己一對兒女也帶到臺西寺出家修行，依靠寺廟的供奉生活。

3 偷盜

與藏區其它社區的傳統觀念有所不同，偷盜行為是帕措內部一致認可的一種價值觀念，但偷盜對象只限於外人、外村和其它的帕措，嚴禁偷盜同一帕措成員的財物，否則將會接受嚴厲的懲罰。

首先，偷盜行為最易發生在陌生人身上。2006 年 5 月，受三岩旅遊局的邀請，筆者前往三岩的沙東鄉進行旅遊資源的考察，孤身一人在鄉政府附近偶遇兩位老鄉，本想和他們閒聊一番，旁邊有幾個年輕人似由於好奇而圍攏上來。突然，筆者感覺到背後有點動靜，轉身一看，不禁啞然失笑，原來自己身後所背的數碼相機挎包的拉鍊已經被拉開了一大半。急中生智之下，筆者連忙拿起背在身後的相機，並用剛學會不久的藏語大聲喊道：「科熱！科熱！」[81]身邊的那些年輕人也挺配合的，馬上排成一列供我拍照，總算化解了一場「盜竊」風波。那天晚上，筆者還在鄉政府內遇到一個正在沙東鄉承接修路工程的四川包工頭，閒聊之下他向我訴苦道，當地村民經常會在夜晚偷竊工程隊從外地運來修路用的鋼筋水泥，儘管鄉幹部多次入戶做老鄉的思想工作，卻始終無法如數追回被盜竊的物資，為此他不得不每天晚上加派人手，嚴格看管好工程隊的財物。後來，筆者在敏都鄉政府訪談饒登鄉鄉長時，得知同樣的情況也時有發生。例如，敏都鄉在建設

---

81 在當地藏語中為攝影、照相之意。

小學時，建築材料經常被當地老百姓偷竊，為此饒登鄉鄉長帶著衝鋒槍和村長挨家挨戶登門造訪，勒令他們把所偷竊的建材呈交上來。

其次，偷竊行為會經常性地發生在與三岩鄰近的地區。2007 年，筆者在毗鄰西藏貢覺縣的江達縣從事田野工作時，有報導人講述了這樣一個故事：西藏民主改革以前，三岩宗有一個人來到所日村一戶人家偷犛牛，被人發現後抓了起來。群情激憤之下，村民把這個偷牛賊拉到覺擁村附近弔打，活活折磨致死。這個偷牛賊屬於雄松鄉芒果帕措，家裏除了有兩兄弟之外，還有一些窮親戚，人多勢眾。該帕措得知消息後率眾人前來論理，要求賠償命價。死者的兩兄弟表示要復仇，儘管偷牛為習慣法所禁止，但三岩帕措以偷盜搶劫為榮，遠近聞名，搞死一個人，如不賠償，還會不斷來糾纏，村民們得罪不起。雙方各自請人協商，最後決定由所日村這戶人家賠償 5 頭犛牛了事，芒果帕措表示從此放棄追究「血仇」的權利。

最後，偷盜行為還可能發生在帕措（戈巴）之間。例如，1932年，門哥戈巴色克家族聯合本戈巴內的壯年男子偷竊日噶戈巴熱邦家的牛，被日噶戈巴的人發現了，雙方隨即發生械鬥，日噶戈巴的頭領熱呷杜下被打死。雙方後來暫時和解。經過一年多的準備，日噶戈巴突襲門哥戈巴，搶劫走全部貴重物資，並將其趕到義敦一帶。[82]

4 夾壩

夾壩也就是搶劫。在帕措內部，夾壩的次數成為考察內部成員社會地位的依據，參加夾壩的次數越多，此人就會被認為越有能力，往往也會受到帕措內部其它成員的尊重。當地有「男子不搶劫，不如守灶門」的說法，[83]意指不參加搶劫的人還不如像女人一樣待在家裏燒

---

82 範河川編著：《山岩戈巴》（成都市：四川大學出版社，2000年），頁36。

83 同上，頁34。

火煮飯，這可以說是這種現象的最有力的詮釋。當地民歌中甚至還有這樣一首《強盜歌》：「天際亮起一顆星斗，外出搶劫正是好時候；渴望佔領那個地方，再平平安安返回家。」[84]有趣的是，帕措實施搶劫所獲得的財物，一般也在帕措內部實行平均分配。從這個意義上講，搶劫可以看作是以往狩獵活動的延續和替換。在近一兩百年間，三岩人因夾壩頻發而惡名遠揚，時常驚動地方政府乃至中央王朝。清朝的光緒期間，三岩地區（或鄰近地區）就發生了遠近聞名的「三案」，即「大包石案」、「核桃園案」和「訥欽折匣被劫案」，最終促使清政府派遣軍隊聯合德格土司征剿三岩。由於地處南北兩條川藏大道即茶馬古道之間，三岩人時常作案於路途，殺人越貨，過往馬幫商隊無不膽戰心驚、如履薄冰。在一些民族學工作者的筆下，夾壩成了一種足以謀生的職業：「西康民族在佛教未入以前，原以劫殺為英雄事業。雖在今日，此風猶有存者。如三岩、鄉城、瞻對、俄洛等處之壯男，皆常外出行劫，且常將所劫殺快意事，誇耀鄰里。鄰里不以為惡，反頌其勇。他日遇劫殺事，則擁為首領，以獎勵之。番語中稱劫匪為『夾壩』。」[85]在昌都地區的檔案館中，保存著大量關於三岩的文獻，其中一篇為當年解放軍的軍代表戴宗賢所寫的《工作總結》，此總結足以說明三岩人頻繁夾壩的嚴重程度：「1953 年一年，下三岩到察雅、江卡、巴塘等地去搶劫的行為愈來愈瘋狂了，現在我們所瞭解的就有下面的嚴重事實：在今年春天就搶去江卡宗牛馬共 82 頭，拉去老百姓共 15 人；在今年 6 月份又把江卡支巴本地區的運輸犛牛搶去38 頭，打死 2 個老百姓，將一個村 13 家的東西全部搶光……」

　　除了常態的生計方式以外，三岩還出現了諸如偷竊與搶劫等「非

---

84 馬麗華：〈金沙江畔有三岩〉，《作家雜誌》2003年第2期。

85 任乃強著，西藏社會科學院整理：《西康圖經》（拉薩市：西藏藏文古籍出版社，2000年），頁247-248。

常態」的生計方式，這些只能集中說明一點：當地有限的土地資源已難以承載人口增長的壓力，不得不出現某些「折中」方式。然而，此種情形絕非近年來才有的。例如，在 1941 年便有人指出：「（三岩）三村土地，均繫人民自墾，純為私有，……唯土少人多，供不應求，所謂『食之者眾，生之者寡』。」[86]

（六）三岩的人口問題

考察三岩村落的生態條件，人口問題是個值得特別關注的變數。然而，由於國家很長時間都沒有將三岩納入直接管理的行政區域，很難確定歷史上三岩人口的具體變遷情況。此外，關於三岩的地域劃分又出現前後不一的情況，很難對相關的數字加以比較。即便如此，依據一百多年以來的一些歷史文檔和文獻材料，可對三岩人口戶數變遷的點滴記錄做一些比較研究。在近百年間，三岩人口沒有發生較大的波動，究其原因：其一，三岩人口的流動性，導致人口無法集中，總有一定數量的人口處於遷徙的狀態之中。其二，三岩的自然環境只能維持一定量的人口生存，一旦人口超出環境的極限，則將導致內部發生衝突，或者促使三岩與外界發生戰爭。在這些內部的衝突或與外界的戰爭中，不是有一部分人在械鬥中死去，就是有一部分人被迫遷離，總之環境與人口的矛盾需要加以調整。此點也能證明，歷史上三岩並沒有完全脫離國家政治權力的輻射與影響。

新中國成立以來，貢覺縣境內的三岩片行政區劃幾經變動，20 世紀 80 年代為 1 個區，設辦事處（縣政府的派出機構），90 年代末恢復為 6 個鄉。白玉縣境內的三岩始終是 1 個鄉，稱「山岩鄉」。

---

86 羊澤：《三岩概況》，趙心愚、秦和平編：《康區藏族社會歷史調查資料輯要》（成都市：四川民族出版社，2004 年），頁403。

就人口與村落而言，「大三岩」比「小三岩」強出不少。據 2010 年
《貢覺縣志》所提供的統計資料，三岩 6 鄉共 1,976 戶，12,088 人，
平均每戶 6 至 12 人；據筆者 2009 年田野調查期間所獲得的資料，山
岩鄉有 290 戶，1,609 人，平均每戶約 5 至 6 人。以上 7 鄉共 2,266
戶，13,697 人，平均每戶 6.04 人。這還不包括自 90 年代以來三
（山）岩地區向外部搬遷的居民，若加上這些移民的數字，7 鄉總人
口數恐怕將超出 2 萬人。

可以設想，三岩歷史上由於地理位置偏僻、耕地稀少，最初的居
民數量應當不會太多。隨著不同來源的人口遷入與繁衍，三岩人進入
了人地關係極為緊張的局面。為了爭奪有限的耕地和農場資源，他們
以父方血緣為依託緊密地組織起來，對外實施搶劫，對內平等互助，
男性的重要地位便日益彰顯出來。據《武城縣志》記載：「本縣所
屬，南以察拉寺，西以薩東及本城為之通衡，分五路保正，共管五十
村計四千七百五十二戶，男九千九百七十四丁，女一萬二千一百二十
二口，喇嘛四百餘人。」[87]民國十年（1921 年），據印川邊各縣調查
表的記錄，武城（三岩）所估算戶數 2,006 戶，人口為 6,801 人，但
後來經任乃強的考察（1930 年）後修正為：戶數 2,100 戶，人口
14,000 人（包括僧侶在內）。[88]可以設想，三岩人口突破萬人，也就是
近一兩百年來的事情。鑒於人口的急劇增長，三岩人將何以應對日趨
緊張的人地關係？

70 多年前，時任白玉縣長羊澤曾介紹山岩三個村莊的情況，據
他統計，山岩三個村中，「色巴（村）為夏鍋、格鍋、蝦鍋、谷巴

---

87 劉贊廷編：《武城縣志》，《中國地方志集成・西藏府縣志輯》（成都市：巴蜀書社，
1995 年），頁141。

88 任乃強著，西藏社會科學院整理：《西康圖經》（拉薩市：西藏藏文古籍出版社，
2000 年），頁235-236。

鍋、業哥鍋五個鍋巴，共一百零二戶；烈巴（村）為阿業鍋、拉曲
鍋、松谷鍋、新巴鍋、登巴鍋、斑鳩鍋六個鍋巴，餘分為三小村，共
九十九戶；巴巴（村）為惹呷鍋、贈鍋、格鍋、甲鍋四個鍋巴，餘分
為二小村，共七十二戶」[89]。此外，他還認為山岩這三個村的居民，
是在百餘年前（1840 年左右）從河西遷徙而來的。三岩自身出現了
遷徙現象，說明內部已經出現了人口壓力。與此同時，王叔在白玉縣
邊壩（蓋玉、山岩和榮瑪交界地帶）做調查時，記錄了那裏的居民在
1920 至 1930 年期間有 120 餘戶，後經冷卡石娃和三岩娃不斷搶劫燒
殺和其它歷史事件，僅存 23 戶；他還指出：「就是這二十三戶，大多
都與三岩人是有交涉的（即親戚關係），不然早已被搶光和逃亡
了。」[90]三岩人經常出動騷擾周邊地區，實際上也說明三岩由於人口
壓力大，有限的耕地已不足以承載起人口的重荷，不得不四處以搶
劫、偷竊為生。值得注意的是，《武城縣志》中顯示三岩地區的男女
比例並不協調，女比男多出 1,700 餘人，其中一個原因也許是由於三
岩人經常參與搶劫、械鬥等活動，有相當數量的男性在歷次的械鬥中
死亡。

　　1974 年，四川白玉縣對蓋玉區做過一次人口統計，獲知「蓋玉
全區有大小帕措 89 個，分佈在 22 個核算單位，平均每個生產隊有 4
個帕措組織，多的達 89 個。全區參加帕措的有 841 戶，占總戶數的
75.08%，3,370 餘人，占總人數的 70% 強」。在沙瑪鄉，「帕措戶數占
到了總戶數的 98.8%，人口占到 98%」，而在山岩鄉，「帕措戶占總戶
數的 94.8%，人口占 90%」。

89 羊澤：《三岩概況》，趙心愚、秦和平編：《康區藏族社會歷史調查資料輯要》（成都
　　市：四川民族出版社，2004年），頁403。

90 王叔：《邊壩調查記》，趙心愚、秦和平編：《康區藏族社會歷史調查資料輯要》（成
　　都市：四川民族出版社，2004年），頁84。

　　昌都解放後，當時把剛剛解放的三岩區分為上、中、下三岩區和半區，貢覺三岩就帕措的基本情況曾有一份統計表，表明當時有帕措87 個，共 1,403 戶，6,029 人。其中上三岩有 13 個村或牛場，403戶，1,810 人；半區有 4 個村，176 戶，700 人；中三岩有 4 個村，418 戶，1,700 人；下三岩有 14 個村或牛場，406 戶，1,830 人。[91]1960 年 9 月，三岩宗與貢覺合併為貢覺縣，三岩劃為羅麥、雄松、木協三個區，有 41 個自然村，3 個牛場，全部人口 11,288 人。[92]1999 年 4 月，一項關於婚姻與家庭的調查研究顯示，貢覺縣三岩區所轄 6 鄉共有居民 2,232 戶，人口 13,318 人。[93] 2002 年，貢覺縣政府再次對三岩 6 鄉的人口做出統計，查明三岩下轄 6 個鄉，49 個村民委員會，95 個自然村，2,232 戶，13,468 人。

　　即使僅有這 1 萬多人，也給三岩地區造成了極大的壓力。一方面，生產資料相當貧乏，人均耕地不足 1 畝，人均牲畜量不足 4 頭（只）；另一方面，生產條件極其惡劣，山高坡陡，傳統土地全年產糧僅夠半年的消耗。政府也意識到地少人多是造成三岩貧窮的根源，因此多次組織過搬遷行動；搬遷的位址由近及遠，搬遷的規模亦逐步擴大。例如，1977 年，政府曾組織把木協鄉 50 多戶集體安置在縣城附近的斯塘村墾荒種地。20 世紀 90 年代中期，政府再次組織異地扶貧搬遷工程，在距縣城 8 公里處建了幸福村，搬入木協鄉 12 個村民委員會中所選最貧困的 32 戶、198 人，按每戶 4 萬元的補助進行安置。此外，截至 1999 年，三岩還就地安置群眾 60 戶、473 人，新建

91 參見附錄1。資料來源：西藏昌都地區地方志編纂委員會編：《昌都地區志（下）》（北京市：方志出版社，2005年），頁1 099-1 101。

92 貢覺縣檔案館：《貢覺縣關於三岩情況調查的彙報》（1960年11月）。

93 呂昌林：〈昌都地區一夫多妻、一妻多夫婚姻陋習的現狀、成因及對策〉，《西藏研究》1999年第4期。

房屋 60 幢；就地搬遷 90 戶、477 人。2000-2002 年，貢覺縣利用 1999 年 1 月 1 日西藏自治區人民政府實施「天然林保護工程」的機會，啟動了異地開發安置戶項目，計劃用 3 年時間從三岩 31 個村中搬出 1,319 戶、7,000 人；搬入地是地理條件優良的林芝地區（米林縣、波密縣），每戶給 7 萬元的搬遷費。其中從剋日鄉搬出 98 戶、556 人；羅麥鄉搬出 158 戶、875 人；沙東鄉搬出 202 戶、1,001 人；敏都鄉搬出 262 戶、1,363 人；雄松鄉搬出 274 戶、1,554 人；木協鄉搬出 325 戶、1,651 人。政府先後組織多次搬遷，第一次三岩就有 166 戶、892 人遷走。所搬出的住戶絕大多數來自耕地極其貧乏的貧困村莊。例如，木協鄉最先就有 67 戶搬出，他們分別是曾遭過火災的下羅娘宏達村 12 戶和宗巴村整個村莊的 55 戶。幾年來，經政府兩次大規模的組織搬遷，在三岩地區完成跨地區天保生態搬遷共 555 戶、3,820 人和就地天保生態搬遷 1,000 餘人。2006 年，三岩總人口減少為 11,892 人，2009 年更是減少到 10,305 人。

與此同時，村民向外部搬遷的浪潮同樣在四川省白玉縣的山岩鄉里上演。近 10 年來，山岩鄉陸續有村民集體外遷，少數幾戶移居到縣城，絕大多戶去到條件更為優越的蓋玉鄉和沙馬鄉定居下來。據筆者 2007 年獲得的田野資料顯示，在 2000 至 2007 年期間，山岩鄉 7 村（村民委員會）總共外遷 100 戶居民，外遷人口總計 496 人。幾乎每村均有家庭外遷，其中當拖村遷出的戶數最多，達 49 戶、243 人；其次是西巴村，總共遷出 17 戶、106 人；色麥村和色德村遷出的戶數和人口最少。

毋庸置疑，近年來金沙江兩岸的三岩地區總計外遷了八九千人，極大地緩和了三岩人與耕地和草場的緊張關係。據悉，人口分流後的三岩已開始調整產業結構，在當地開始試種新品種作物，退耕還林，植樹造林，重點發展經濟林木，大力種植核桃、油桃、板栗、葡萄、

黑梨、李子、金絲棗等果木，戶均家庭收入呈現年年攀升的勢頭。例如，2007 年三岩人均純收入達到 2,216 元，2008 年更是突破了 2,600 元。

概而言之，考察三岩的人口基數，從乾隆年間的「千數百戶」到當前的 1 萬餘人，三岩的人口與當地的生態環境維持著一種動態的平衡。然而，由於一定的生態環境具有一定的人口承載量，為了實現人與生態環境的平衡，就必須從文化機制上採取某些必要的措施。傑奧夫・柴爾德（Geoff Childs）站在歷史學的視角，探討了近代西藏人口的增長問題，他的研究表明：近 300 多年來，西藏人口增長相當緩慢，這與一妻多夫制的流行和西藏的宗教制度有著密切的關聯。[94]

事實上，若從三岩的個案來看，柴爾德的思想還可進一步拓寬。應當認為，西藏在控制人口的增長方面具有多樣的方法和手段，不應犯以偏概全的錯誤。例如，在三岩地區，一妻多夫制的流行，宗教制度的廣泛傳播吸收了大量未婚的神職人員，帕措可視為一種重要的文化策略以作為補充，至少它在控制三岩人口的增長方面起到了積極的作用。由於帕措制度的存在，爭執、戰爭與械鬥成為三岩人政治和文化生活的一個主旋律；又由於「血仇制」的存在，帕措之間的敵對狀態和械鬥還可維持相當長的時間。有報導人指出，三岩有兩個帕措之間的血仇曾維持了一個多世紀，雙方在多次的械鬥和仇殺中一共死了 250 多名成員。如果此說法屬實，那麼帕措制度在控制三岩地區的人口增長上，確實起著不可低估的作用。對此問題作進一步的研究，無疑具有重大的社會學、人口學與生態人類學的價值與意義。

---

94 Childs G. "Polyandry and Population Growth in a Historical Tibetan Society". *History of the Family*, 2003 (8):423-444.

第三節　精神世界與宇宙觀

　　惡劣的生態環境與整齊劃一的村落佈局，共同營造出三岩奇特的自然景觀。與有限的自然條件形成了鮮明的反差，三岩的精神世界反倒顯得丰姿多彩。

　　筆者在三岩地區從事田野工作的期間，三岩人熱情豪爽的個性、堅韌不拔的毅力以及樂觀豁達的生活態度，無不給人留下深刻的印象。他們在生活中時刻充滿著樂觀主義的精神，對於惡劣的生態條件和艱辛匱乏的物質生活，他們不是隻字不提，就是甚少提起。作為頂天立地的三岩人，他們的人生哲學是：不能因為無能為力的逆境而招致困擾，更不能因此怨天尤人、自怨自艾。另一方面，在一個相對獨立自主的原始社區中，三岩人深信自己是世界上最為優秀的人群，相比之下，其它的人群無論是在智力上還是體力上，均無法與其相比，因此受到他們的「盜搶」也就情有可原了。這種「民族自我中心主義」情結，展現出三岩人精神生活中最為真實的一面。在筆者看來，三岩人的精神世界至少獲得了三種重要力量源泉的支持，即虔誠的宗教觀念、引以為豪的區域文化以及對藏文化強烈的認同感。

　　首先，任何人欲對西藏宗教作出比較完整的闡述都無疑是極其困難的，這是因為：這是一個包括無數形態的極端複雜的領域；一種洞察入微和內容豐富的哲學，同時包括辯證法和形而上學；一種非常深奧的心理學，它與冥想靜修和控制心理學作用（瑜伽）的修持法有著密切聯繫；不計其數的諸神；不勝枚舉的儀軌；民間修持；宇宙形態思辨和占卜術。[95]即便如此，也不能忽視在三岩地區起主導作用的兩

95　〔法〕石泰安著，耿昇譯：《西藏的文明》（北京市：中國藏學出版社，2005年），頁169。

種宗教形態，即苯教和藏傳佛教所宣揚的價值理念及其在日常生活中的表現形式。

一　苯教

關於苯教，人們習慣認為這是佛教之前的一種巫術。一如其它的初民社會，藏族先民同樣存在崇尚萬物有靈的原始觀念。這種觀念源於藏族先民對大自然的畏懼心理而賦予大自然以超能力，逐漸形成了一套崇拜系統，並將自然界中的動植物納入人格化的神靈範疇之內，形成了一個繁複龐大的神靈體系。在藏族原始宗教——苯教所崇拜的對象中，有天、地、日、月、星辰、雷電、冰雹、山川、湖泊，甚至土石、草木、禽獸等。土地神、山神（山神有時和土地神不分）、帳篷神、屋神、灶神、陽神、戰神、龍神等神靈，在苯教中佔據極其重要的地位，是苯教所崇拜的主要神祇。苯教的早期崇拜包括自然崇拜、神靈崇拜、生靈崇拜、圖騰崇拜、圖符崇拜、靈物崇拜、祖先崇拜等內容，崇尚念咒、驅鬼、占卜、禳祓、重鬼祐巫等儀式。

苯教的《創世論》探討人類的起源問題，它認為世界是由一個或幾個巨大的卵演變來的。苯教經典《什巴卓浦》又說，最先是一個名叫赤傑曲巴的法師收集 5 種本原物質，即地、水、火、風、空，從中造出熱火和冷風，風火相激，產生出露珠，露珠產生微粒，堆積成大山。後來，這 5 種本原物質生成了一隻發光的白色巨卵和一隻無光的黑色巨卵，赤傑曲巴用光輪敲擊白卵，放出光明，從中出現人類和天神的共同始祖什巴桑波奔赤，他是一個長著青綠頭髮的白色的人。黑色的巨卵爆炸後，跳出一個滿身黑光的人，名叫門巴塞敦那波，他是虛幻邪惡之王。後來又由水珠形成大海，大風吹過海面，吹起一個巨大的氣泡。氣泡撞到一隻藍色的卵上，卵破裂後出現一個青藍色的女

人，什巴桑波奔赤給她起名為曲堅本傑莫。他們沒有點頭也沒有觸鼻就結合了，生下了野獸、牲畜和鳥類；他們低下頭，互觸鼻子結合了，生下了 9 個兄弟和 9 個姐妹。9 個兄弟分身出 9 個女伴做他們的妻子，而 9 個姐妹也分身出 9 個男子做她們的丈夫。這 9 個兄弟被稱為「世界九男神」，9 個姐妹被稱為「世界九女神」。他們的任務是確保世界的延續。[96]

　　由苯教的《創世論》可知，苯教不僅強調大千世界發軔於 5 種本原物質，認為世界產生於巨卵，是從混沌中變化而來的，而且還強調了神和人類是共同起源的，即人和神之間存在親緣關係。《創世論》描繪出一幅天神、人類、動物、生靈互相聯繫、互相依存的宇宙世界。此外，苯教還認為，天上住著天神九兄弟和他們的眷屬，天神是「什巴」；中間一層是人類居住的地方，人間的統治者贊普則是天神的兒子；而地下和地表這一層住著各種精靈、魔怪和魯神（龍神），守護著地面、地下的資源和財富。這種早期觀念經過進一步的發展和演化，逐漸形成苯教獨特的宇宙觀──三界說。藏族史詩《格薩爾》在藏（康）區廣為傳頌，說唱藝人在說唱表演時，經常用到三句話來概括《格薩爾》的全部內容：「上方天界遣使下凡，中間世上各種糾紛，下面地獄完成業果。」實際上，這句話也從另一側面反映出苯教「三界說」的觀念。

　　三界說中，苯教界限分明地把世界分為三層：天、地和地下（有時也稱為天、地和氣）；三層並行排列，上層為天，中層為地，下層為地下。苯教又把世界分為神、鬼、人和精靈幾類，他們在不同的世界里居住。例如，贊神在上層（天上）居住，人在中層（地上）居住，魯神在下層（地下）居住。天空是贊神的國度。據苯教文獻的記

---

96 〔意〕圖齊等著，向紅笳譯：《喜馬拉雅的人與神》（北京市：中國藏學出版社，2005年），頁138。

載，在「贊」的國度中，有贊神生活在那裏，有一群超自然的精靈圍繞著它，有些是神，有些是鬼。苯教還把天分為九重。列於正中央是「俄木隆仁」[97]，這裏是文明的中心，以一座大山為標誌，山下有四條大江向四個方向外流，周圍分別列有北洲、東洲、南洲和西洲等四大洲（或四宮殿）。地層上除了各種動物以外，人也在這裏居住，但他們並不是唯一的主宰，因為地上還有年（山）神、土地神、灶神、帳篷神等，人們必須把它們供奉起來，援請巫師或喇嘛來實施儀軌和念誦咒語，以求禳禍消災。地下住的是魯神，它們近似於漢族龍的形象，可以自由變成蛇似的形狀。它們住在河和湖，甚至是一些井裏，即總是住在水中。這種觀念擴展開來，所有居住在水裏的動物，如蟲子、青蛙、蛇和魚兒等，均被認為是龍族的一種。一旦逢莊稼田乾旱，需向魯神念誦禱文、祭拜祈雨。招惹魯神，也會給人帶來各類疾病，平日安撫魯神的工作亦相當重要，不可敷衍了事。

在佛教傳入西藏後，苯教與佛教進行過長期的鬥爭。苯教無法與佛教龐大精密的思想體系抗衡，漸漸退出西藏的政治舞臺。隨著吐蕃勢力的擴張，苯教雖幾度興廢，但在民間仍擁有大量的信仰民眾，特別在諸如三岩等邊遠地區。苯教在與佛教的抗爭中逐漸融合，演變為一種民間信仰在藏族地區流傳。源遠流長的苯教文化在三岩社會生活中根深蒂固，遍及各個角落，迄今依然深深影響著人們的社會生活。

居於上層的贊神具有無上的權力，蓋因苯教崇尚拜天，認為人間初始之王來自於天，人死後又返歸於天（或向天神報到）。在三岩的認知世界裏，贊神在天上過著無憂無慮的生活，天上的萬物世界與地上的世界相比併無太多的不同，或者說地上的世界完全就是複製了天

---

97 這裏被認為是苯教的起源之地，又名「壇城」，與佛教所宣講的「極樂世界」相似，認為它是不朽不滅的，一般人無法進入。

上的世界而已。饒有情趣的是，贊神似乎僅作為一種理想型的生活狀
態而存在的。在人們日常生活習俗中，贊神似乎遠離了人們的視野，
既沒能對人們施加太多的影響，也沒有建立起更為直接的聯繫。

相比之下，中層與下層兩個世界的互滲關係來得更為頻繁。居於
中層的地上有人、動物和年神、土地神、灶神、帳篷神等主要神靈，
居於下層的地下則有魯神以及其它各式的妖魔鬼怪。人類與這些神靈
鬼怪的溝通與交往，構成了三岩人日常生活習俗的主要內容。

（1）三岩有一條生活禁忌，即認為不能把衣服從人的頭上拿
過，更忌諱從男人的身上跨過。這種禁忌主要與苯教特有的兩種
神——陽神和戰神的觀念有關。[98]苯教認為，陽神和戰神依附在人身
上，陽神是祖先的魂靈，戰神是幫助人打擊敵人的神。如果陽神或戰
神從一個人的身上離開，惡魔或者病魔就要乘虛而入，災禍疾病就會
降臨，甚至使人丟掉性命。一般認為，陽神和戰神會依附在人的兩肩
或頭上，因此三岩人特別忌諱把衣服從男人的頭上拿過或從男人的肩
上跨過，因為這樣會觸犯陽神或戰神，給人帶來禍害。

（2）在三岩民居中，不能在家裏的火塘上直接烤熟生肉，否則
會觸犯灶神，將會受到灶神的懲罰；也不能弄髒火塘，鞋、腳、襪子
等更不可隨意放在火塘上，否則會觸犯灶神並讓家人感染疾病。這種
觀念明顯與苯教的灶神觀念有關。

（3）在三岩的牧區中還存在這樣一條禁忌——不能隨意讓陌生
人進入帳篷，認為會帶來邪氣並導致奶牛減產。此種觀念又與苯教的
帳篷神觀念有關。

---

98 苯教認為陽神、戰神是同時存在於一人體內的兩個保護神。陽神類似靈魂。戰神有
　兩種類型，一種是依附於人體的戰神，一種是部落的保護神。這種自身有神、自身
　多神的信仰觀以萬物有靈、靈魂不死等原始泛神論思想為其思想基礎，在其它民族
　中並不多見。

（4）三岩人嚴禁吃魚肉，認為魚類屬於龍神一族，吃多了會觸犯龍神；嚴禁觸動水源，以免帶來疾病。三岩人把麻風病（當地稱為「熱泡」）、天花、水腫、皮膚病、精神和肌體失調等疾痛，認為是觸犯龍神的直接懲罰。此外，魯（龍）神也是三岩人必須朝拜的對象，每個村子都有自己的聖湖（也稱為「措」，一般認為是當地山神的妻子），這裏也是煨桑祈雨的場所。筆者在三岩羅麥鄉羅麥村附近，就發現了一個進行祈雨的場所，名為納日措，據說這裏經常舉行安撫魯（龍）神的儀式。

（5）無論是搭建帳篷還是修建新房，均須請喇嘛念經以安撫山神和土地神，否則將引發災難。這種觀念又與苯教的山（年）神觀念有關，在三岩當地表現得尤其明顯。如果一個人無緣無故從山崖上摔死或被摔成重傷，當地的解釋往往是他（她）由於生前作惡而被惡魔纏住了，或者無意中做了錯事得罪了山（年）神，由此遭到懲罰和報復。

當地人虔誠地認為，每個村子都有自己的神山，裏面居住著山神。村民每路過一個山頭，都要虔誠地念其咒語。當地人還把埡口神稱為「壹達」，在埡口處堆起瑪尼石，擺上牛頭，插上風馬旗，再煨以桑煙，可保身體安康、諸事順利。每逢藏曆初五和十五，是三岩人煨桑和轉神山的好日子。神山裏的一土一物都十分神聖，不能有絲毫的損傷，否則會觸犯年神，給自己或家人帶來災害。除非有特別的需要，神山上的樹木和野生植物也不能隨意砍伐和採集。2006 年 5 月至 8 月間，筆者從事三岩旅遊資源調查工作，發現三岩的內布神山上儘管長滿肥大的蟲草，但當地卻無一人前往採集，這是一個很好的例證。每年藏曆元月十五和六月十五，當地人都要去朝觀神山，一年內至少要去朝拜自己村的山神一次。六月十五更是從事盛大的祭奠活動的時間，屆時帕措的全體成員要到固定的神山上進行煨桑儀式，又名

「熏煙節」，以祈求山神保祐全體帕措成員人畜興旺、吉祥如意。舉行「熏煙節」時，本帕措的青壯男人到神山上搭起熏煙灶，架起松枝葉，樹立起五彩的經幡，請喇嘛開始念誦專門的經文，念完經後，大家圍著熏煙灶和經幡按順時針方向轉三圈，然後全體人員一邊高喊「嘎拉索！嘎拉索！」，一邊撒風馬紙，祈求山神保祐，解除災害。祭奠時要帶上很多酒，每家每戶按一定的數量湊齊。祭奠儀式完結後，帕措族人便聚集在半山腰一起飲酒取樂，直至日落西山、酩酊大醉而歸。「熏煙節」不允許女人參加，也不能讓她們碰到熏煙用的東西，否則會被認為褻瀆了神靈，導致災害。

　　由此看來，苯教的神靈觀念已經滲透到三岩世俗化生活的方方面面，呈現出宗教性生活的特徵。涂爾幹認為：「宗教是一種既與眾不同，又不可冒犯的神聖事物有關的信仰與儀軌所組成的統一體系，這些信仰與儀式將所信奉它們的人結合在一個被稱之為『教會』的道德共同體之內。」[99]宗教現象的真實特徵，是將宇宙分為兩個無所不包、互相排斥的世界──世俗與神聖。

二　藏傳佛教

　　如果說三岩人的世俗生活由苯教觀念主導下的一系列的禁忌和祭祀儀式所充斥，那麼，遺留給三岩人神聖生活的空間和一整套的信仰體系、象徵符號與價值觀念，早已被體系更為精細、等級更為森嚴的藏傳佛教的教義所填充。佛教有健全的組織、完整的教義、大小不一的寺廟以及各類僧侶等神職人員。藏傳佛教的確是滲透進西藏所有的

99　〔法〕愛彌爾・涂爾幹著，渠東、汲喆譯：《宗教生活的基本形式》（上海市：上海人民出版社1999年），頁54。

制度和居民中了，形成了一種獨特的形式。[100]事實上，自從 9 至 11 世紀佛教在與苯教的鬥爭中取得決定性的勝利以來，佛教便無孔不入地滲透到人們生活的各個層面，成為藏族人民文化生活的中心。

（一）輪迴說

簡單地說，藏傳佛教可以歸結為一種自律體系，只要人們或佛教徒們按部就班地依照這種體系行事，就可免除一切的過錯。誠然，藏傳佛教包含著一整套博大精深的價值體系和道德法則，如「四聖締」、「八正道」、「十戒」、「十二處」和「輪迴」等。輪迴無疑是藏傳佛教中最為重要的學說。輪迴最初源自早期佛教的創始人 —— 喬達摩‧悉達多遺留下來的理論。他認為，人死之後，其過去的所思所想、所說所講、所作所為聚集的結果，即因果報應，會投入到另一軀體中，再次在生命的輪迴的迴圈不止中起作用。[101]佛教在西藏地區的傳播過程中，這種觀念獲得了進一步的發展，加入了涅槃和轉世等觀念，終於形成了當前輪迴的學說，又稱為「生死之輪」，藏文中則稱為「輪迴之輪」（Sipaykorlo）或「生命之輪」。

漢傳佛教中也有「五道輪迴」[102]的說法，五道即天（非天）道、人道、畜生道、地獄和餓鬼界。輪迴之輪與藏傳佛教的轉世觀念有關。它認為眾生根據自己生前的善惡行為，在五道中輪迴轉生。生死之輪圖主體概說我們在死後，會經歷中陰階段，然後又投生為另一生命形式，再經歷死亡、中陰、投生的不斷迴圈。這便是生命的輪迴。

---

100 〔法〕石泰安著，耿昇譯：《西藏的文明》（北京市：中國藏學出版社，2005年），頁169。

101 〔美〕孔貝著，鄧小詠譯：《藏人言藏：孔貝康藏聞見錄》（成都市：四川民族出版社，2002年），頁6。

102 漢傳佛教中稱其為「五趣生死輪」、「五道輪」、「生死輪」及「十二緣起圖」等；又有「六道」的說法，即把天道分為天道和非天道，非天被稱為「阿修羅」。

但我們並不一定再生為人，可能再投生於五種生命形式中之任何一種，這五種生命形式稱為「五道」。生命便是從無始的過去以來，不斷一次又一次地死去、投生、再死去、再投生……周而復始，無可逃遁。

在三岩木協鄉木協村附近，有一座破舊沒落的寺廟──日朗寺。日朗寺的規模中等，但以往在三岩具有相當的影響力。然而，自從該寺上一任活佛逝世以後，該寺尚未找到轉世靈童，其影響力日漸勢微，風頭被近年來大興土木的熱克更慶寺蓋過。日朗寺當前僅剩下四五名喇嘛留守。寺裏除了保留多尊古老的佛像以外，還保存著許多栩栩如生的壁畫。據報導人的講述，這些壁畫同樣具有久遠的歷史，至少已存在兩三百年。

在這些佛教壁畫當中，一幅《生死輪迴圖》居於顯赫的位置。該圖中一個龐大的神獸以造物主的形象出現[103]，用牙齒咬住一個巨大的轉輪，並用四掌徐徐轉動，象徵把整個世界都控制在掌中的「無明」，用以揭示生死與世界的真義。大法輪以同心圓的形式展現出三種輪輻，即內、中、外圈，其數由內向外為三、五、十二。處於中心圈內的是三種動物──一隻青鳥，一條灰蛇，一頭黑豬，分別代表欲望、邪惡、無知三種感覺。三種動物之間還存在著某種互動關係：青鳥棲息在願望樹上，樹上碩果累累，讓人垂涎欲滴；灰蛇盤繞在樹干上，彷彿在獵捕那隻青鳥；黑豬則朝灰蛇衝去，渴望它能成為自己的腹中之物。欲望、邪惡和無知，實質上就是佛教常說的「三毒」，即貪、嗔、癡。佛教認為，人生有諸多惡業因，其中尤以「三毒」為

---

103 一般稱其為轉輪聖王或閻摩鬼王。另一種說法是佛教密宗三怙主之一的金剛手。金剛手造像常為單尊憤怒威猛形，獅子頭、一面二臂三眼。密宗認為，金剛手之法有無量無邊不可思議之功能，能具足大威權，制服諸魔，消滅一切地、火、水、風、空所生諸之災難，統轄一切金剛護法。

最，成為產生諸惡業的根本，故又稱為「三不善根」，是世上一切苦痛的根源。三種動物居於內圈，表示外部另外兩種同心圓所代表的有情世界均圍繞著它們不斷地輪轉迴圈。

中圈描繪的是五道。按順時針方向，天道位於最上層，此處不僅有願望樹的樹葉、樹乾和果實，更有美輪美奐的宮殿，但天神卻在與阿修羅（非天）進行著永無休止的鬥爭；人道位於天道的下方，這裏的世界充滿了喜怒哀樂，人們在辛勤地勞作，為生存而奮鬥，但無時無刻不受生老病死和輪迴法則的束縛；再往下的是畜生道，比起上方的人類世界，這裏所描繪的世界更為淒慘，互相捕食的獸類們不是被人類所獵殺，就是陷入人類所設置的圈套當中；居於正下方的是地獄道，這裏的人在承受著無情判官的審訊，承受著各種難以言狀的痛苦煎熬；再往下的是餓鬼道，裏面生存著各種各樣的遊魂野鬼，有吝嗇鬼、饞鬼和內外障餓鬼等，這些餓鬼形象醜陋，腹部大如鼓，咽喉細如針，一切飲食到了口邊都化成火焰，雖飢餓難耐，卻滴水粒食難進。

五道輪迴中前二道為善道，後三道屬於惡道。在藏族的認識世界裏，這種評價標準可從《西藏度亡經》一窺究竟：如有可能，往生到天道（或非天道）是最為理想的選擇；退居其次的是人道，屬於中等選擇；更次一些的是畜生道，應當儘量避免；最差的是餓鬼道和地獄道，只有佛性最差、品德最惡劣的人才會投胎到那裏。[104]因此，除了天道以外，另外四道都繪有大慈大悲的觀世音圖像，希望皈依佛法的人可以向其乞求祈禱，以求自己的罪孽得以消除殆盡，從而從輪迴中脫身出來，進入一個更為理想的輪迴之道。

正如時鐘身上刻畫的鐘點數一樣，這十二幅圖構成一組輪迴。轉

---

104 蓮花生著，徐進夫譯：《西藏度亡經》（北京市：宗教文化出版社，1995年）。

輪的外圈均分為十二部分，裏面繪有圖畫，表示「十二緣起」，即十二種因果關係。這些圖畫的傳統名稱分別如下：①「有」，畫有一位臥楊中的孕婦；②「觸」，畫有一男一女在擁抱；③「取」，畫有一位男子在摘果；④「生」，畫有一個男嬰的降生；⑤「受」，畫有一支利箭刺穿一位男子的眼睛；⑥「愛」，畫有一位男子沉溺於美酒鮮食；⑦「六入」，畫有一座空宅，裏面有六扇窗戶；⑧「名色」，畫有一人在划船渡海；⑨「識」，畫有一隻猴子在回頭瞻望；⑩「行」，畫有一位陶匠在製作陶器，每種陶器代表一種行為，如身業、意業和口業等；「無明」，畫有一位盲人躑躅前行；「老死」，畫有一位男子背負一具屍體去埋葬。在這十二幅畫中，彼此之間還存在某種承上啟下的因果關聯，合稱「十二緣起鏈」，用來表示人在一生中的十二個不同的階段。依照佛教教義，一切事物的生成、存在都依靠其它事物，而自十二緣起脫離開來即是證入涅槃。

在生死輪迴圖的左上方，畫有佛陀的形象，正襟危坐，德相莊嚴，位於一座如來佛塔之上，表示佛陀早已脫身於生死、六道輪迴之外，得道於無苦自在的境界。在生死輪迴圖的右上方，用藏語寫有一段偈文，闡釋了皈依佛陀、淨身修道與脫離六道輪迴的不二法門，大致意思翻譯如下：

> 汝當求出離，於此法律中；
> 於佛教勤修，常為不放逸；
> 降伏生死軍，能竭煩惱海；
> 如象摧草舍，當盡苦邊際。

與康區其它大型寺廟（如昌都強巴林寺）所見的生死輪迴圖有所不同，日朗寺中的輪迴圖把天道與非天道合二為一，且居於圖左上方

的核心位置。非天道亦稱為阿修羅道，據說這一道中的眾生福報極大，壽命又極長，與天道眾生分別不是很大。在阿修羅道中，有一棵如意果樹，樹身在阿修羅道世界，樹頂卻延伸至天界之中。歷經三十三天的有情，[105]便盡情享用這樹所結的果實，但阿修羅眾生卻無法享受果實，所以便十分妒忌。阿修羅本來就妒忌心極強，他們不甘天界眾生坐享其成，所以便會常常嘗試以斧頭砍斷如意樹，這樣做對大家都沒好處。但天界的眾生只需由上灑下一種甘露，樹便會馬上重活過來，這只會令阿修羅更加生氣和妒忌。與此同時，天道中的有情常對阿修羅世界中的女色垂涎，時常搶奪阿修羅女。由於這些原因，阿修羅便常常向天界宣戰。阿修羅道中的有情眾生由於好戰，其族性特別擅長造各種兵器及大型戰爭武器。但在與天界開戰時，阿修羅由於福報遜色於天道有情，所以往往戰敗連連，常常被打至遍體鱗傷、肢體斷折而飽受痛苦。就地理條件而言，阿修羅在戰事中同樣吃虧。當阿修羅攻至三十三天時，天神只需關上天閘，阿修羅便無法攻入。但當天界眾生要追打阿修羅時，卻可以下追至須彌山腳，甚至追入海底阿修羅的世界中心，令阿修羅戰士無所匿藏躲避。在體質上而言，阿修羅在與天界開戰時也永遠是占劣勢的。要令天界眾生致命，必須把他們的頸椎打斷，其它的小傷並不能令他們送命，但阿修羅眾生卻可能由身體任何一部分受傷而致死。[106]

另有一種說法認為，在與天道的戰爭中，非天道有許多人在戰爭中死去。據說，在天道有一條神泉，在戰爭中受傷的天道中人來到這裏飲入泉水，所有的傷都能馬上痊癒。一次，一位來自非天道的武士

---

105 在「五道輪迴」中，由業力構成的龐雜世界裏，也有不同的層次世界，我們稱為「三十三天」，「有情」指眾生，是梵語Sattva的意譯。

106 佛教關於天道與非天道的戰爭記錄。參見陳天竺三藏真諦譯：《立世阿毗曇論》卷第五（電子版）。

被殺後，他的流血中湧現出成百上千的武士，他們向天道發起了攻擊，使得後者受到了異常殘酷的打擊。天道國王不得不向阿第佛求助。阿第佛的妻子聽到了請求，變成人來到人間。她從國王處得到一頭騾子作為坐騎，坐騎上用人皮做成鞍韉，用大毒蛇作為馬勒和韁繩。打敗非天後，她用人頭蓋骨做茶杯，喝了被殺者的血，這樣就遏止了非天用鮮血提高士兵數量的魔力。從此以後，阿第佛的妻子被作為一位護法神來膜拜，位置排在馬格若瑪戰神和波旦戰神之後。[107]

（二）宇宙觀

除了輪迴說以外，佛教的宇宙觀也是一個甚有特色的思想。早期的佛教認為，在宇宙的中心處有一座高山，名為須彌山（梵文Semnru），又稱為「妙高山」，形如一座寶塔矗立於汪洋大海之中。隨後的佛教進一步發展了這種想像，認為山腰住有四大天王神，山頂上住有三十三天神。須彌山高八萬四千由旬一種佛教的計量單位，一由旬約等於十六公里。，山根侵入水中八萬四千由旬。山上風景秀麗，仁者樂山，智者樂水，美輪美奐的宮殿遍佈其中。

《立世阿毗曇論》記載：須彌山四周有七大海、七大山，順次圍繞。山體由風輪、金輪和水輪支撐。須彌山是固定不動的，日月星辰都在此山四周圍繞。須彌山四方大海中還有四塊陸地，稱為四大部洲，分別為東勝神洲、南瞻部洲、西牛貨洲和北拘羅（俱盧）洲。[108]

人類居住在南瞻部洲上。南瞻部洲盛產瞻部樹，位於須彌山南面威海裏。南瞻部洲原為吉祥福地，但由於人類相互爭鬥殘殺，魔怪惡業橫行，十善法中僅有的一份也基本消失，人類遭受苦難的煎熬。為

---

107 〔美〕孔貝著，鄧小詠譯：《藏人言藏：孔貝康藏聞見錄》（成都市：四川民族出版社，2002年），頁36。

108 陳天竺三藏真諦譯：《立世阿毗曇論》（電子版）。

拯救芸芸眾生於水深火熱之中，香巴拉第二十五世法王——威狂輪王對南贍部洲發動了戰爭，旨在消滅愚昧無知、狂妄自大的野蠻人。這場正義的戰爭常常被描繪在藏傳佛教寺廟的牆壁上，稱為「戰場圖」。

（三）蓮花生大師

在日朗寺《生死輪迴圖》壁畫的右側，畫有一幅氣勢宏大的戰爭場面，幾十位英姿颯爽的武將騎著高頭大馬，手舉刀劍、盛裝待發，馬踏祥雲之上，人物性格被刻畫得活靈活現，各具特色。一開始筆者以為，或許這就是藏傳佛教的寺廟所描繪的「戰場圖」吧。然而，經寺院留守喇嘛的介紹，這裏描繪的情景實際是蓮花生大師入藏後弘揚佛法，一路上降魔伏怪的事蹟。這名喇嘛還解釋道，日朗寺屬寧瑪派紅教寺廟，蓮花生大師一貫是紅教供奉的主神，因此該寺不僅保留有蓮花生大師的壁畫，甚至還保留了一尊歷史久遠的塑像，描繪蓮花生大師正襟危坐、宣講佛法的情景。

蓮花生大師，藏語稱白瑪洛本，梵名為白瑪桑巴瓦，祖籍西印度烏仗那。傳說此地有一處名叫達那郭夏的海，海中有一棵蓮花樹，繁花似錦，其中生有一男孩，名叫蓮花金剛。後被因陀羅菩提王收為義子，並登上了王位，但自認不能廣益人法，遂於大眾部受具足戒。後來他雲遊孟加，從巴爾巴哈蒂論師出家，遍參善知識、博學顯密經教，雲遊四方，化緣眾生。公元 8 世紀，贊普赤松德贊抑苯揚佛，邀請蓮花生入藏，並在其倡議下修建桑耶寺，向君臣 25 人講授密宗灌頂等經法，培養弟子翻譯經典，打下學習顯密經論的堅實基礎。蓮花生居住於藏達 50 餘年之久，其足跡遍佈整個青藏高原地區，留下許多聖跡與傳說。筆者在三岩地區的調查期間，至少獲知有兩處聖跡與蓮花生的傳說有關。一處在三岩雄松鄉岡托村對面的山巒上。那裏有

一個神秘的山洞，此洞位於懸崖峭壁之處，一般人根本無法爬入。據說蓮花生曾在該洞閉關修行長達 10 年之久，然後雲遊四方，弘揚佛法。另外一處遺跡留在三岩羅麥鄉隆瓦村的達松寺內。傳說蓮花生來到該寺後，陶醉於當地的美麗風景，認為此地適合建立一座寺廟，一時興起便在一塊大石頭上留下了自己的腳印，希望以後此地有所依託。後來，人們在此基礎上修建了達松寺。在該寺門口處，依然保留著這塊印有「腳印」的石塊，受到了當地人的頂禮膜拜。

（四）《格薩爾王傳》

陪同筆者一同下鄉做調查的貢覺縣旅遊局局長向巴卻含笑向筆者解釋道，儘管這裏畫的是蓮花生大師的壁畫，但老百姓更願意相信這裏描繪的是格薩爾王和他的三十大將圖。這種調侃式的解釋，不禁讓筆者的內心一動。

在藏區，有這樣一句無人不知的諺語：「每個嶺國人嘴裏都有一部《格薩爾王傳》。」《格薩爾王傳》是一部反映古代藏族氏族部落社會形成的一部英雄史詩。它不僅描述的是一個人，更是一個神，是當今世界上篇幅最長的史詩，長達 100 多萬詩行。史詩以宏偉磅礡的氣勢，通過對幾十個邦國部落之間的戰爭繪聲繪色的描述，反映了 6 至 9 世紀以及 11 世紀發生在藏區的一些重大的歷史事件，並在高原廣泛地流傳開來。

史詩的主旨內容概括如下：生活在雪域之邦的黑髮藏民，遭受深重的苦難；天神發慈悲心，決定派格薩爾到人間，降妖伏魔，造福百姓；於是格薩爾在嶺國誕生，之後是賽馬稱王，救護生靈，除暴安良，安定三界。期間進行了大小戰爭不下百場，嶺國上下，戰旗飛舞，刀槍並舉，馬嘶人喊，慷慨激昂……最後英雄完成了統一大業，功德圓滿，回歸天界，人民生活從此幸福美滿。

　　一般認為，嶺國指的是西藏的康巴地區，甚至有學者認為格薩爾的故鄉就在四川甘孜州德格的阿須草原一帶。民間傳說中關於格薩爾、珠姆乃至其麾下大將的事蹟遍佈康區和藏北牧區。三岩位於康區的中心地帶，《格薩爾王傳》能在當地流傳開來，原因不難解釋。三岩當地與格薩爾有關的事蹟同樣不勝枚舉。例如，三岩過去有 18 個大型聚落（部落），上為剋日鄉馬槳村，下為戈波鄉。當地藏語中，「戈」為門戶之意，「馬槳」為戰袍，相傳為格薩爾王所穿。在《格薩爾王傳》說唱者的口中，這可是一件非同尋常的戰袍，是用世界上最優質的絲和棉紡制而成的，冬暖夏涼，具有抗餓、抗渴、抗疲勞和抗疾病的神力，除了能破除咒語的影響以外，還不畏懼武器的攻擊以及能夠抵禦火、水、風、昆蟲和塵土等。後來這件戰袍遺留在馬槳村，該村亦因此得名。此外，在三岩當地還存在一種說法，認為「帕措」是史詩中總管王絨察根的後裔。《格薩爾王傳》中，王絨察根是一位家喻戶曉的人物，他總是以「智者」的形象出現，成為格薩爾王不可或缺的得力幫手。每逢嶺國內部或與其它邦國進行征戰，王絨察根的智慧常常能夠使嶺國消除矛盾、化險為夷。另外一種說法存在於雄松和敏都當地人的集體回憶之中，他們提到了三岩的另外一個別稱——熱克。該詞與格薩爾王的叔父晁東有關。據說，三岩原是晁東的屬地，其下屬賀廓被晁東委派管理三岩。當時三岩有三個著名的人物，即加嘎邦登、傑久瑪和卡協，他們是親兄弟。加嘎邦登居住在雄松一帶，傑久瑪居住在木協一帶，卡協居住在羅麥一帶，他們的後人在三岩最初發展形成的十八個村落，又稱為「熱克十八」。在四川白玉縣山岩鄉與蓋玉鄉交界地帶的蓋玉河上，有一塊形如印章的大石頭，相傳是格薩爾王的私人印章。一天，格薩爾王征戰來到了三岩，被當地秀麗的景色所吸引[109]，在不經意之間他隨身攜帶的印章掉下馬

---

109 另一說法是為當地美女珠姆所迷戀。

來，後來化為一塊石頭靜靜地躺在蓋玉河上。

在三岩敏都鄉的臺西寺，每年藏曆六月初一至初十舉行為期 10 天的法會，三岩各鄉各村男女老少均過來參加，人山人海，蔚為盛況。當寺院的僧侶集體表演跳神時，法會便進入了高潮階段，屆時該寺的白洛活佛將親自批掛上場，演繹格薩爾王征戰四方的情景。三岩民眾無不被此吸引，爭先恐後地上前接受白洛活佛的灌頂，據說這樣可保一年身體安康，諸事吉祥。然而，白洛活佛表示他所演繹的其實並非格薩爾王，而是蓮花生大師一路上降魔伏怪、弘揚佛法的事蹟。同一種文化現象，何以百姓看到的是格薩爾王，來自寺院方面的說法卻是蓮花生大師呢？其實很好解釋，藏傳佛教一貫主張利用一切有用的資源寓教於民，即「事事無礙」的思想。在這裏，藏傳佛教（尤其是寧瑪派）很好地利用了轉世理論，認為格薩爾王其實就是蓮花生大師的化身，或者讓後者成為前者的保護神，並給他授密法灌頂。這樣做之後，就把格薩爾王的傳說與佛教的教義和儀軌有機地結合在一起了。

在筆者看來，《格薩爾王傳》在三岩是種極具地方特色的文化現象，它對三岩人的精神世界所施加的影響也是極其深遠的。首先，《格薩爾王傳》是作為一部古老的史詩而存在於藏（康）區的。馬克思曾經提出，史詩是人類童年時代的產物，是「同一定社會發展形式結合在一起」的，對人類社會的發展進步起著里程碑般的作用。史詩就像是一面社會的廣角鏡，不僅反映出史實，更折射出各種社會文化生活。史詩是民族精神的歌者。一個偉大的民族，一定有支撐本民族生存的物質力量，但也不能沒有精神力量。不難想像，在一些物質資源特別匱乏的社會當中，這種民族精神的支撐作用將會表現得更為突出與明顯。其次，更為重要的是，格薩爾王是作為一名戰無不勝的戰神存在於三岩人心目中的。在三岩人的精神世界裏，戰爭一直是個無

法避免的主題。例如，在他們信仰的原始宗教——苯教中，人是一種非常弱小的生靈，生活中隨時要捲入一場人（神）鬼大戰，每天都要戰戰兢兢，安撫好各種鬼怪神靈，才能保證自己能倖存下來。在佛教的五道輪迴學說中，即使是投身於列居首位的天道也遠非理想，因為天神與非天界之間進行著一場永不休止的戰爭。對於戰爭的恐懼，因為敵對帕措的存在來得更加真實和緊迫。概而言之，無論是在精神上還是在實際生活中，危險無時不在，戰爭如影隨形。在此情況下，格薩爾王作為一位征戰四方、無往不勝的英雄形象，滿足了三岩人內心的精神需求，因此《格薩爾王傳》能夠在三岩地區流傳開來也就不難理解了。

（五）「男本位、女末位」的思想觀念

事實上，與格薩爾王相比，帕措才是三岩地區最具特色的文化現象。正如前文所述，歷史上的三岩是作為一個相對獨立的社會存在的。儘管在相當長的時間裏三岩沒有國家概念，但一直是個有秩序的社會。帕措，這樣「一個以父系血緣為紐帶組成的部落群」，可以看作是三岩社會特定的社會、政治和經濟組織。由於帕措組織的存在，使得三岩出現了一種井然有序的自治狀況。換言之，帕措是以強化父系血緣認同為基礎的，這種強化直接或間接造成了兩個結果：一是培育出三岩人「大男人主義」情結，一是把婦女的地位擱置在次席。

在青藏高原地區，一直流傳著這樣一種說法：西藏最彪悍的是康巴人，而在康巴人中，最彪悍的是三岩人。長期以來，三岩人以病死為恥，以刀死為榮。三岩男人的帕措榮譽感有時是需要用生命來捍衛的。在三岩，個人之間如果發生爭執，最終須依靠決鬥來解決，決鬥是這樣進行的：雙方各自拔刀，相約站著不動，依次互砍，即你砍一刀，我砍一刀，看誰最先認輸。有報導人曾津津樂道地告訴筆者一則

故事,當地有兩名來自不同帕措的人進行決鬥,你劈一刀,我砍一刀,兩人最後都砍累了,相約一同喝酒吃肉,酒足肚飽之後又繼續進行決鬥,最後相互砍死了。儘管筆者對這則故事的真實性有所懷疑,但從中至少可看出一點:這是一種理想的決鬥狀態,三岩人認為真正的三岩男人應該就是這樣做的。他們行事光明磊落,個性豪邁奔放,心胸如高原一樣的寬廣,勇氣如高山一樣的偉岸。以往三岩男人嗜刀如命,但隨著現代槍支的進入,長刀曾一度被長槍所取代。[110] 1988年,山岩鄉巴巴村加哥戈巴(帕措)的阿里卜錯與同村撲巴戈巴(帕措)的一名成員因為喝酒後,各自吹捧自己的戈巴如何屬害,一言不合下兩人同時拔出手槍,同時扣動了扳機,同時亡命,殊為慘烈。生活中的這一真實情景,成為如何當一名三岩男人最為有力的注腳。

帕措的男性成員稱為「措巴」,在藏語中為「群員」之意,指成年男性,可以平等地參加本帕措的內部成員會議,並擁有發言權、選舉權和投票權等。與三岩的「大男人主義」相對照的,卻是三岩女人的「小婦人」形象。女性成員名為「納加」,在藏語中為「手中之物」之意,為附屬物。傳統中的婦女地位低下,甚至算不上帕措的正式成員,除了被排斥在帕措內部的政治性議事活動以外,既不能參加盜搶,也不能參加戰事。三岩家庭尤其看重男丁,一個女人出嫁後,若接連生了兩三個女孩,丈夫有權提出另娶一妻,即組建一個一夫多妻家庭,妻子或妻子一方的帕措對此不能有異議。一般另娶的妻子又以這個女人的姊妹或堂姊妹為佳,這樣可避免由於妻子出現了不同的利益中心而產生不必要的家庭矛盾。女人沒有繼承權,一個家庭假如沒能生下男丁,那麼這一家就此消亡,房屋家產收歸所在帕措集體所

---

110 駿馬、長槍(刀)、銅水缸被稱為三岩「三寶」。但20世紀90年代起,貢覺縣和白玉縣政府採取非常嚴厲的禁槍措施,在三(山)岩收繳了大量的槍械,當地人又開始青睞於用刀了。

有，但帕措其它成員有義務承擔起贍養老人的義務。婦女生產期不得靠近火塘、廚房，認為這樣會觸犯灶神，給家庭帶來不幸。婦女臨產時還要搬到一層牛羊圈居住，只有在孩子出生數天後才可以搬回屋內坐月子，但也只能找個角落休息，只有等到孩子滿月後才能搬回原來的住處。家裏來了外人，婦女要準備好食物招待，但就餐時不能與男人一起坐，如果要坐也只能側身而坐，只有等男人進完餐後才能接著吃，或者另坐一桌進食。女人不能隨便觸摸男人的頭，否則會被認為是不尊敬；更不能向男人吐口水，否則會被認為是莫大的侮辱。男人女人一起進入房子內，女人要禮讓男人先爬樓梯。舊時三岩還存在這樣一條奇特的習俗：女人在路上遇見男人，要謙恭地彎腰低首避在一旁，否則會被認為大不敬，受到帕措頭人的斥責。

三岩社會存在一種嚴重的「男本位、女末位」的思想傾向。三岩社會過分強調來自父系血緣的認同，並且因為帕措的存在而達到了無以復加的程度，這樣可能產生的社會副產品，就是自動調低了來自母系血緣的認同關係，並且是以不斷地降低婦女的社會地位為代價的。這種「男本位」的思想，往往通過經濟生產活動中所附加的一系列禁忌而被不斷地彰顯出來。例如，三岩存在一種「男織女耕」的分工，即男人必須懂得織布的技術活（織布機），決不讓女人染指；但是，婦女必須參加耕作，當然，男人也可以參加進來。在春耕儀式中，必須是由男子來播種，也必須由男子領著耕牛，婦女只能在後頭協助鬆土，大概是因為當地人認為男人更加身強力壯，這樣才能保證所播種的種子獲得豐收。

在牧區中，擠牛奶算是極其常見的生產性活動了。南印度的托達人（Toda）把牛群分為神聖與世俗兩種，奶牛便屬於前者，男人決不讓婦女染指擠牛奶的工作。同樣，非洲的祖魯人也不讓女子的手放在牛的身上，甚至連走進牛欄也成了禁忌。有學者認為這是處於古代

男牧女耕的分工制，女子只配下田，在牧人的世界裏沒有她們的一份。[111]在筆者看來，三岩當地的性別分工，與社會分工制並無必要的關聯性，但卻與男女的自然屬性以及對這些自然屬性所產生的心理認同有更為密切的關聯。

　　這種帶有明顯印記的性別分工，自然引起了筆者的興趣。當筆者向當地人問起三岩男女的地位為何存在如此巨大的差異時，有報導人提供了一種說法，很值得關注與反思。據說，其實他們並非康巴人，他們的祖先也並非來自金沙江地區，而是來自雅魯藏布江上游的河谷地區，他們自稱為「絨巴」，「絨」在藏語中是河谷的意思，「巴」是人的意思，「絨巴」即居住在河谷裏面的人。他們的祖先是靈猴，因此他們是靈猴的子孫。靈猴在轉變成為「絨巴」時，受到一位羅剎女的誘惑，受盡了各種各樣的磨難。後來靈猴在天神的幫助下，最終修成正果。正是因為羅剎女的緣故，他們認為女人是禍水，因此特別瞧不起女人。此種說法雖無從考證其真實與否，卻讓人從中看到了與藏族起源有關的印跡。

　　在藏文史書《西藏王統記》裏，記載了一段相當有趣的傳說：

> 那普陀山上的觀世音菩薩，給一隻神變來的獼猴授了戒律，命它從南海來到雪域高原修行。這只獼猴來到雅礱河谷的洞中，潛修慈悲菩提心。正當猴子在認真修行的時候，山中來了一個女魔，施盡淫欲之計，並且直截了當地提出來：「我們兩個結合吧！」起初，那獼猴答道：「我乃是觀音菩薩的徒弟，受命來此修行，如果與你結合，豈不破了我的戒行！」那女魔便嬌

111　〔美〕羅伯特・路威著，呂叔湘譯：《文明與野蠻》（北京市：三聯書店，2005年），頁39。

滴滴地又說道：「你如果不和我結合，那我只好自盡了。我乃
前生注定，降為妖魔；因和你有緣，今日專門找你作為恩愛的
人。如果我們成不了親，那日後我必定成為妖魔的老婆，將要
殺害千萬生靈，並生下無數魔子魔孫。那時，雪域高原，都是
魔鬼的世界，更要殘害許多生靈。所以，希望你答應我的要
求。」那獼猴因為是菩薩降世，聽了這番話，心中自念道：
「我若與她結成夫妻，就得破戒；我若不與她結合，又會造成
大的罪惡。」想到這裏，猴子一個跟頭，便到普陀山找那觀世
音菩薩，請示自己該怎麼辦。那觀世音想了想，開口說道：
「這是上天之意，是個吉祥之兆。你能與她結合，在此雪域繁
衍人類，是莫大的善事。作為一個菩薩，理當見善而勇為，速
去與魔女結成夫妻。」這樣，獼猴便與魔女結成伴侶，後來，
這對夫妻生下六隻小猴，這六隻小猴性情與愛好各不相同。那
菩薩化身的獼猴，將這六隻小猴送到果樹林中，讓他們各自尋
食生活。[112]

這就是在藏區廣為流傳的「獼猴變人」的傳說，從敘述方式來
看，它被深深地烙上了藏傳佛教的印記，此點正是藏族神話傳說的一
大特色。至於故事後來的發展和結尾，且看下文：

---

112 獼猴變人的故事，在藏族民間廣為流傳，並記錄在古老的經書之中，還體現在了
　布達拉宮、羅布林卡的壁畫之上。那獼猴住過的洞穴，民間傳說就在澤當附近的
　貢布山上，而澤當也因是「猴子玩耍之地」而得名。從近20年來在林芝、墨脫、
　定日和昌都卡若遺址的發現來看，這些發現與傳說基本相吻合。它告訴我們，西
　藏高原很早便有人類活動。後來，生活在甘肅、青海一帶的羌人向西南遷徙，與
　西藏原來的土著居民融合而發展成為「博」——藏族。參見索南堅贊著，劉大千譯
　注：《西藏王統記》(北京市：民族出版社，2000年)，頁30-32。

三年以後，那猴父前去探視子女，發覺他們已繁殖到五百隻了。這個時候，樹林之中果子也愈來愈少，即將枯竭。眾小猴見老猴來了，便紛紛嚷道：「我們將來吃什麼呢？」他們個個攤著雙手，模樣十分淒慘。那獼猴見此情景，自言自語道：「我生下這麼多後裔是遵照觀世音菩薩的旨意，今日之事，使我傷透了腦筋，我不如再去請示觀世音去。」想到這裏，他旋即來到普陀山請示聖者。菩薩道：「你的後代，我能夠撫養他們。」於是，獼猴便遵命於須彌山中，取了天生五穀種子，撒向大地，大地不經耕作便長滿各種穀物，這時猴父才別了眾小猴回洞裏去。眾猴子因得到充足的食物，尾巴慢慢地變短了，也開始說話，逐漸變成了人，這就是雪域上的先民。

在《漢藏史集》中，獼猴與羅剎女的故事情節基本一致[113]；藏族典籍《國王遺教》、《西藏王臣記》和《智者喜》中也散見類似的記載。有報導人卻給筆者道出另一種版本：他們的祖先同樣來自雅魯藏布江上游的象雄古國，由於一位王後的變節，他們的國王戰敗身亡，他們的王國也被滅掉了，族人因此流離失所，被迫遷徙，最後流落到金沙江兩岸邊的三岩地區定居下來。

如果說第一種說法明顯帶有神話的成分，第二種說法則帶有一定的歷史根據。它與贊普松贊干布的王妹有關。據藏文史料的記載，贊普松贊干布建立吐蕃王朝之前，象雄才是青藏高原地區勢力最為雄厚的王國。為了達到與象雄國互不侵犯的目的，松贊干布將其妹妹賽瑪噶嫁給象雄國王李迷夏。可是賽瑪噶在象雄處於失寵的地位，由於嫉妒心作祟，賽瑪噶給哥哥送來兩件禮物，一件是綠松石，一件是頭

<hr>

113 達倉宗巴・班覺桑布著，陳慶英譯：《漢藏史集》（拉薩市：西藏人民出版社，1986年），頁69-70。

巾。賽瑪噶的用意是：如果哥哥為男子漢的話，就戴上綠松石，讓象
雄臣服於吐蕃；若無此勇氣，就戴上婦人的頭巾吧。在王妹的激勵和
裏應外合下，公元 644 年，贊普松贊干布起兵攻打象雄，最終消滅了
象雄國，統一了原來附屬於象雄國的十二大部落，吐蕃王國的實力亦
由此大增起來。

　　無論是傳說也好，史實也罷，如果要說兩種說法有什麼共同之
處，那就是它們均認為女人是禍水，進而冠冕堂皇地為男人應該當家
做主正名。換言之，他們共同維繫著一個重要的社會價值觀念：三岩
性別的社會分工與男本位的思想天經地義，其合理性毋庸置疑，必須
嚴格加以維護與遵守。如果從社會的深層結構考慮，這種男本位思想
又與當地的帕措文化休戚相關。由於帕措的存在，械鬥無處不在，而
械鬥的主體是帕措的成年男子。為了增強群體在械鬥中的合作與認同
感，採用父系血緣認同無疑是件再自然不過的事情。一方面採用父系
血緣來認同，另一方面械鬥是成年男性的主要生活內容，因此，容易
促使三岩人衍生出一種「男本位、女末位」的思想觀念，三岩中無時
無刻不體現出一種「大男子主義」的情結，有其受社會與政治方面影
響的實質基礎。

（六）對藏文化的強烈認同

　　然而，在筆者看來，三岩當前的性別分工與「男為本、女為末」
的觀念，與其說為三岩男人取得合法的主導地位奠定了輿論基礎，毋
寧說是與當地居於主導地位的藏族文化建立起的那種強烈的認同感有
關。三岩中關於「獼猴變人」的說法，與藏族起源的傳說，即使不是
同一故事，那也具有同源關係。更有可能的是，三岩人的故事文本，
就是在藏族起源的傳說的基礎上改寫的。至於贊普松贊干布妹妹的故
事，更是直接與代表藏文化核心地位的政治權力掛上了鉤。

　　事實上，對藏文化所表現出的這種強烈的認同感，在三岩地區並非是孤立的現象。相反，通過與藏族的中心文化建立起某種實質性的聯繫，三岩人力圖共構出一種文化「同質性」，即把自身的區域文化融入一個更為龐大的文化體系當中。例如，在金沙江東岸的三岩地區，由貢覺莫洛鎮前往剋日的路途中，有一段山體奇石林立、峭壁突兀，其中一處峭壁高處更有一股小泉如小便狀湧出，此處即為三岩地區著名的「公主泉」。相傳唐代贊普松贊干布迎娶漢地的文成公主，由於旅途遙遠，文成公主入藏耗時三年之久，沿途歷經了各種艱辛險阻，終於來到了三岩鄉的剋日鄉一帶。她看到當地風景秀麗，不禁心中一動，便在此處小解一番。讓人嘖嘖稱奇的是，自文成公主走後，山體上便自動湧現出一股清澈透亮的山泉水，源源不斷地流下，滋潤了山下的花草萬物。此外，在三岩敏都鄉阿尼村，有報導人表示，歷史上當地曾存有 108 座佛塔，後來毀於戰亂。據說贊普松贊干布立下心願弘揚佛法，除了要在藏區 24 處地方修建 24 座鎮妖寺，另外還要在 48 處地方修建 108 座佛塔，敏都鄉阿尼村就是其中的一處。另一種說法是，敏都鄉西面是馬頭金剛聖山，東面是金剛亥母聖山，是蓮花生大師、益西措嘉佛母、馬頭金剛及金剛亥母等聖眾的密修清淨地，兩山之間誕生出很多大活佛，尤其殊勝。在金沙江東岸，由蓋玉鄉進入山岩鄉，需要翻越一座海拔高達 5,000 多米的火龍山，沿路群山連綿，樹木疊翠，泉水淙淙，風景奇秀。火龍山是山岩鄉的神山，傳說這裏住有 21 個度母，是個神聖之地，山岩人遇事必來此地賭咒發誓。在火龍山上，有一片紅石山，裏面有一道天然的石門，當地人曾信誓旦旦地說，當年布達拉宮原本打算要在這裏修建的，只是後來發生了變故才被迫取消了計劃，否則也沒有現在拉薩城的說法了。

　　概而言之，物質世界的單調與匱乏，反而進一步強化了三岩人的精神觀念。這是一個丰姿多彩的精神世界，它糅合了原始苯教思想和

藏傳佛教觀念，具有鮮明的區域文化特色，並對居於主導地位的藏文化表現出強烈的認同感。在這一精神世界裏，三岩人的日常生活無時無刻不在展現出「雙重性」——神聖世界和世俗世界。神聖世界代表著一整套的信仰體系、象徵符號與價值觀念；世俗世界代表著人類生活中與神聖體系休戚相關的種種生活禁忌。兩個世界相互作用，互相補充，最終產生了兩個結果：一是把人排列於神靈鬼怪的次席，把女人擱置在男人的從屬地位；二是在極力展示區域文化特色的同時，力圖使自身融入對主流藏文化的認同當中。

第四節　整體稀缺和表現形式

以上是對三岩生態環境與精神世界所做的基本描述。一方面，就三岩的生態自然條件而言，可用「稀缺」一詞來概括，具體表現在氣候乾燥、降水量少、自然災害多，陡坡多、壩子少、可開墾利用的耕地稀少，精細化程度不高、草場資源緊張等。另一方面，就三岩人的精神世界而言，儘管當地表現出一定的豐富性，但也僅僅局限在宗教性、區域性以及對藏文化的認同三個方面。若從總體來看，三岩人的精神文化生活同樣可被認為是稀缺的。

由於文化整體的數量存在嚴重的不足，三岩人不得不強化當地本來就為數不多的文化主題，因此在單一性方面反而更呈現出丰姿多彩的表象，這是因為社會意識形態與社會經濟的發展水準是不平衡的，關於這一點，馬克思和恩格斯都有論述[114]。同理，生態條件稀缺的三岩人在精神文化上也可以表現出眾的文化特色。對於這種悖論，可以

---

114 〔德〕恩格斯：〈恩格斯致康・施米特（1890年10月27日）〉，載《馬克思恩格斯全集》第37卷（北京市人民出版社，1971年），頁490。

用愛斯基摩人對雪的概念來解釋。與世界上多數的國家（如中國）和民族所擁有的多樣化的氣候條件不同，愛斯基摩人的氣候呈現出單一性特徵。愛斯基摩人生活在北極圈內，當地的氣候大多與雪有關，因此愛斯基摩人擁有 100 多個與雪相關的詞彙，但對於其它氣候條件（如雨水、風暴和閃電等），則缺乏相關的表達詞彙。

由於三岩的生態環境與精神生活均出現了稀缺的情況，這裏將引入一組新的概念——整體稀缺與文化適應加以闡釋。兩者之間的互動關係，構成了本書的研究主題。

一　整體稀缺的概念

首先，「整體稀缺」的概念來自雅各‧布萊克－彌喬德於 20 世紀 70 年代出版的一本書[115]。整體稀缺可歸納為在某種類型的社會中，人們能切身地感受到物質和制度上與其生活相關的一切東西完全不具備，不僅數量上不夠，品質上也不行。整體稀缺是一組生態、技術和歷史因素造成物品與資源的地方性不足的結果，阻礙了個人和團體獲取並長期積纍財富。因此，整體稀缺抑制了社會分層的發展，以經濟差異為基礎的權力結構也就不可能建立或形成。由於沒有多少財富、地位和聲望可供世代傳承，一般說來，也就不利於形成有效率的司法與政治制度，由於物質稀缺，社會制度也體現出「貧血」現象，平等的倫理道德便會在社會上大行其道。

「稀缺」這一概念植根於人們的日常生活，既可指可見的有形世界，也可指無形的文化價值觀。特權、榮譽、男人氣概、生育力、運氣，乃至經濟領域的成功，均可看作商品，如同土地、水和有效的制

115　Black-Michaud J. *Cohesive Force:Feud in the Mediterranean and the Middle East.* New York:St. Martin's Press, 1975:121-178.

度一樣，具有供應的限度。人們普遍要求其它的個體不會得到超過
「平均份額」的東西，這樣就形成了平均主義的觀念，對於那些獲得
了或者想獲得超出社會允許的最大量的人來說，這是強有力的道德處
罰的根源。

因此，整體稀缺就是永久地感覺現有資源和政治結構不足以滿足
全體人的最低的有意識的需求。整體稀缺最重要的伴生物是恐懼，擔
心由於缺少司法保障，個人沒有能力抵抗其它人的侵犯，也擔心物質
的不足導致自身的挨餓甚至生存的困難。因此，人們就要聯合起來。
最初是基本的家庭聯合，後來出現了群體和家族之間的聯合。在整體
稀缺的條件下，群體聯合形成權力的制衡，保證可用資源的平均分
配。平均主義的倫理價值觀從精神實質方面賦予整個政治以某種平等
的模式，完全排除了人際關係佔據統治地位的可能性。

然而，這種平均主義思想在應對外界的侵犯時無法持續運轉下
去，除非有某些大人物出現並引導群體，在執行某些重要決策時贏得
大眾的支持，並且彙集整個群體的力量追求共同的目標，否則對於政
治或經濟目標一定不能取得理想的結果。

這種無法避免的趨勢可以稱為「策略分層」，在任何社會中它都
可以作為一種基本的假定，即在兩個以上的個人或群體之間，不是合
作就是衝突。然而，在衝突中，兩者並不是互相排斥的對立方，而是
社會持續發展過程中的多極。合作是形成群體的先決條件，但若沒有
大人物存在，一個群體就不可能持久存在；或者，在一個更加複雜的
結構中，要出現政治等級才能達成先前設定的目標。因此，合作、衝
突和領導權是社會結構的三個基本組成部分。

物質的缺乏與制度的稀缺密不可分。社會制度可能存在各種各樣
的不足，這是由不同的生態與歷史因素所決定的。整體稀缺可歸納為
特定社會中，人們認為與生活息息相關的一切現存的物質和社會制度

的數量都處於絕對不足的狀態。整體稀缺可以分為兩個不同的稀缺領域。第一個領域最終形成一種可以看見的物質的供不應求。第二個領域從經驗上無法觀察得到，這個領域由一些無法用科學方法來證明其稀缺的物質構成。前者具有客觀性，可以直接觀察得到；後者具有主觀性，只有那些身臨其境的人才能體會得到。前者可稱為生態資源稀缺，後者則可稱為社會制度稀缺。生態資源稀缺具有現實性，而社會制度稀缺具有非現實性。生態稀缺可以發生在任何社會的任何時候，只要與物質產品和資源的生產、開發有關，人類的活動就會存在稀缺。只有當生態系統存在一定的緊張程度時，物質稀缺才會構成生計活動的核心內容，它影響到人們本來就不穩定的生計經濟的方方面面，對於能使人們更容易生存的社會組織模式具有決定性的影響。只有在出現極端的生態稀缺時，才會出現社會制度或精神的稀缺。兩者同時發生的狀況，就可稱為整體稀缺。這時，社會結構的形式很不發達，自治機構也很少。部分稀缺是指隨著物質供應的不斷豐富，制度相對地變得複雜多樣，使得人們相互之間的關係日趨多樣化的狀態。

目前，沒有田野資料可以精確地說明衝突社會中成員如何設想稀缺性。有少量具體的證據可以說明整體稀缺這個模式並不是一種憑空想像。整體稀缺這個概念是一種試探性的設計，目的是用來解釋爭鬥的某些具體表現。本書使用「整體稀缺」，試圖達到兩個目的：第一，當筆者談論爭鬥是「社會本身的一種機制」時，它能夠作為一種理論方式予以說明；第二，它可以用來支持筆者的論點，即在「整體稀缺」的社會中，物質（或現實）的稀缺總會在精神層面產生出許多重要的伴隨物，它們對於理解衝突具有重要的作用。筆者要盡力論證的是，這些「精神」的伴隨物撞擊著為了獲取和保持權力、財富、地位而發生的鬥爭。因此，筆者首先要闡述一下現實的稀缺，或者說是生態稀缺。

（一）生態稀缺

生態稀缺包括土地和水資源的獲取，以及人口密度這三個變數。在自給自足的社會中，物質產品的稀缺具有地方性，決定這種稀缺的最重要的因素是歷史條件。只有通過分析一定時間與空間範圍內的歷史和政治壓力，才能夠理解為何一定的人口會居住在某一塊特定的土地上，他們受到的技術限制是什麼，以及是否能從外界借用文化要素，並用它來最大限度地開發本地的環境。

毫無疑問，在小規模社會中，生產技術的發展水準很低，缺乏比它更加複雜社會中的農業生產和畜牧技術，這些與生計經濟直接相關的技術決定了他們對資源的獲取狀況。土地、水和人口密度是決定生態稀缺的基本要素，體現了人利用環境的效率。這些社會缺少強有力的制度化的領導權，大家都有平等的思想。

首先，筆者要列舉出農業社會的基本要素，表明這樣的社會永遠沒有足夠的物質產品來同時滿足部落民眾的最低需求。

缺乏肥沃的土地是小規模部落定居村莊的共同特徵。這些村莊的周圍都是大山和岩石，只有在狹窄河谷底部才能找到小塊的良田。貧瘠的山地加上粗放的耕作技術，往往使得當地人種植的用於維持生計的農作物產量無法滿足基本的需求，每年的收成也變化不定。河谷地帶的耕地相對容易耕種，具有更高的收成，通常也是最難尋找的商品。

然而，即使固定地佔有了河谷地帶的肥沃土地，也不一定能夠保證土地的主人就能獲得足夠的收成，從而滿足他本人和家庭的需要。因為河谷地帶的土地需要灌溉，栽種的莊稼在收割之前需要持續地澆水，否則碰上連續的乾旱就會枯萎和死亡。由於缺少優質的土地，通常就不會有很多的水源，那些人幸運地佔有更好地段的耕地，但卻要不斷地保護他們使用水的權力。

　　因此，在定居的部落社會中，沒有多餘的土地和水，一旦出生率上陞這種狀況會更加劇烈，毫無疑問需要高的死亡率來補償。最終分析這樣的定居村莊，明顯與生態稀缺有關的要素是資源與人口的比例。實際上，水和土地的短缺具有一種功能，使得人口壓力和技術需求抑制了空間的流動性，促使嚴格和相對穩定的定居模式出現。

　　在定居的農業社會中，可利用的土地與水對於產生生態稀缺具有重要的意義。生態稀缺的結果是食物產品的地方性不足，無法滿足社會成員的有意識的需求。這種不足大部分是因為出現了過多的競爭者為了控制資源而鬥爭。換句話說，即使不是很明顯的人口密度的下降，也會減緩生態稀缺的狀況。即使有偶而供過於求的特例，也還會有另外一種稀缺——缺乏先進的技術保存食品並通過市場機制轉換成財富的形式——來抑制個人和群體的暴富和貧富差距的擴大。在這一點上，生態稀缺漸漸變成了制度稀缺。因為缺少顯著的經濟差異，不可能在一個群體中有幾代人保持對財富的穩定控制，這就導致無法發展出明顯的階級結構，並使得行使特權的制度無法得到進一步的擴散。

（二）整體稀缺與部分稀缺

　　整體稀缺的條件下社會成員必須合作，部分稀缺的條件下成員可以競爭和衝突，並出現領導權。要分析整體稀缺和領導權這兩個常量，必須先分析生態變數，然後才能分析整體稀缺與領導權的結構性含義。

　　在各種持續的社會交往中，合作、衝突和領導權是不可缺少的組成因素，這三個變數與歷史和生態變數一起組成一個社會的模型。領導權是用來緩衝合作與衝突的變數。整體稀缺是一個常量，生態和歷史是變數。整體稀缺可以包含在一個總的主題，即衝突和合作的互動

之中。衝突意味著採取手段爭奪處於稀缺供應的獎勵，不同的稀缺類型具有不同的衝突。如果存在「整體稀缺」，必然就會有部分稀缺。將兩者進行比較將會得到有趣的結論，能夠揭示不同稀缺類型的社會的結構意義。

整體稀缺是指在一定社會中，人們覺得與自己生活有關的任何事情，無論是社會制度還是物質供應，在數量上都絕對地不足。相比之下，部分稀缺明顯是指在一定範圍內只有一些迫切需要的東西不夠，其它方面並不缺乏。

首先分析社會結構與部分稀缺的關係，按照筆者提出的社會模型，合作、衝突和領導權這三個組成要素必須同時出現。開發供應不足的資源時會出現合作，協調合作需要領導，並激發衝突。然而，衝突僅僅局限於看上去普遍存在稀缺的地方，在這些地方合作和領導仍然重要。但是，由於只是部分稀缺，還有很多地方會出現剩餘。因此，如果某些個人和群體具有野心或侵略意圖，他們就會選擇在沒有稀缺和衝突的範圍內爭取最大的收穫，這樣，衝突就僅僅限於某些事物之上，往往只是涉及社會的部分成員。

筆者提出的社會模型在用於整體稀缺的社會中時，將會產生完全不同的結果。如果人類生活的每一個範圍都存在稀缺，針對這些稀缺很明顯就會出現合作和領導，有了領導之後就會出現衝突，這些要素就像稀缺一樣普遍。在整體稀缺的社會中，不管是在什麼時候和在哪個層次上，都沒有人可以在系統之外選擇，因為合作開發不足的資源是所有人生存的必要條件。由於領導和衝突是合作的必不可少的伴生物，如同合作本身一樣，它們將會組成一個強大的、無處不在的責任。整體稀缺使得社會中每一個群體和個人都要普遍地合作，如果要生存下去，就必須最大可能地參與領導權和衝突。在只有部分稀缺的社會中，因為剩餘物給人們提供了生存的手段，那些希望將合作義務

減少到與社會其它成員保持一致的人，就會拒絕參與領導權的鬥爭，這與整體稀缺的社會差別很大。

這種結構性對比的結果源自筆者的社會模型，在整體稀缺與部分稀缺這兩種情況下，領導權不變，其它組成要素——合作與衝突——的特性和結構則會隨著稀缺類型的變化而波動。部分稀缺促進了社會分裂為互相聯結的分支群體，他們的興趣可能會在某一點重疊，但社會成員的興趣並不一致，因為出現了能夠感覺到的剩餘，這就給社會成員提供了機會撤退到那些沒有衝突和合作必要的空間之內。然而，在整體稀缺的社會中，不可能有這樣的撤退，人類活動空間內到處彌漫著合作與衝突。

由於整體稀缺導致了合作、衝突和領導權在整個社會結構中無限制地擴大，因此，爭鬥是懷有敵意的集團之間建立關係的手段，這樣可以將鬆散的各個部分黏合在一起。在缺乏條件發展出強大君主或集權的地方，暴力的使用產生了一種力量的平衡，並伴隨著產生了壓制混亂的狀態。爭鬥成功地控制了群體之間的關係，並強迫社會規範的一致。兩個群體或個人之間的暴力構成了系統的有機組成部分。可以說，爭鬥是一種社會控制的工具，是交流和溝通的手段，也是表達臨時性統治與臣服關係的語言。

社會的內部結構特徵和生態約束導致制度的缺乏。在平等主義思想的表達中，可以發現缺少高度發達的制度和處於生存邊緣的危險特徵。然而，這種思想的內涵並不局限於個體或群體之間的關係領域，他們幾乎延伸到了人類生活的每個方面，抑制任何想要比社區中其它人獲得更多物品的想法。這種態度在生態條件不利的地方往往表現得相當典型。

（三）有限利益的設想

福斯特曾對墨西哥的農業村莊進行考察，然後創造了「有限利益的設想」，他用這一詞彙描述社會綜合體和心理態度，社會成員認為個人的成功勢必減少社區中其它成員的成功。這種有限的利益滲透在社會的各個領域，像政治、宗教、法律、經濟、醫藥和民間習俗等都存在這種「認知的模型」。在他看來，整個社會、經濟和自然界環境內，所有想要的事物，比如土地、財富、健康、友誼、愛情、男子氣概、榮譽、受尊敬、權力、影響力、隱私和生存安全等在數量上都絕對不足，無法滿足所有村民的最低要求。不僅好東西的數量十分有限，而且社區內部的人沒有辦法增加可以獲取的供應。諸如土地之類的利益似乎是固有的，如有需要可以被分割和再分割，但是不會增加。[116]

按照福斯特的觀點，某些人的利益就是另外一些人的弊端，他認為這是理解有限利益的關鍵，這是農業社會的特徵，在其它社會也是如此。人們要麼合作以使公共份額更大，要麼放縱個人主義。福斯特相信有限利益的狀況總是喜歡個人主義而不願意合作，因為容忍領導權的存在必然要求某些人比其它人得到更大份額的有限利益，因而認為合作不得要領，沒有人願意增加利益的供應。

福斯特描述的現象類似於整體稀缺，但將其作為分析工具用於分析墨西哥村莊之外的社會時卻並不十分有效。很明顯，他提出的假設認為農業社會缺乏合作精神可以歸咎於有限利益的心理具有強大的影響力。但現代民族國家在理論上取代了傳統的互助模式和集體行動，個人可以通過法律手段抵擋敵人，而在以前依賴於聯合結盟和集體身

---

116 Foster G M. *Tzintzuntzan: Mexican Peasants in a Changing World.* Bostan: Little Brown and Company, 1967:123-124.

體暴力的恐嚇幾乎是獲得賠償的唯一手段。

　　筆者認為福斯特所說的「生活中想要得到的東西」並非隨意的事物，它們或多或少都與爭奪權力有關，可以將其分成三大類。首先，在小規模農業社會中，土地和財富是一回事，是行使權力的首要的和必備的條件，是權力結構中取得地位的象徵，也是個人設法爬上權力階梯後獲得的物質回報。其次，友情、影響力、隱私和安全是最小的先決條件，沒有這些東西，個人就不可能獲得權力，它們就如同土地與財富一樣是權力鬥爭的目標。最後，男子氣概、榮譽和受尊敬也一樣，但這些是更不具體的道德價值概念，它們為個人最初參與權力競爭提供了資格。

　　因此，筆者認為，在自給自足的社會中，整體環境並不一定服從於有限利益的原則。雖說如此，筆者還是大體同意福斯特的觀點，環境的本質部分是有限的或者說不夠滿足人們有意識的需要。筆者在廣義上限制這部分環境是社會現狀的組成部分——現實的和非現實的、物質的和非物質的（如社會制度）——都與個人和群體之間獲取權力的競爭有關。但是，小規模社會的政治權力最終與物質資源的控制有關，行使權力的結果就是比那些沒有權力的人獲得更多的緊缺物質。因此，有限利益不僅是一種理論設想，更是一種社會現實，那些看起來有限的精神產品是權力的伴隨物，實際上也會供應不足。

　　按照這種解釋方式，有限利益與筆者所闡述的平等觀念的關係十分密切，它是「整體稀缺」甚為普遍的社會特點之一。科塞認為，衝突的最初原因是供應無法滿足需求，極度稀缺的權力帶來了稀缺的伴隨物——獲取和控制財富或生存的能力。在整體稀缺的條件下，群體或個人控制一定比例的可用資源，就會危及整個社會，為了權力和領導權發生不可避免的衝突，絕對不能脫離掌控。因此，榮譽就成了爭奪資源的藉口。

在整體稀缺的狀態下，為了有限的物質利益，衝突轉化成為榮譽的衝突，緩和了平等和領導權之間的不和諧性，阻止了物質稀缺在更廣範圍對適者生存所產生的破壞性。

解釋社會結構差異的原因最終可以落到「整體稀缺」這個概念之上。本書假定，「整體稀缺」與「領導權」是兩個互相依賴的常量，而且「領導權」是所有社會形態的本質構成之一。「領導權」必然導致社會分層，使得社會成員在資源的獲取方面產生差異。「整體稀缺」受到地方生態和歷史因素等變數的影響，「領導權」導致的社會分層最終促使「整體稀缺」向「部分稀缺」變化。

科塞提出，非現實衝突的強度「增加了社會結構的剛性」。筆者認為，在不同類型的社會結構中，為了榮譽爭鬥的頻度和強度具有相對的靈活性。

稀缺對社會、對每一個人來說，既是普遍的，又是相對的。說它普遍，是因為不僅人類社會，而且每一個人都普遍地受到稀缺的約束。例如，當今城市中高昂的樓價讓普通工薪階層望而卻步，這樣，商品房就具有了相對的稀缺性。說它相對，因為對各個不同的人，尤其是對不同的社會來說，受稀缺約束影響的具體形式會因時、因地而有所不同。比如，在每年的春運期間，不管是飛機票還是火車票，往往都是一票難求，但對於不回家過年的人來講，車票並不具有稀缺性。馬克思在他的政治經濟學中雖未明確提出「稀缺性」這一預設，但在其理論體系的表述及其基本概念中，稀缺性是馬克思政治經濟學得以建立的基礎。馬克思考慮了物品及其生產的四種情況：①有用、稀缺且是勞動生產出來的物品，是正式的商品，其交換價值對於經濟分析特別重要；②有用但不稀缺，也非勞動生產出來的物品，其交換價值等於零，因而經濟學家可以不理會它們；③勞動生產出來但沒有社會效用的物品，不能正式被視為稀缺，因為沒有市場需求；④沒有

效用的物品，也就沒有價值，即使它包含著勞動，這種勞動也不能作為真實的勞動來看待，因為它沒有創造任何價值，故從主觀上看這一物品也是無用之物。[117]這一關於商品價值兩重性的隱性敘述結構也正是龐巴維克所強調的。[118]

　　唯物史觀要求在經濟基礎與上層建築的基礎上考察生產力與生產關係的矛盾性，尋找推動歷史發展和社會進步的動力。因此，「稀缺」這個概念對於政治人類學研究來說是一個十分重要的邏輯環節。同樣，邊際效用價值論認為：「可以用一個近似而不太精確的方式來說，有用性和稀缺性是決定物品價值的最終因素。」相對於人的欲望與需要而言，直接可用的社會資源是有限的、稀缺的，資源（人力、土地、商品、技術等）是不足的，存在著總少於人們能免費或自由取用這些東西的情形。[119]

二　三岩是個整體稀缺的社會

　　所謂「整體稀缺」是相對於「部分稀缺」而言的概念，兩者都是建立在「稀缺」的理解上，而「稀缺」又是相對於「充足」而言的概念，是充足的反面意思。「整體稀缺」或許可以描述為一種特定的社會前提，為道德的、制度的和物質的條件極度缺乏，儘管空氣、陽光、水源不會稀缺。換言之，「整體稀缺」是指一個政治制度、軍事制度、道德規範、宗教制約等方面高度缺乏的社會，近乎等同於人類早期無政府的自然狀態。「部分稀缺」則是指人們所感受到的這些與

---

117 參見《馬克思恩格斯全集》第44卷（北京市：人民出版社，2001年），頁47-54。

118 〔奧地利〕龐巴維克著，陳端譯：《資本實證論》（北京市：商務印書館，1964年），頁176。

119 陳惠雄：〈對稀缺性的重新詮釋〉，《浙江學刊》1999年第3期。

日常生活相關的東西數量上不至於完全沒有。

就整體稀缺在三岩的具體表現形式而言，它們具有一種類似於同心圓的層次性。

物質生活資料作為實體位於底層，社會制度、道德、精神教化以及娛樂遊戲等作為抽象的內容依次位於外層；它類似於費孝通所論述的「差序格局」[120]的理念。若把三岩社會設想成一潭春水，一石塊被扔入水中後，湖面便以該石塊的入水處為中心點向四周泛起漣漪。那麼，最先受作用的必然是位於中心圈的物質生活資料圈，在此圈的「多米諾骨牌」的作用下，位於外圈受影響的依次為社會制度、道德、精神教化和娛樂遊戲等各項內容，並由此不斷地擴散開來。以下就這五個方面分別進行闡述：

（一）物質生活資料的稀缺

「整體稀缺」的第一層含義是物質稀缺。肥沃土地的短缺是定居農業社會的共同特徵。這類社會的棲息地大多位於多山多岩石的地區，僅有的好土地只能在狹窄的河谷低地找到，或者由於天旱、湖水降低水位，在溪流注入的地方顯現出大片的灘塗，那裏的三角洲沖積平地能夠保證豐收。在某些區域，人們缺乏足夠的峽谷地帶來養活他們的主幹家庭，因此只能從事山地農耕。這樣一來，除非灌溉充足，否則在山區種植穀類或其它糧食作物，產量波動很大，入不敷出是常有的事。因此，相對來說，河谷地帶更加肥沃，也更容易耕種，這就使得它成為這些社會最為搶手的資源。就三岩的土地狀況而言，以往三岩的土地大多係人民自墾出來的，純為私有，非有買賣，不能耕種。又佃農極少，唯土少人多，供不應求，所謂「食之者眾，生之者

---

120 參見費孝通：《鄉土中國》（上海市：上海人民出版社，2006年）。

寡」。而可墾荒地，亦屬寥寥，故土地價值，異常昂貴……。[121]另一方面，可利用的土地稀少，外加自然災害的作用，極易使三岩的一些家庭出現入不敷出的情況。例如，1966 年，三岩雄松區所轄五鄉總計有 28 戶 98 人集體跑到外地討飯，給區政府造成了負面的影響。區政府在當年的總結報告中分析了原因，除了指出區政府的領導幹部工作不得力外，還有天災人禍（主要是冰雹）以及土地少等原因，其中敏都、阿尼兩鄉 10 戶總計 53 人外出討飯，而這 10 戶僅有土地 66.75克[122]，平均每人 1.25 克，即使收成再好，也難以維持溫飽問題。[123]

　　然而，即使擁有較多肥沃土地的幸運兒，也不能保證得到良好的灌溉，使自己獲得豐收，以滿足家庭之需。因為水源是有限的，對水的爭奪有時相當激烈，土地所有者必須經常提防他們的水權不受侵害。另一方面，由於大部分定居的農業社會都沒有多少剩餘的土地和水源，人口出生率卻又在穩步提高，死亡率無法完全抵消出生率，使這一情況變得更加嚴峻。

　　由於天氣惡劣，土地荒蕪，食用植物長不出來，狩獵動物大為減少。為了彌補食糧的不足和擴大狩獵與採集地域，同毗鄰的社會發生摩擦自然不可避免；無論是作為個人或團體，彼此都要訴諸掠奪他人的獵獲物，騷擾他人的採集地，或將他人驅逐出獵場等非常的手段，否則就無法找到一種應對策略，以打開貧乏不堪的局面。生存的苦難程度越高，發生掠奪、偷盜的概率就越大，這也是不得已的事情。[124]

---

121 羊澤：《三岩概況》，趙心愚、秦和平編：《康區藏族社會歷史調查資料輯要》（成都市：四川民族出版社，2004年），頁403。

122 克為藏區舊時土地計量單位，以1藏克（約為13千克）種子能夠播種的土地作為計算土地的基本單位，1克土地約合1市畝，即約667平方米。

123 貢覺縣檔案館：雄松區《關於群眾外出討飯問題的檢查報告》。

124 〔日〕豐增秀俊著，葉渭渠、唐月梅譯：《原始社會》（北京市：中國文聯出版公司，1991年），頁27。

由此可見，在物質生活資料稀缺的情況下，掠奪、偷盜是有可能發展成為一種生存策略的。

可以設想，伴隨著掠奪、偷盜規模的不斷擴大，社會衝突必將愈演愈烈。衝突令人想起一種供給規律：當兩個以上的組織，以競爭的方式獲取獎金或雙方均稀缺的資源時，衝突就發生了。而當個人的必需品在數量上缺乏時，就造成了稀缺性因素。顯然，這是對衝突情境最為明確的比較分析。由此可見，對衝突分類的關鍵點不是雙方是否能達成妥協，而是人類面對特定的稀缺因素時的一種本質性擴展。然而，有許多衝突只是在部分稀缺的情境中實現的，也就是說，被衝突本身的目標所限制。但是，有些衝突是在整體稀缺的條件下實現的，其表現形式是鬥爭延伸到社會生活的各個方面，世代持續不斷。

「民以食為天」，對飢餓的恐懼勝過一切恐懼，司法制度對吃不飽、穿不暖的人民是形同虛設的，於是乾脆不設，在這種情況下，個人不能保護資源免受侵犯。恐懼是結盟的原始動力，最早是在初級家庭之間，繼而在家族之間，進而在世系群之間形成聯盟以尋求權力平衡，通過世仇來維繫秩序，保衛資源的分配。這樣，因果關係可以顛倒過來，一如《武城縣志》所說：「三岩從前無官管理，是以百姓不知禮儀，即有冤亦無可訴，非互相攻殺，即相互擄掠，彼此報復積久相沿，遂成為搶劫之風⋯⋯」[125]

三岩就是這樣的社會：第一，許多生產、生活資料都是因地取材，用比較原始的方法製造出來的。第二，許多生活資料嚴重缺乏，以往主要通過以物易物的方式來獲得。例如，1950 年以前，鹽、茶、火柴等貨物一向被三岩人視為珍品，外來人只要用一盒火柴和少許的鹽、茶葉等，就可以換取三岩人較大量的麝香、鹿茸、藥材、皮

---

125 劉贊廷編：《武城縣志》，《中國地方志集成・西藏府縣志輯》（成都市：巴蜀書社，1995年），頁137。

革等貴重物品。第三，當地多年來人口的增長始終保持在一個較低的水準。儘管如此，迫於人口壓力，當地很早就存在人口分化的現象，人口迅速在金沙江兩岸分佈，並由此輻射到周邊的地區。第四，帕措內部存在一種「概化互惠型」的經濟模式，如帕措內部有義務幫助那些鰥寡孤獨、老幼病殘的人，「老吾老以及人之老，幼吾幼以及人之幼」；對外則一致推崇「負性互惠型」的經濟模式，不惜大動干戈對其它帕措和村落實施搶劫、掠奪，以滿足自身的生活需要。

在安全不能保證的社會，家庭分化的強大阻力來自共同防禦的需要。主幹家庭在小塊土地上獨立作業，在共同的草場上放牧，由於經濟處於劣勢，也由於社會上缺乏保障社會安定的強大國家機器（政府、軍隊、員警、監獄、法庭等），所以人們需要結成血緣集團，當他們聚族而居的時候，村落這類地緣組織和血緣集團便合而為一，形成了帕措。

（二）社會制度的稀缺

一般認為，人類社會最初是由採集—狩獵進入農業耕作，並最終進入國家的。國家是一種最為根本的社會政治制度。早期的國家是以中央集權為特徵的等級政治系統，最初圍繞大規模的農業生產而出現，最早的國家，如古埃及、巴比倫、古印度和中國等，大約形成於5,000至6,000年前。在國家體系中，一個重要的特徵是首領、君主和國王常常利用高壓政治和戰爭來維持他們的政治和經濟統治。然而，這還僅僅是一個開始。把人民整合進一個集權統治的官僚體制的，還包括國家發起的宗教、嚴格管理的軍隊、互惠、再分配，以及市場交換（指通過使用貨幣進行的商品和服務交換）。[126]

---

126 〔美〕盧克·拉斯特著，王媛、徐默譯：《人類學的邀請》（北京市：北京大學出版社，2008年），頁135-136。

在歷史上一段相當長的時期內，三岩一直作為化外「野番」而獨立存在，從來沒有進入過國家。三岩既未長期駐有中央集權的官僚機構，受封建領主和土司的管轄，也沒有出現完全軍事化的組織制度和參與分配與交換的市場經濟體系。

就土地的性質而言，土地屬帕措集體所有，各帕措所屬不一，由最少數戶到最多百餘戶，所謂「黨派複雜，有似內地之哥老會，互為雄長，各不相能，所在械鬥時生，到處滋擾」；另一方面，由於土地集中在各帕措手中，這些土地又具有私人的性質，甚至可以包租給佃戶管理，即「客民亦可依附（帕措），分耕土地，為之上糧當差，受其保護」。[127]

總體而言，近代三岩一直與國家社會制度若即若離。這裏土地制度古老，屬帕措或家庭直接佔領，土地雖有可自由買賣之說，但一方面價格極其昂貴，另一方面受習慣法的約束，買賣極少。清政府和西藏噶廈政府均進入過三岩，能夠象徵性地徵收糧稅，但無法真正行使行政主權。即便如此，在與國家互動的過程中，原本在制度上極其缺乏的三岩，還是引進了不少外來的制度。由於這些制度在社會運作中發揮出一定的功效，因此或多或少地被保留下來，甚至一直延續到今日。例如，至今三岩的一些村子裏依然保留著一種名為「儲糧會」的互助性組織。當收成不好時，經濟困難的家庭可向經濟富裕的家庭或富商借糧以渡過小半年的饑荒，等到來年莊稼有收成了，再連本帶利還清。三岩中的「儲糧會」是這樣運作的：每年秋收後由各戶拿出12斤糧以備他戶借貸之需，借糧的家庭等到第二年有收成後把所欠的糧食還清。然而，由於這些借戶時常有借無還，儲糧會實際出現過名存實亡的局面。有趣的是，近年來由於蟲草的價格節節攀升，儲糧

---

127 羊澤：《三岩概況》，趙心愚、秦和平編：《康區藏族社會歷史調查資料輯要》（成都市：四川民族出版社，2004年），頁403。

會又出現了新的現象：第一年由經濟困難的家庭向富商借糧，來年可用採集到的蟲草來還債。曾有學者指出，向商人借糧按約定每百斤可用一兩蟲草抵償，因此有聰明一些的人會賣了蟲草還錢，因為這樣做更為划算，否則會幾倍地吃虧。[128]

從儲糧會的運作情況判斷，它與漢地立義倉的民間自治行為幾乎相同，一種可能是來源於趙爾豐新軍進剿三岩時從內地帶去的組織模式。早在明萬曆年間，為了穩定社會，皇帝便下詔要求各地立義倉，糧食問題一時成為人民普遍關心的社會問題，直到雍乾年間義倉仍舊在民間維持。另一種可能則是來源於三岩地區自 1961 年起所開展的具有合作社性質的互助生產活動，即由政府出面貸款 23 個月的口糧給一些生活暫時出現了困難的家庭，或者在春耕前村內部相互借貸種子。互助組的建立對當時三岩的農業生產活動造成了深遠的影響，以 1961 年發佈的《雄松鄉整頓試點工作報告》為例：全鄉當年共建立了農業互助組 30 個，其中常年組 2 個，季節組 28 個，入組 181 戶、818 人，全勞 303 人，半勞 218 人，輔勞 146 人，合計占總人口的 74.5%，有土地 4,543.13 克，牛 799 頭，羊 961 隻，鐵質農具 1,298 件，新開墾土地 156 克，新建一條大型的灌溉水渠 3,000 餘克，把原來的旱地全部變為水澆地，增加牛 281 頭，羊 305 隻，鐵質犁尖 76 個，鋤頭 256 把，鐮刀 319 把。[129]

（三）道德的稀缺

「整體稀缺」是生態學的、技術的以及歷史的情況所導致的，結果導致了資源、物資的分佈或分配不充分，因此，個人和群體獲取財富、長期積累的傾向會受到社會的阻礙。維持平均主義的趨勢，反過

---

128 馬麗華：〈走出三岩〉，《經濟與社會》2002年第3期。
129 貢覺縣檔案館：《雄松鄉整頓試點工作報告》。

來又會阻礙社會分層和隨即而來的建立在經濟分化之上的權力結構。通過減少用於繼承的財富以及私人附隨物、地位和官職，在道德水準上產生一種公平主義。可見，這種情況完全是由於社會物質與制度的貧乏造成的。對稀缺的認識，生活在當地的男女容易產生一種莫名的恐懼感，害怕有人會富起來；如果有富人出現，就要想辦法把他弄窮。因此，物質和制度的匱乏，便從有形的世界拓展到無形的文化價值層面。人們對威望、榮譽、侮辱、男子氣概、富足、運氣等有了新的看法，這些價值判斷一樣被視為資源，一如土地、牛羊或者有效的制度一樣是有限供給的。當人們憑藉力量而不是憑藉勞動去爭取的時候，衝突也就發生了。為了免於衝突，人們又發明了世仇或「血仇制」，即一報還一報，以暴制暴，理性被邪惡和仇恨所扼殺，道德被拋棄到九霄雲外。當社會缺乏道德規誡的風氣時，人人做事便不再考慮良心的譴責。這種失去以道德為導向的平權信仰以賦予政治平等性的社會，就是霍布斯所說的「人對人像狼」的類型。

但是，合作、衝突和領導權互為充分必要條件，缺一不可，或者說只要有其一，就必有另外的兩個基本要素。而既然有合作，就必然有道德，必然要講信譽，只不過內容有所不同而已。與此同時，既然有領導，就必然有服從。世系社會不是群龍無首，制度化權威的缺失並不排除非正式領導權的運作。換言之，制度化權威的缺乏並不意味著非制度化權威的缺乏，非正式的首領（酋長、帕措頭人等）還是有的，但他們的政治權威是極為有限的，通常不會把這種權威擴展到範圍之外。他們的滿足感來自於主持帕措會議、決定賠償的數額，而不是支配帕措成員的命運，他們富有影響力，但不能決定戰爭或和平，如果他們試圖違背眾人的意志，把自己的意願強加於人，就會被帕措所拋棄。作為領導，他們必須是道德的化身，大公無私、勇敢堅定，如此，成員也才能夠講究道德，唯命是從，令行禁止，即使上刀山、下火海，也在所不辭。

（四）精神教化的稀缺

　　三岩向來沒有文化教育，寺廟扮演了普通教育的一部分，生產知識則向父母兄姊學習。趙爾豐「改土歸流」後，在三岩雄松設立武城縣，又在鄰近的貢覺和江達設立貢覺縣和同普縣，每縣設官話小學堂一處，男女生 40 餘人，至民國元年改為縣立小學校，推行教育。《武城縣志》第七條勸民學習，曰：「男子小時應入學讀書。女子小時應入學讀書，比男子尤為緊要，蓋女子能讀書識字，長大出嫁生男長女，彼即可以自教其子女，勝於在學堂多矣。且此時雖設女學堂，尚無女教習，暫時仍用漢人男教習充當，俟將女子教成長大後，即可為女學堂教習，可得修金，則全岩女子無一人不讀書識字，豈不美哉。」[130]《貢縣志》也談及教育，曰：「可以知道禮義孝順父母，尊敬長上，和睦兄弟，在外間不但不做違理犯法之事，與人交接和藹謙恭，能使人人敬服，決無人敢欺侮，且讀書有成，上等即可做官，中等可在學堂充當教習，以教本村小兒，下等即貿易營生，與人管賬，亦可自養。一家且小兒入學堂後可除自備兩餐外，餘皆毫無花費，其教習修金以及書籍、紙張、筆墨皆由官出錢辦理，不用其家中費一文。一婦女與人苟合，原係可恥之事，而蠻地習俗使然，亦無足怪，唯此後既歸漢官管理，自應改從漢官俗。男婚女嫁須憑父母之命，媒妁之言為主，並應一夫一婦，不得一男子而娶數婦人，尤不得以一婦人而嫁弟兄數人苟合。」[131]漢族封建統治階級推行德化，把教育看作萬能的，當然是癡心妄想，但從重視精神教化的作用來看，以德化民的出發點是好的，也是三岩由野蠻走向文明所必需的。

---

130 劉贊廷編：《武城縣志》，《中國地方志集成·西藏府縣志輯》（成都市：巴蜀書社，1995年），頁137。

131 劉贊廷編：《貢縣志》，《中國地方志集成·西藏府縣志輯》（成都市：巴蜀書社，1995年），頁115。

三岩人幾乎全是有神論者，篤信佛教，他們在寺廟裏對菩薩和喇嘛顯出畢恭畢敬的樣子，他們在械鬥和廝殺時則是另外一個樣子。誠如詩人艾略特的名言所說：「真正的褻瀆——不只是言辭上，而且是精神上——是信仰不徹底的後果。」由此可以懷疑他們精神的教化深度。

早期法律有一種免罰宣誓的制度，利用人們對超自然力量的信仰來處理案件。但在那些處在伊斯蘭教和基督教邊緣的社會，超自然信仰並沒有給偽證或者偽誓設下多少障礙。三岩是個處在佛教邊緣的社區，當地人也有一種類似於免罰宣誓的制度，用以解決爭端。爭端發生需要調解時，調解人會從糾紛雙方的父系近親中選出人證，也就是從那些在世仇中害怕復仇或者可能採取復仇的人中間選出發誓者。但據筆者觀察，作偽證的情況經常發生，三岩人普遍信佛教，但他們根本不會對超自然的約束力過度擔憂，為小心起見，免罰宣誓儀式總在收穫季節以後才舉行，因為人們擔心少數人對神不敬的念頭會給整個山谷帶來災難。

（五）娛樂與遊戲的稀缺

長期以來，三岩人過著日出而作、日落而息的生活，既沒有撲克牌、棋類、麻將、檯球，也沒有電視、電影、戲劇、小說、詩歌、散文，一切現代娛樂形式統統沒有。但當地的男女有衝動，這種衝動時常會演化為暴力，不僅男性會拔刀相向，甚至女性也會糾打。青少年常在打鬥中發洩大男子主義情緒。三岩存有一種「奇特的」風俗，即允許女性侮辱男性，如果某個男性得罪了一群女性，她們會設計把他按倒，扒光他的衣褲，讓其一絲不掛地暴露在她們面前，然後人人動手抓捏他的陽具、屁股、臉龐、胸脯，以此獲得衝動的滿足。

為了控制衝突的發生或者不使其升級，最有效的辦法是使爭吵雙

方暫時不知道他們的親屬對事態的反應。否則，只要爭吵的人感到有親屬在支持他們，必然會不斷提出要求和反要求。任何人都不會輕易地捲入衝突而遭受尷尬，或者陷入受到村裏大多數人反對的境地。可見，爭吵雙方是否能夠獲得親友的支持，以及獲得多大程度的支持，取決於公眾輿論的影響，換言之，血親集團的支持者是在與輿論保持一致的情形下給予其成員以支持，至於道義上孰是孰非，誰講真話，誰說假話，都無關緊要。因此，動員輿論是很重要的。三岩有一種帕措講理大會，讓衝突雙方擺事實、講道理，防止事態擴大。

筆者早就萌生了一種期待，想觀看講理大會的運作情況，有一次訪問沓羅村，終於碰到一個機會，觀摩了兩位孔武有力的帕措男人之間的較量。由於訴訟人和旁觀者太多，沒有一棟碉樓足以容納，故那次大會在戶外的田壩舉行。

這兩個男子分別是多傑才旦和貢秋次仁，前者組織襲擊了崗達村，行動中殺死了皮利亞普帕措的幾個成員，後者是皮利亞普帕措的頭人。雙方的支持者和同情者裏三層、外三層地圍成一個半圓形，裏面有本村人，也有外村人。多傑才旦坐在一個半圓形人群的中央，面對一個更大的半圓形——貢秋次仁和其支持者坐在中央。

當我們到達沓羅村時，多傑才旦已經開始陳述——講理大會總是讓「被告」先發言——他的情緒有些激昂，臉微微漲紅，講得生動、流暢，沒有絲毫的膽怯、猶豫和遲疑，同時，他帶著演講家的嫻熟技巧，右手舉著符木助講。即使聽不懂他的語言，聞其說話的語調，觀其得體的手勢，視其懇求聽眾贊成的微笑，也會讓人覺得是件樂事。多傑年輕、強健、英俊，臉頰泛紅，雙眸明亮有神，與貢秋截然不同，後者臉色木然，猶如戴了一副黃色面具，喜怒不形於色。

多傑敘述襲擊皮利亞普的經過：崗達村發生了瘟疫，疾病迅速蔓延，已經死了幾個人。有人藉口是多傑才旦家族帶來的傳染病禍害了

他們，於是抓走了幾個男人和兩個女人，要求多傑必須支付 15 頭犛牛才能贖回這些被俘者。當多傑和本帕措的同人澄清了攜帶傳染病的指控後，多數族人認為是皮利亞普帕措的過錯。多傑覺得本帕措無端受到誣陷，背了黑鍋，決定襲擊崗達村以洗刷污名。他描述了策劃襲擊和徵召壯丁的過程，強調他本人只是組織者，沒有參加襲擊行動。他僅對崗達村的俘虜發號施令，並沒有殺戮他們，他的同仁殺了貢秋次仁的兄弟，這不是他的初衷。最後他說，事已至此，他願意賠償貢秋，並訂立友好協議，今後不再兵戎相見，他可以去貢秋次仁家，貢秋也能來多傑家，各自都能得到對方的善意招待。集會上還有一些演說言辭。突然，多傑站起來，宣稱要回家去徵集賠償貢秋的犛牛，於是大會自行解散。

幾天以後，多傑邀請我們去他家看其支付給貢秋的「償命金」。貢秋先期到達。多傑拿出了各種值錢的東西，如藏傳佛教的銅鈴若干個、黃銅做的盤子若干個、短劍一柄、一疊紅色的鈔票，經過一番討價還價，貢秋應承下來。多傑還牽來三頭犛牛，兩頭讓貢秋牽走，一頭用於兩人和好儀式的獻祭。

爭端就這樣暫時得到解決。我們愉快地看到兩位權力和聲望兼有的帕措頭人之間發生了嚴重的衝突，然後用三岩人的方式恢復和平的全過程。然而，這種衝突只是暫時緩和，或許一兩代人之後，又會舊話重提。

第五節　文化適應及其方式

綜上所述，整體稀缺對三岩人的生存條件乃至社會生活均造成了巨大的影響。在生態環境方面，三岩人必須依靠土地索取食物。然而，由於當地耕地資源匱乏，人們在生活當中時刻面臨飢饉的威脅。

換言之，三岩人賴以生存的最基本方式是畜牧、採集和耕作技術相結合的方式，這同幾千年以前的生產性活動基本一樣，當地的食物仍以動植物產品為主，但來自這方面的供給常常出現短缺的情況。

另一方面，植物和動物的生產往往受氣候的影響。近兩三百年以來，青藏高原東部地區的溫度有上陞的跡象，全年的氣候大多以乾燥型為主。無論是農牧產品的生產，還是生活方式的形成，受氣候的影響都很大。人類為了適應氣候的變化，不得不改變他們的生活習慣和物質需求，這樣就使得人類與其所生存的生態環境實際存在著一種關聯。除了自然選擇以外，這種關聯還加入了一個動態的變數——文化。人類往往擅長利用文化對自身的生態環境加以調節，以至於實現一種理想的狀態，最終達到生存與繁殖利益的最大化。

那麼，人類是如何通過文化對生態環境加以調節的呢？通過以下一則故事，或許能說明一些核心的問題。

西藏首府拉薩在藏語中意為「神居住之地」。據藏文典籍《智者喜宴》的引述：「贊普松贊干布之時，建造了邏些貝哈寺（即大昭寺），此為奉行佛法之始。」由此可見，拉薩作為一座城市，其雛形是以大昭寺的修建為肇始的。

據說，來自漢地的文成公主入藏時，不僅帶來大批能工巧匠，更帶來內地的佛法。她發現整個雪域高原的地形猶如一個羅剎魔女仰臥，在風水上為大凶之地。羅剎女頭東腳西地仰臥，其心臟部位為一湖泊。為了鎮壓羅剎女的煞氣，文成公主向贊普松贊干布建議：在其心臟處修建一座寺院，用來安放釋迦牟尼等身佛像。由於寺廟要建在湖泊之上，必須填湖造寺，於是人們用山羊馱著裝有沙土的袋子，將整個湖泊填平了，最終建成了今日的大昭寺。

在文成公主的建議下，松贊干布還在紅頂山上修建王宮，用來鎮壓羅剎魔女的心骨。為了鎮住羅剎魔女的四肢和關節，松贊干布還在

羅剎女的肩、足、肘、膝、掌等地方大肆修建寺廟，最終形成藏族歷史上著名的「鎮魔十二寺」[132]，並在附近地區修建大量的白塔、佛像和石獅等。例如，在女魔的左肩修建了昌珠寺，在其右肩修建了嘎采寺。這也是在青藏高原流傳甚廣的「西藏魔女圖」的傳說。

對以上傳說進行精心的解讀，至少能獲得四點重要信息：第一，面對不利的自然環境因素，雪域高原的人民並非是聽天由命的；相反，他們存在改變自身命運的主觀願望，由此能動地改造著自然。第二，它指明了藏區的民族化進程，該進程是以拉薩被確定為政治文化中心為標誌的。這裏有必要預先對西藏政治歷史進行一番說明。在吐蕃王朝建立以前，西藏大小部落並存，戰爭頻繁，有「十二部落」和「四十個小邦」的說法。公元 7 世紀，吐蕃第 33 代贊普松贊干布征服和統一了各部落，建立了統一的吐蕃王國。按照自然地理屬性，贊普松贊干布將所轄區域分為「四茹」，包括烏茹、要茹、葉茹、茹拉，後來又增添了孫波茹與羊同茹，並將政治文化中心從雅隆河谷遷到了吉曲河谷，即今天的拉薩河谷。第三，宗教作為一種意識形態，已經成為統治階級實現政權統一需要的「御用」工具。例如，既在拉薩中心地帶修建主寺，又在其它的行政區域處修建各所「鎮魔寺」，無疑在政治上起到精神統一的作用，完成了對吐蕃王國形而上的建構。第四，這則神話傳說在青藏高原地區世代相傳，作為一種文化價值觀念與知識體系為人們所喜聞樂見、廣為傳頌。

由此看來，人類不僅要與自然界發生關係，而且時刻都在利用和改造著自然。這一過程往往與政治化、民族化的進程同步，並且不可避免地涉及來自宗教與信仰等意識形態層面的內容。換言之，人們從物質世界的生存經驗中獲得知識，通過知識來能動地作用於自然環

---

132 另一種說法是「鎮魔二十四寺」，至於各個寺院具體在什麼位置大多有爭議。

境，並且運用社會化的手段將其傳遞給下一代。這一進程即人類學所關注的一個核心現象——文化適應，它有別於來自動物有機體對自然環境所做出的自然選擇，其生物屬性或傾向只能通過基因代碼世代遺傳下去。文化適應特別關注在特定環境中人類文化與環境的和諧發展，而文化是人類社會特有的現象，是人類為了滿足自身的需求而創造出來的物質和非物質產品的總和。由此可見，文化適應是特定的動物有機體在與外界環境的互動過程中，用來調適自身與其關係的一種具體而又明確的文化機制。文化對於物質環境的適應性，主要表現在工具與技術適應、制度適應和思想觀念適應三個方面。在筆者看來，這一觀念其實還可進一步地拓展。在三岩地區，文化適應的表現形式呈現出三種特殊的維度，分別是帕措、紅教和民俗。這三種文化制度緊密結合在一起，構成了一種有機的生態系統。以下就文化適應的這三個方面分別加以闡釋：

一　帕措

本質而言，帕措是對當地生態環境的一種制度適應，其基本方式如下：第一，以父系血緣組織親屬；第二，強化性別政治，揚男抑女，通過內部法規與社會輿論等手段，不斷強化父系男權的地位；第三，採取外婚制，用婚姻承當與其它帕措結盟的功能；第四，老年人享有較高的地位；第五，通過一套教育方式，保存和傳播知識；第六，用宗教信仰來統一全體成員的思想和意志；第七，採用以暴制暴的方式來平衡衝突，維持暫時的和平；第八，用發誓和賠償來避免衝突升級。

（一）社會意識層面

首先，在社會意識層面上，帕措不是隨便由一些人或家庭拼湊而成的，而是完全圍繞父系血緣關係組織起來的。在西藏貢覺縣，當地除了三岩片的帕措以外，還有貢覺片的鍋巴，這是兩種完全不同的家庭血緣認同組織，差別之處集中在以下七點：第一，帕措是以父系血緣為認同的，即單系血緣認同，藏語稱之為「白色的骨頭親」，而鍋巴認同父系和母系血緣，即雙系血緣認同，藏語稱之為「紅色的血親」；第二，同一帕措內部成員嚴禁通婚，而鍋巴內部的限制沒有那麼嚴厲；第三，在帕措裏，婦女地位極其低下，不能參加帕措議事會議，不允許招婿入贅，沒有財產繼承權，只是勞動工具和生育機器，相比之下，鍋巴中婦女的地位明顯要高出許多，婦女可以成為鍋巴成員，可有財產繼承權；第四，在一個大帕措中，有小帕措（分支），而在鍋巴中，不會因血緣關係而分割為小鍋巴；第五，帕措有稱號，可世代傳襲下去，鍋巴一般沒有稱號，也沒有世代傳襲的說法；第六，帕措是密集型，既有整體，又有部分，即大的帕措下面還可分裂為小帕措，而且不論財產多寡，相比之下，鍋巴的結構為鬆散型，以財產多寡顯示其血緣的親疏程度，鍋巴內部無大小之分；第七，歷史上帕措有一段無政府的自治時代，一切事務由帕措頭人按照習俗法處理，現在還遺留有用賠償金解決糾紛的方式，出現命案時還存在「血仇制」，即帕措成員有責任為同一帕措成員復仇，因此有「哪家有人被殺不復仇，就砍那家男人頭」的說法，相比之下，鍋巴一直處於有政府統治的狀態之下，對外喪失功能和作用，1959 年後更是名存實亡，成為親屬的代名詞。

此外，帕措的每位成員，都與其它人存在血緣關係或姻親關係。但帕措與帕措之間的社會關係，並不完全是建立在血緣基礎之上的。

同一帕措內部可能由於血緣過近而嚴禁通婚，因此他們必須與其它帕措通婚。由於帕措只認父系血緣，帕措之間並不因為彼此之間的通婚就會加強相互之間的關係。或許正是緣於這一特殊的社會關係鏈，帕措之間的械鬥根本無法終止，三岩也始終未能整合成為統一的國家（政權）。

（二）政治層面

其次，從政治層面來看，帕措的領導是非常鬆散的。領導決策一般是由帕措頭人作出的，但必須經過帕措成員集體的同意。一般帕措頭人的選舉有一些特殊的要求，如在帕措內部有較高的威信，口才較好，勇武好鬥，最好曾殺過人（指仇家）等。但也有一些帕措內部沒有固定的頭人，遇事由輩分高的長者臨時召集成員討論；如需要集體行動，則由眾人臨時推舉頭目，完事後頭目的地位自動取消，再無任何特殊的權力；如遇議事發生爭議，實行少數服從多數原則。由此可見，帕措內部成員地位相對平等，沒有固定的頭領，或者說領導者的角色超越了出身，年齡、個人能力以及所積聚的威望，均可能使某一人成為領導者，但這些領導者往往沒有無上的權力，無法強令其它帕措成員遵從違背自己意願的命令。因此，從政治層面上講，帕措成員具有前部落時期平等參政的特色。

（三）經濟層面

最後，帕措的生存與健康發展，有賴於一種特定的經濟交換類型，即生存性資源如何在帕措內部進行分配。以往帕措保留有狩獵的行為，所獲獵物無論多少一律平均分配。將這種觀念延伸開來，帕措偷盜、搶劫而來的財物，同樣一律在帕措內部平均分配。帕措與帕措之間若發生械鬥，所獲得的戰利品也需在內部平均分配。械鬥或仇殺

中殺死對方帕措成員，支付償命金時需要帕措各戶平均分擔。若有己方帕措成員戰死，對方所支付的償命金則由死者的家屬保留，其它人無權動用；待尋機為死者復仇後，則作為退還給對方的償命金。帕措組織集體性活動，所需花費物資（如糧食、酒和馬匹等）均由帕措內部按人頭或戶數湊足。平時帕措內部發生重大事情，如遇紅白喜事等，也由全體帕措成員共同分攤。此外，帕措成員還要承當起撫恤內部鰥寡孤獨的成員的義務。由此可見，帕措的生存性經濟活動具有原始公社時期互惠型的特徵，是一種能動地適應當地自然生態條件的生存策略。

綜上所述，帕措作為一種社會特定的社會、政治和經濟組織，是以強化父系血緣認同為基礎的。

二 紅教

公元 841 年，朗達瑪實行了滅佛政策，大量的僧侶被迫逃亡到康區，佛教也進入了所謂的下路「後弘期」。從後弘期至 17 世紀前，寧瑪派的僧人大多散居於山中，組織結構比較鬆散，既沒有形成統一的系統教義，也沒有建立起固定的權威性寺院。正是這種歷史特殊性，反而促使紅教在三岩這樣的邊遠地區立足下來，並獲得了進一步的發展。

當前三岩金沙江兩岸峽谷地區共有 28 座寺廟，除了雄松鄉的噶久寺屬於白教噶舉派以外，其餘 27 座全部為紅教寧瑪派寺院。在西藏貢覺三岩片 6 鄉共有紅教寺院 23 座，四川山岩鄉共有紅教寺院 5 座。單從數字而言，紅教寺院在三岩地區取得了壓倒性的勝利。但在 100 年前，劉贊廷曾對武城縣的寺院作出統計：一共只有 6 座寺院和 1 座尼姑庵，其中紅教 3 座、黑（苯）教和黃教寺院各 2 座，僧侶總

數約 700 人。[133]兩組數字說明：第一，近、現代在藏區取得強勢地位
的黃教格魯派寺廟在三岩的影響力勢微，相比之下，紅教寺院卻呈現
出不斷發展壯大的跡象；第二，原始宗教（苯教）一直在三岩存在，
且持續發揮著影響。

　　相對於原始苯教的信仰而言，宗教作為一種等級更為森嚴、精細
化程度更高的體系，是一種重要的社會控制力量。美國學者麥爾福‧
史拜羅曾指出，宗教實際滿足了三種不同層次的需求，分別為認知需
求、實質需求和心理需求。[134]按照這三種需求，紅教在三岩地區發揮
出如下的作用。

（一）滿足認知要求

　　首先，紅教滿足了精神世界中認知和理解方面的需求。正如前文
所述，由於三岩地勢險峻、生態環境惡劣、資源稀缺，人們在日常生
活中必然碰到許多不盡如人意的地方。紅教大力提倡剋制、忍讓與團
結的理念，並提出轉世和五（六）道輪迴的學說，認為今生的艱辛困
苦是前世造成的惡果；反之，如果今生豁達樂觀地生活，誠心向佛並
積極修煉自我，就能為來世找到一個好的歸宿。由此可見，紅教為三
岩人克服生活中的實際困難提供了精神支持。另一方面，與其它經過
宗教改革後的白教噶當派、噶舉派，花教薩迦派和黃教格魯派不同，
紅教保留了許多古老的教義，與苯教的宇宙觀、神靈觀、巫術、符咒
和護法神等相融合的成分也最多。紅教與原始苯教的融合，更多情況

133　劉贊廷編：《武城縣志》，《中國地方志集成‧西藏府縣志輯》（成都市：巴蜀書社，
　　　1995年），頁151-152。

134　Spiro M E. "Religion: Problems of Definition and Explanation". in *Anthropological
　　　Approaches to the Study of Religion*. edited by Michael Banton. London: Tavistock
　　　Publications, 1966:85-126.

下表現出三岩人試圖改變自身命運的情況，或者認為不利的生活窘境有時是可以通過人的積極主義行動加以改善的，但必須與各種神靈鬼怪建立起某種程度的「共識」，即相互理解。例如，在三岩地區，苯教萬物有靈的原始觀念和三界宇宙觀根深蒂固，認為居住在三界中的各種神靈鬼怪，有些對人友善，也有些對人施害。至於那些對人施害的神靈鬼怪，有些需要講好話進行安撫，有些需要想盡辦法逃避其影響，還有一些需要實施專門的儀式來消災解難。

（二）滿足實質需求

其次，紅教滿足了社會和政治生活中的各種實質性的需求，如積極參與解決生活當中諸如祈雨、祈求豐產與安康等社會活動。

1 政治功能

由於西藏政教一體的勢力一直無法成功進入三岩，寺院在某些方面充當起類似於政治組織的功能，作為代理人出面與外部的政治勢力斡旋。例如，光緒二十三年（1897 年），三岩人傾巢出劫，東犯巴塘，擾攘大道，為此四川總督鹿傳霖委派總兵韓國秀率兵 3,000 往剿，行至察拉寺地方，被三岩人圍困，被迫割地議和。三岩地區由察拉寺出面與清政府談判，最終議定把巴蘭格三村劃歸察拉寺管轄，並請該寺喇嘛為世襲把土千總，另外每年還需俸銀四萬兩，外加青稞 140 藏克[135]，名曰「保路費」，三岩人保證不再對官府的商隊實施搶劫。[136]

---

135 藏克為西藏民間使用的容器計量單位，1藏克約等於13千克。

136 劉贊廷編：《武城縣志》，《中國地方志集成・西藏府縣志輯》（成都市：巴蜀書社，1995年），頁133。此處「俸銀四萬兩」疑原文有誤，應為「俸銀四百兩」。參見四川省民族研究所《清末川滇邊務檔案史料》編輯組編：《清末川滇邊務檔案（下冊）》（北京市：中華書局，1989年），頁790。

2 商品貿易

　　長期以來三岩地處高山峽谷，地勢險峻，當地沒有市場經濟的概念，但存在商品交換的需求。由於三岩的帕措勢力的存在以及外部名聲不佳，這些商品交換活動在很多時候主要通過寺院來經營，帕措也不會對其實施搶劫。例如，《武城縣志》裏記載：「本縣土產係售於察拉寺，再由該寺喇嘛輸至巴安出售，掉換茶糖雜貨運回，銷於地方。因本地土人尚為盜匪，不敢出境為商，而漢商亦不敢入境貿易，而售出之貨物尚為世界所無者數種，略以記之。」[137]

3 布施救濟

　　在一個相對封閉的社會裏，不僅會出現孤寡老人，而且還會有殘疾人，這些人均需要特殊的機構進行看護和治療，寺院往往能夠在此方面發揮重要的功能。當前三岩規模最大、發展速度也最快的寺廟當屬臺西寺（即熱克更慶桑燈林寺），由 1986 年十數人的紅教小寺院發展到 2005 年上千人的規模，裏面不僅有能容納數千人的大經堂、菩提八塔、僧尼閉關房、天葬臺及僧房，還建有食堂、醫務室、敬老院及商店等。2004 年，臺西寺總共收養了孤寡老人、殘疾人 126 名，其中有無依無靠的年邁老人 116 人，喪失勞動力的殘疾人 10 名。[138] 1999 至 2003 年間，臺西寺向三岩周邊貧困群眾、雄松鄉中心小學、敏都鄉中心小學布施、捐助達 17 萬元的物資，顯示出雄厚的經濟實力。2003 年，貢覺縣實施「天保工程」異地搬遷，臺西寺又向每戶搬遷戶送去 1,000 斤的糧食。

137　劉贊廷編：《武城縣志》，《中國地方志集成・西藏府縣志輯》（成都市：巴蜀書社，1995年），頁152。

138　此為2005年縣政府的相關統計數字，2009年該寺孤寡老人數增長至270餘人。

4 教育教化

鑒於三岩地區是藏區最貧困的地區之一，部分藏族群眾有偷盜、打架等惡習，不服教化。大小寺院的活佛均會利用各種場合進行說教，引導藏族群眾不殺生、不偷盜、不抽煙喝酒、不打架傷人、多放生、多念咒，積極調解多起鄉村之間因爭奪草場等引起的宿怨糾紛，使當地民風為之一新。

（三）滿足心理需求

最後，紅教還滿足了三岩人心理層面的需求。一定程度上，心理需求獲得滿足，可緩和某些社會場合下所造成的緊張與恐懼心理狀況。

1 葬法

每當有帕措成員離世，對於其它帕措家庭成員都無疑是個極其困難的時刻。誠如馬淩諾斯基所言：「死人歸天後，遭逢此絕大損失的生人，便墜入方寸皆亂的情緒中，這種情緒對於個人或社區都是很危險的，倘若沒有喪葬的儀式——這儀式也是普遍存在的——以資調劑，其危險就難以克服。」[139]三岩地區存在多種葬式，有天葬、土葬、水葬、火葬、樹葬、壁葬、甕棺葬、二次葬等不一而足，足以構成一所「葬式博物館」。然而，無論採取何種葬法，紅教總是積極地參與進來，在打卦、儀軌和選址上發揮出重要的作用與影響。

2 協調、盟誓與見證

由於三岩帕措之間械鬥經常性地發生和血仇機制的震懾作用，使

---

139 〔英〕馬淩諾斯基著，費孝通譯：《文化論》（北京市：華夏出版社，2001年），頁84。

得敵對帕措成員之間時刻存在著一種緊張的心理狀況。此種心理情緒
若持續下去，必將危害整個社會的正常運作。因此，緩和敵對帕措之
間的緊張關係，調解敵對帕措之間的歷史宿怨，以及協商賠命金相關
事宜，成為寺院活佛在處理民事糾紛時的一個工作重心，尤其當中立
的帕措所做的協調工作宣告失敗的時候，活佛在處理敏感問題時往往
做到更加中立、更具威信，往往也更令人信服。此外，一旦帕措之間
達成協議，一般還要有個盟誓的內容，由雙方一起動身前往寺院，在
活佛或佛祖的面前立下誓言才算相互認可。

3 心理安慰

無論是夾壩還是殺人，均有悖佛教的教義與理念，個人的心裏也
會產生一種內疚感。在這一時刻，紅教又可起到「心理諮詢師」的作
用。例如，紅教宣講「輪迴」學說，有效地迎合了三岩民眾的心理需
要。即便是「殺人越貨」之人，平時也會經常把「六字真言」掛在嘴
邊，或者隨時去寺院轉經誦咒，期望能為自己所犯的過錯贖罪，從而
獲得心理上的安慰。至於所搶劫得來的貨物，通常「以三分之一貢獻
喇嘛，請念消災經，以告無罪過」。[140]

三　民俗

民俗是生活於某一特定地域的民族或人們共同體在長期的歷史發
展過程中形成的習俗慣制，是依附人民的生活、習慣、情感與信仰而
產生的文化現象。民俗作為一種社會文化體系，內容龐大、種類繁
多，涉及生活方式中的方方面面；另一方面，它又為民眾所創造、享

---

140 劉贊廷編：《武城縣志》，《中國地方志集成・西藏府縣志輯》（成都市：巴蜀書社
　　1995年），頁153。

用和傳承，不僅成為一種歷史文化傳統，而且還是民眾實踐社會現實
生活的一個極為重要的內容。就性質而言，民俗具備了三種屬性：①
傳承性，是由時代傳襲下來的；②普遍性，是整個的、社會的；③心
理性和精神性。[141]精神性（特別是民族精神）是民俗最為重要的屬性
之一。誠如孟德斯鳩所言，一個民族的精神不僅由政體形式所決定，
而且由該民族全部的生活方式（即民俗）所決定：「人類受多種事物
的支配，這就是：氣候、宗教、法律、施政的準則、先例、風俗、習
慣。結構就這樣形成一種一般的精神。」[142]

　　解釋民俗，有必要預先瞭解民俗是在何種情況下產生的，也就是
說民俗究竟如何產生於何種社會或團體。每一個民俗團體，都有一個
共同持有的文化。這種文化與其它的文化相隔離，自成一個文化系
統。在這個相對獨立的文化系統之內，作為社會團體的成員，他們所
擁有的一切思想、感情、動作與習慣，無不受這種文化所渲染、薰陶
與支配。另一方面，這一民俗團體往往又能呈現出一種強大的社會凝
聚力，這裏有三個條件：第一，民俗是一個民俗團體感情的表現，因
為有了這種感情功能的維繫，民俗才能夠久存不失；第二，民俗是一
個民俗團體的幻想，只有有了這種幻想，每一個團體才有它特殊傳說
的歷史和文物；第三，民俗是人人口授、代代相傳的東西，是團體集
體的行為，是任何人不能夠杜撰造作的。[143]

　　誠如紅教滿足了三種不同層次的需要，民俗同樣起到某種類似於
社會「黏合劑」的作用。例如，與宗教信仰相比，習俗法在生活習

141　林惠祥：〈怎樣研究民俗學──在本校潮州學會學術演講會演講〉，《二十世紀中國
　　民俗學經典・民俗理論卷》（北京市：社會科學文獻出版社，2002年），頁25。

142　〔法〕孟德斯鳩著，張雁深譯：《論法的精神》（北京市：商務印書館，1982年），
　　頁305。

143　張瑜：〈民俗學的性質、範圍和方法〉，《二十世紀中國民俗學經典・民俗理論卷》
　　（北京市：社會科學文獻出版社，2002年），頁18。

慣、價值觀和社會實踐上同樣發揮著指導性作用，只不過後者沒有前者所擁有的有形的教義、寺院和神職人員罷了。一定程度而言，民俗文化可培育社會團體性，增強社會成員的認同感，塑造成員內部的合作精神。

　　在日常生活當中，三岩人同樣需要面對與「現代人」一樣的各種各樣的生活問題，即採取怎樣的生活方式來解決諸如生計勞作、尋找食物、婚姻與家庭、出生和死亡、衝突與暴力、信仰與宗教、藝術與文化、娛樂與休閒等方面的問題。然而，三岩人解決這些問題的方式卻與「現代人」大相徑庭，這只能通過文化的差異性而不能通過生物的差異性得到解釋。例如，複雜的地理環境與三岩人的生物屬性並沒有必然的關係，卻更多地與文化如何被創造出來，並作為一種文化適應的方式世代相傳有關。此外，它還與對生活在金沙江峽谷地區極其惡劣的自然環境的實踐性指導有著天然的關聯性。儘管惡劣的自然環境會產生某些需要，但三岩人的文化實踐卻同周遭環境沒有必然的聯繫。事實上，住所、服飾、技術器具、語言、經濟、政治、宗教、婚姻與家庭，以及藝術、年節、民間體育活動等，均有著更加複雜的社會實踐的基礎，它們不僅與生產力和生產關係有著密切的聯繫，而且這種聯繫由始至終貫穿於各種生活方式當中，呈現出鮮明的民族性特徵。換言之，文化可以理解為人類有效適應生態環境過程中發展出來的一整套意思連貫的符號體系。然而，實際生活中人類在處理不同的生態環境，或在處理同一生態環境中不同的具體內容時，總會有意識地選擇某些有用的符號來能動地構建自己的文化系統。在此過程中，人類總是無法窮盡與把握現存的所有符號體系，只需對自己認為有效的符號內容加以選擇就可以了。因此，這些處於文化界限內的符號所構建出的群體化過程，就是民族性。[144]

144　Pandian J. *Caste, Nationalism and Ethnicity*. Bombay: Pupular Prakashan, 1987:1-2.

人類能動、有效利用符號構建出各種文化系統的活動，是一個持續不斷的進程。在此過程中，新的系統會產生，舊的系統會消亡，但也有一些系統保存下來。能夠保存下來並長期存在的系統，足以說明它們是人類在生態適應中最為核心的內容。住所、技術器具、語言、服飾、建築、婚姻和喪葬習俗、傳統體育活動等，都是這種文化系統的具體表現。這些門類繁多的文化系統，均可籠統地歸納入「民俗」的標籤之下。

就民俗的種類而言，有學者在結合馬淩諾斯基對文化的四分法，以及法國學者山狄夫對民俗所提出的三分法的基礎上，將其分為四種。[145]四種分類如下：①物質風俗。主要包括生產民俗、商貿民俗、飲食民俗、服飾民俗、居住民俗、交通民俗、醫療保健民俗，等等。②社會民俗。主要包括社會組織民俗（如血緣組織、地緣組織、業緣組織等）、社會制度民俗（如習慣法、人生禮儀等）、歲時節日民俗以及民間娛樂習俗，等等。③精神民俗。主要包括民間信仰、民間巫術、民間哲學倫理觀念以及民間藝術，等等。④語言民俗。主要包括民間俗語、謎語、歇後語、街頭流行語、黑話、酒令、神話、民間傳說、民間歌謠、民間說唱，等等。

在此定義下，本書羅列了三岩人的種種民俗文化與生活，包括了食物、技術器具、服飾、碉樓、婚姻家庭、喪葬儀式、語言、年節、娛樂和民間體育活動等諸多內容；其中的食物、技術器具、服飾、碉樓屬物質民俗的範疇，婚姻家庭、喪葬儀式、年節、娛樂和民間體育活動屬社會生活民俗的範疇，語言、神話與傳說則分屬語言民俗和精神民俗的範疇。

必須指出，生活是一個整體，為社會生活服務的民俗同樣具有整

---

145 參見鍾敬文主編：《民俗學概論》（上海市：上海文藝出版社，2002年），頁34。

體性和系統性。帕措、紅教與民俗三種文化制度作為一個系統化的整體，構成了三岩社會現實的三種文化維度。三者交互作用，緊密合作，共同指向同一核心——社會凝聚力或社會團結。猶如在化學世界裏碳的分子式一樣，一個碳分子是由兩組相同的原子組合而成的：一個碳原子與三個氫原子相結合。原子之間的組合方式決定著分子的結構，並使其成為不同元素，最終呈現出不同的物質形態。同理，三岩文化適應的方式有其特殊的結構，該結構與帕措、紅教、民俗以及社會團結這四個變數有關。

假設三岩文化適應為一種元素，其「分子式」可表達為 CH_3：這裏的三個「氫原子」（H）分別為帕措、紅教與民俗；一個「碳原子」（C）指社會團結，它類似於涂爾幹所認為的「社會團結」的概念。

在涂爾幹看來，社會團結可分為兩種——機械團結和有機團結。[146] 機械團結是這樣一種社會聯結紐帶，它通過強烈的集體意識將同質性的個體結合在一起，即大家處於同一種文化中，過同樣的社會生活，分享同樣的文化價值觀；相比之下，有機團結更多是建立在社會成員異質性和相互依賴的基礎之上。社會化的勞動分工，至少產生了兩方面的後果：首先，它為個人意識和個性的發展提供了間隙，削弱了集體意識；其次，造成了社會各個組成部分之間的相互依賴。在涂爾幹看來，正是來自這兩方面的後果，為機械團結向有機團結的轉化提供了條件。因此，在一般意義上，涂爾幹認為正常的社會分工不僅不會破壞，反而加強了人們之間的聯繫，從而為有機團結取代機械團結提供了條件，為社會類型的過渡提供了基礎。誠然，這裏也會存在一些實際性問題。例如，這個論斷無法迴避社會事實所提出的一個質疑——隨著社會分工的發展，社會並未如預料的那般實現社會團結

---

146 〔法〕埃米爾・涂爾幹著，渠東譯：《社會分工論》（北京市：生活・讀書・新知三聯書店，2000年）。

的增強。正相反，階級鬥爭、社會衝突和各種犯罪行為卻在不斷地升級並愈演愈烈。對此，涂爾幹給出了他的解釋：因為反常的社會分工對社會團結產生極大的破壞作用，它破壞和削弱了舊有的集體意識，而新的道德規範卻沒有如期地建立起來，以致使社會陷入一種病態的失範狀態；再者，個人主義的過度發展，將進一步削弱集體意識。

三岩地區的特徵是：在特殊地理條件、氣候、族群互動、政治上長期相對獨立，以及國家無法長期進入的情況下，其社會內部分化為若干個集團（即帕措），同一集團之間具有同質性特徵，但不同集團之間又呈現出異質性，且相互依賴的基礎程度尚待提高。因此，三岩社會的社會團結，可視作從機械團結過渡到有機團結的一種中間狀態。一方面，受帕措和紅教兩種社會制度的雙重作用與調節；另一方面，通過民俗這條看不見的「繩索」來回穿梭、穿插啟承，三岩人社會凝聚力或社會團結被不斷地強化，以至達到一種無以復加的狀態，最終促使三岩形成極具自身特色的族群、宗教與民俗文化。

第二章
帕措

> 三岩久在王化之外，遂成蠻野之風，以獷悍為能，以殺掠為事，
> 良懦者謂為無用，轉受欺凌，桀驁者遂自稱雄，群皆推服。
>
> ——劉贊廷

第一節　族源與歷史

　　人類學家博厄斯認為，每個社會都是其特殊歷史的產物，要想瞭解為何這一特定的社會不同於另外一個，關鍵點就隱藏在特定人群的歷史當中。為此，他還特別指出：「一個特定的社會和一種特定的文化，更像一個個體的人；如果你想瞭解這個人，知道他的何去何從，將會為你提供很大的幫助。」[1]由此可見，若要對三岩帕措進行更為細緻的說明，有必要先弄清其歷史與族緣的問題。

一　三岩的歷史

　　關於「三岩」名字的由來，當前主要存在兩種說法。其一是說三岩「地勢險要」，這一解釋與三岩的地勢與地形相符：三岩地處金沙江大峽谷兩岸，被海拔高達 5,000 米左右的陡峭高山四面環繞，地勢

1　轉引自〔美〕盧克・拉斯特著，王媛、徐默譯：《人類學的邀請》（北京市：北京大學出版社，2008年），頁19。

險峻，出入危險。其二是說歷史上的三岩人以「剽悍」、「好鬥」、「野蠻」和「搶劫」著稱，外地人提及三岩人，無形中會產生一種莫名的恐懼之感，所謂「窮山惡水出刁民」，外地人遂以「三岩」一詞來蔑稱三岩人民。1919 年，川軍被驅逐出藏，噶廈開始在三岩設宗，第一任宗本見三岩人赤足跣襟，生活簡陋，生性好鬥，不服管轄，遂將「三岩」這一綽號用於地名，「三岩」由此名聲在外。此外，關於「三岩」的來歷，劉贊廷還提供了另外一種解讀：「以吉池為上岩，雄松為中岩，察拉寺為下岩，總其名曰三岩」[2]，認為「三岩」是上岩、中岩、下岩三地的總稱，這也是金沙江西岸名字的來源，在金沙江東岸則統稱為「山岩」。

總之，無論是「山岩」還是「三岩」，或「山暗」、「三暗」、「三崖」、「三艾」、「三芰」和「薩安」等，純屬音譯問題，實際上是同一地域概念。由於該地處於歷代中央政府與西藏地方政府之間的緩衝地帶，歷史上「尚不屬藏，亦未服漢管」。由於地勢險惡、土地貧瘠，惡劣的自然環境迫使三岩人以搶劫為生，並以血緣為根基組織起來一致對外。清史曾記載三岩為：「化外野番，不服王化，搶劫成性，不事農牧。」《清實錄》稱三岩為「山暗巴係同藏大道」，指的是它是四川與西藏「茶馬互市」的必經之道，在政治、經濟和軍事上具有至關重要的地位。這是因為，康區分南北兩路進藏，北路由德格到昌都，南路由巴塘到昌都，三岩都位於這兩條要道的中央。為此三岩人屢放夾壩，明火執仗，商旅不暢，深為中央政府與西藏地方政府所患。

穿過歷史的煙雲，三岩彷彿一直存在於刀光劍影當中。1770 至 1780 年，三岩人「劫搶達賴喇嘛茶包，並斃護送人等」[3]，「薩安（三

2　劉贊廷編：《武城縣志》，《中國地方志集成・西藏府縣志輯》（成都市：巴蜀書社，1995年），頁133。

3　《清實錄》1 095卷。

岩）賊匪屢放夾壩，竟於駐藏大臣常住宿之地，劫掠巴塘副土司持瑪騾馬，實屬無法紀」[4]，這些，都是有關三岩地區較早的文字記錄。

公元1780年，清乾隆皇帝欽點，四川軍與噶廈地方政府進剿三岩未果。[5]最極端的事件是：「光緒二十三年（1897年）傾巢出劫，東犯巴塘，擾攘大道，經川督鹿傳霖委派總兵韓國秀，率兵三千往剿，行至察拉寺地方，被匪所困，遂割地議和，以巴蘭格三村劃歸察拉寺，並請該寺喇嘛為世襲把土千總宗巴雍中土總。每年薪俸銀四萬兩，外青稞一百四十藏克為保路費，以終其事。」[6]清政府惱羞成怒，再次用兵征討三岩，卻無功而返；光緒二十三年（1897年）前後川、滇、藏邊務大臣趙爾豐曾三剿三岩，但都屢屢受折；直到清末宣統二年（1910年），趙爾豐才聯合德格土司攻克三岩，並「改土歸流」，設山（三）岩委員會，由此揭開了三岩一段「王化」的歷史。

二　三岩的族源說

獨特的地理位置、惡劣的自然環境和日趨緊張的人地關係，外加某些特殊歷史事件的作用，使得中央政府和西藏的地方政治勢力無法進入三岩進行有效的管理，三岩由此成為「化外野番」式的「獨立王國」。當地人民為生計所迫，屢屢賴以搶劫和偷盜為生，又以血緣相聚集於氏族，保護勞動生產與家庭生活，由此保存很多原始氏族社會的特徵。因此，三岩不僅僅是一個地域概念，同時也是一個族群名稱。關於三岩的族源，目前主要有四種說法：

4　《清實錄》856卷。

5　張其豐著，吳豐沛編：〈清代戰事輯要〉，《西藏研究》1983年，頁119、200-201。

6　劉贊廷編：《武城縣志》，《中國地方志集成‧西藏府縣志輯》（成都市：巴蜀書社，1995年），頁133。

（一）土著先民說

青藏高原東部地區很久以前就出現了原始部落群，他們與氐羌人有淵源關係，是藏族的前身。藏東高原也是藏族文明的發祥地之一。

在三岩地區，流傳著一個關於「帕族」來源的神話傳說[7]，表明三岩的歷史可以追溯到久遠的歷史，屬於藏系先民的一支。儘管神話傳說帶有臆想的成分，但來自考古學的新發現，卻能證實藏族先民在較早的時期在金沙江中上游兩岸定居和生活的可能性。例如，1979年，從西藏昌都縣城卡若村出土了石斧、石鏃和陶器等器物。考古調查研究工作表明，該遺址屬於新石器時代，距今有 4,0005,000 年。在這個時期裏，人類物質文化的主要特徵是學會了磨製石器，發明陶器，開始了各種植物的種植和動物飼養。卡若遺址出土的東西基本具備這些特點。另外，卡若遺址還出土了大量的粟粒和穀灰，這說明早在 4,000 多年前，該地就有了原始的種植業，並且已經掌握了適應性能良好、抗逆性很強的粟的種植技術。卡若遺址的先民當時是以農業為其生活的主要來源，狩獵和採集則是不可缺少的輔助手段。需要指出的是，卡若村距離三岩不遠，「卡若」在藏語中意為「城堡」，指此地山形險要。三岩人是否是這些族群的後裔，尚待考證，但上古時期，西藏地區形成了許多原始部落群，經過漫長的發展時期，各個部落逐步進入了父權社會；另一方面，部落之間經過激烈的兼併，一些部落逐漸強盛起來，這一點是不容懷疑的。

三（山）岩帕措主要由兩大部落群構成：拉入歐谷布帕措和歐恩怕一帕措。拉入歐谷布（「同父四兄弟」之意）自稱是吐蕃松贊干布的大相祿東贊的後代，他們在吐蕃動盪時代逃到今四川省白玉縣山岩鄉劣巴村境內。公元 6 世紀前，歐珠崗桑第 45 代祖先家中有四兄

---

7 參見子文（劉偉）：《蒼茫西藏》（北京市：中國工人出版社，2009年），頁11。

弟——郎德格布、蒙日布、溫多打本和歐日布，住在沙馬錯青戈的德格下村。一天，泥石流吞沒了村莊，四兄弟各自逃命，郎德格布逃到德格龔婭地區，成為德格土司的祖先；歐日布流浪到丁果村後，與大哥郎德格布共同組成歐珠崗桑帕措；蒙日布流浪到山岩，憑藉險要地形打家劫舍，名震一方，其村寨似老雕盤踞懸崖，故組成霍也帕措（意為「雕」）；而溫多打本到巴塘義敦一帶，以他的善良和信義，獲得周圍人們擁護，組成錯翁冷戈帕措（意為「眾人的擁護」）。這 3 個帕措本為兄弟，源出一家，因此屬大哥歐珠崗桑帕措。帕措最講父系血緣關係，不分富貴，貧窮皆為一家，稱「天下戈巴（帕措）是一家」。

　　來源於沙馬錯青戈的山岩人，是純正的康區原始藏民族。沙馬史稱棨馬，從考古和史籍記載中得知，當時棨馬人口密集，是巴塘、白玉、德格人類發源的中心。南宋景定四年（1263 年）初，德格家族第 29 代四郎仁青隨八思巴朝見忽必烈，被封為「多墨東本」，他在棨馬地方建立「亦思馬兒甘軍民萬戶府」，史稱「薩瑪王朝」或「薩瑪政權」，是康區最早的地方政權之一。

　　在雄松和敏都當地人的集體回憶中，曾提到一個重要地名——熱克。他們認為「熱克」的來源與格薩爾王的叔父晁東有關。據說，三岩原是晁東的屬地，其下屬賀廓被晁東委派管理三岩。當時三岩有三個著名的人物，他們是親兄弟，即加嘎邦登、傑久瑪和卡協。加嘎邦登居住在雄松一帶，傑久瑪居住在木協一帶，卡協居住在羅麥一帶，他們的後人在三岩最初發展形成了十八個村落，稱為「熱克十八」。「熱克」一詞有兩層意思，一指「陰險狡猾」，這點是晁東性格的形象描述；另一個說法則是指「常勝將軍」，指三岩地區長期混戰、勝者為王之意。現在客居印度的藏人仍然習慣稱呼居住在白玉、貢覺和山岩一帶的人為「熱克」。

　　格薩爾時期是父權制社會的鼎盛時期，當時已經進入了部落聯盟的社會發展階段。關於格薩爾的存在與否，目前有兩種說法：一種說法認為此人是虛構出來的英雄史詩人物；另一種則認為他是真實生活在 11 世紀的歷史人物，出生於嶺國王系的幼系，屬於董氏的分支。董、查是藏族初民的原始氏族與部落群，其族人大體分佈在西藏的東西兩部。由於部落人口的增殖，原來的氏族發生了分裂。三岩所處地段，應該屬於董姓氏族的覆蓋範圍，其先祖可以追溯到炯拉駟的第三子阿叚祝（阿甲祖），[8]董姓的阿甲祖作為第一代祖宗，表明吐蕃上古父系氏族開始出現的時間應該是較早的。晁東出生於嶺國王系的長系，本身是瑪域地區的長官，掌握自己的部落、首邑和屬民，三岩地區可能曾是他的屬地。

　　但據雄松當地人講述，他們的祖先來自德格。大約在六七百年前，為了躲避自然災害，他們的祖先從四川的德格沿著金沙江來到三岩定居下來，已經傳有十七八代。相傳當時人們大都住在石洞裏，主要以牧業為主，後來從巴塘人那裏學會了種植青稞、加工糌粑，從察雅人那裏學會了撚毛線、織毛布和製帳篷。他們勇敢好鬥，曾聯合一個山溝的人把當地的黑牙哥原始部落的二三十名男子全部殺掉，把對方女子掠來做妻。雄松巴羅帕措的創始人巴羅剛從巴塘來到雄松村時，本村只有 18 戶，但沒有帕措組織，後來巴羅帕措的子孫繁衍形成了一個很大的帕措。現在巴羅帕措在雄松村有 48 戶，崗托村有 12 戶。

　　其它村落也有類似的傳說，其族源除了來自德格以外，還有白玉、巴塘以及昌都地區的芒康、察雅縣等。例如，在沙瑪鄉流傳著這樣一個傳說：有一位天神雲遊四方時，發現這裏水土豐美，忍不住動

8　大司徒・絳求堅贊著，贊拉・阿旺、佘萬治譯，陳慶英校：《朗氏家族史》（拉薩市：西藏人民出版社，1989年），頁13。

了凡念，落下雲頭與當地的一位姑娘結成親，生下三個兒子，三兄弟
長大後，各據一方繁衍後代。為了傳承上的區別，老大建立了安忙帕
措；老二建立了切西帕措，老三建立了捫戈帕措，經過長期發展，逐
漸形成沙瑪鄉的眾多帕措。木協鄉木協村的拉古帕措則宣稱，當年有
位白玉喇嘛來到此地，娶了妻並生下了九個兒子，進而發展成為一個
部落並稱其為「帕措」。但在山岩鄉勒巴一帶，流傳著另外一個版
本：很久以前，一個叫發巴的男子攜妻子流落到這裏，發現這裏土地
肥沃，就定居下來，墾荒播種。後來又相繼遷來杜果、拉卻兩兄弟和
木勒一家，逐漸形成 7 戶。田野調查中，木協村中一些帕措認為他們
的祖先來自理塘的沙魯裏山一帶，幾百年前受一場戰爭的牽連才遷徙
到這裏。仔細查閱史料，並無這方面的論述。但任乃強先生在考證沙
魯裏山歷史時，無意中卻道出了另一段歷史，原意陳述如下：理塘縣
城曾存瓦礫一大堆，有土人言這裏曾為唆囉土酋官寨。明清時唆囉最
為強悍，曾征服理化地區。理塘營官被唆囉先後逼走三次。至清代初
期，理塘營官企求四川官府發兵攻打唆囉，致使唆囉寨毀國亡，其民
紛紛遷徙到理塘和五瓦述即今格木瓦地區。[9]如果這段歷史屬實，又
由於理塘接近巴塘乃至貢覺和白玉，那麼三岩的先民中有唆囉成分併
非沒有可能。隨著人口的增加，土地、水源等成為各戶爭奪的對象。
為了擴大和鞏固既得利益，各戶成立帕措，以血緣關係來確立勢力，
逐漸向外發展，形成眾多不同的帕措群。

（二）氐羌遷徙說

漢文古籍關於氐羌人的記載是由近及遠發展的。氐羌民族最早居
住於甘、青地區，從夏商開始陸續向東往中原地區和西南地區遷徙。

9　任乃強著，西藏社會科學院整理：《西康圖經》（拉薩市：西藏藏文古籍出版社，
　　2000年），頁576-577。

殷商卜辭中的「羌」是指分佈在河南、山西的羌人部落，周朝春秋時
的「羌」分佈在關中，「氐羌」是指秦隴巴蜀一帶的羌人部落。陝甘
的羌人部落在秦國「開地千里，遂霸西戎」後，從東漢一直到隋唐，
和漢族的接觸一直在河湟隴西、川西北一線，因此，漢文史籍多以為
在這一線以西的黃河河曲草原就是羌人的發源地。到隋唐時，漢文古
籍才把青海南部、金沙江上游、西藏北部的蘇毗、東女國、嘉良夷、
羊同、党項等計入西羌部落群之列。後來，吐蕃勃興，兼併西羌各
部，與唐朝爭松州，爭吐谷渾，爭奪安西四鎮和河西隴石，很快發展
為幅員萬里的強邦。吐蕃興起後，大部分西羌部落併入吐蕃，很快成
為吐蕃的一部分。

　　關於氐羌部落與藏族先民的關係，目前學術界眾說紛紜，近年來
有代表性的看法有五種：一是認為羌人是藏族的前身，藏族起源於
甘、青，吐蕃是河湟羌人首領無戈愛劍的孫子，因懼怕秦人的壓迫，
便帶領自己部落的一部分人遷到西藏雅隆地區，稱發羌而發展起來
的。[10]二是認為吐蕃是由在羌塘發展起來的游牧部落的一部分，南下
到雅魯藏布江流域轉變為以農業為主而形成的。[11]三是認為吐蕃不是
羌族，吐蕃儘管與羌族有密切的關係，但吐蕃不是羌，羌、藏在中國
歷史上是兩個不同的部落。[12]四是從否定吐蕃源於發羌出發，否定了
藏族先民與西羌之間的關係，認為「現代藏族中有古西羌人的成分，
但絕不可以此來證明藏族源於古羌」，「把古藏族族源硬往古羌人身上
拉，這不僅與歷史事實相違背，與歷史唯物主義觀點也是背道而馳
的。」[13]五是認為藏族先民與西羌有密切關聯，但又有所區別。[14]

---

10 黃奮強：《藏族史略》（北京市：民族出版社，1985年），頁4-13頁。

11 任乃強：《羌族源流探索》（重慶市：重慶出版社，1984年），頁40-41。

12 馬長壽：《氐與羌》（上海市：上海人民出版社，1984年），頁32、90頁。

13 韋剛：《藏族族源探索》，《西藏研究》1982年第3期。

　　儘管氐羌部落與藏族先民的關係依然沒有一個準確的說法，但兩者肯定有著十分密切的淵源，這點是毋庸置疑的。根據三岩的地理位置可推測，三岩應屬東女國和白蘭管轄。白蘭是古代分佈在青海、四川藏區比較廣的羌支部落，常與其它羌支雜錯相居，它也是附國時期該部落聯盟的族系的重要成分之一。白蘭之名最早出現於《華陽國志‧蜀志》，文中記載：「僅山郡，本蜀郡北部都尉，孝武元鼎六年置。舊屬八縣，戶二十五萬，去洛三千四百六十三里，東接蜀郡，南接漢嘉，西接涼州、酒泉，北接陰平、有六夷，羌胡、羌虜、白蘭峒九種之戎。」《北史‧白蘭傳》稱：「白蘭者，羌之別種也。其地東北接吐谷渾，西北利摸徒，南界那鄂。」《新唐書‧党項傳》載：「又有白蘭羌，吐蕃謂之丁零，左屬党項，右與多彌接。勝兵萬人，勇戰鬥，善作兵，俗與党項同。」根據這些記載，可以大致勾勒出白蘭的地理位置：東北接吐谷渾，東部與党項相連，南鄰蘇毗，西接多迷。任乃強先生在《四川上古史新探》中道：「自玉樹、稱多以下，金沙江水以東的地面，從來都是乞哈姜鹽的羌支部落。也就是白蘭羌支派發展起來的許多部落。哈姜鹽行銷這一地區是舊石器時代開始的事。擁有這個鹽地之利從而最先進入氏族社會的可能就叫作『白蘭』。他們的主要根據地在今天的石渠縣。」[15]

　　從貢覺和白玉流傳的大量史料及文獻、口碑中也有關於羌族的記載。「羌有阿當、用當、沙當、結當四部分」，阿當的意思是「又一個羌」，用當的意思是「進行的羌」，沙當的意思是「地區的羌」，結當的意思是「繼續的羌」。從地理位置看，羌阿當大抵生活在新龍、理塘、白玉以及貢覺的部分地區。此外，白玉縣、貢覺縣乃至三岩的臨

14　格勒著：《論藏族文化的起源與周圍民族的關係》（廣州市：中山大學出版社，1988年），頁356-358。

15　任乃強：《四川上古史新探》（成都市：四川人民出版社，1986年），頁28-30。

近地方都曾發掘和出土過石棺墓，這些很有可能是羌人先民的遺留。因此，不能排除三岩人是羌人後裔的可能。據說在六七百年前，最初從德格、巴塘、察雅等地遷徙過來的藏民發現三岩住有一些「土人」，有些山上還保留著這些人曾蓋過的舊房子的痕跡，後來這些人不是受到驅逐就是被殺戮掉了。[16]如果此種說法屬實，則這些「土人」很有可能就是原屬於氐羌部落時期的遺民。

(三)阿里來源說

三岩另外一個主要的帕措——歐恩怕一，稱其族源來自阿里，自認是古格王朝的後代。60多歲的多傑翁雄曾做過夏果帕措的頭領，他宣稱：「我們來自雅魯藏布江上游，來自西藏阿里，那裏有金山寶塔。我們的祖先父親是靈猴，母親是猴母王。我們的國王是『董』（音譯）王子。後來，阿里五兄弟分家，我們這一支沒有得到地盤，遂一路輾轉東下，直到金沙江邊才停下腳步，在此定居下來。」

如果這種說法成立，無疑具有重大的史學價值。史料記載：公元841年，吐蕃王朗達瑪實行滅佛政策，引起了王室中的一系列動亂，吐蕃王朝最終分崩離析，其中維護佛教的王室後人為躲避災難，逃到了阿里地區，他的三個兒子又分別在阿里古代的三環地區建立了三個王國，其中三兒子德祖袞在公元10世紀前後建立了古格王朝。可以說，古格王朝是吐蕃王室後裔在吐蕃西部阿里地方建立的地方政權，其統治範圍最盛時遍及阿里全境，統治中心在桀達象泉河（藏語為朗欽藏布）流域，北抵日土，最北界可達今喀什米爾境內的斯諾烏山，南界印度，西鄰拉達克（今印占喀什米爾），最東面其勢力範圍一度達到岡底斯山麓。它不僅是吐蕃世系的延續，而且使佛教在吐蕃瓦解

---

16 貢覺縣縣志編寫辦公室：《三岩社調材料》。

後重新找到立足點，並由此逐漸達到全盛。

　　古格王朝的前身可以上溯到象雄國。象雄第一代王赤華賽傑夏日堅時期，象雄分為內象雄、中象雄和外象雄……多康等地為外象雄（即曲多、昌都和安多）。古格是象雄國的一個附屬國，王朝的建立大概從9世紀開始到17世紀結束，前後世襲了16個國王。

　　葡萄牙傳教士安德拉德在其17世紀所作的遊記中，記錄了古格王朝的最後一位國王的命運。他講述道：當時的王公（國王）是古代吐蕃王朝的遠係後裔，他的王國是一個向拉薩大喇嘛（指達賴）進貢的土邦。事實上，就算在自己的國家裏，他也只掌握很少的世俗實權，必須服從自己兄長的意志，後者是托林寺的大喇嘛。這位王公素與兄長不合，並為此與他進行過長期的權力鬥爭，他想到了利用安德拉德的教會勢力牽制兄長，結果激發了喇嘛教的不滿。事態最後朝糟糕的方面發展，喇嘛們由於自身權益受損，向拉達克王國的近鄰求助。1630年，拉達克派出軍隊向紮布蘭進軍，最終攻陷城堡，王公也遭到了驅逐。[17]

　　但按照三岩人的說法，在古格王朝末年，最後一任古格國王覺達布與拉達克首領森格南加發生戰爭。森格南加最終攻陷古格王宮，不僅砍下了覺達布的頭，還對覺達布的家人實行滅絕政策，從此古格王朝淡出歷史舞臺，族人也遷徙四方。據說一些逃過了劫難的覺達布的後人帶著族人和覺達布的頭顱，跋山涉水，歷經千辛萬苦逃到地偏人稀、山勢險要的三岩地區（大約在今天貢覺三岩敏都鄉的阿尼村），從此定居下來。當地人甚至還講述道，覺達布的頭骨由其族長世代保存，直到20世紀50年代民主改革前夕才丟失於戰亂之中。

17 參見〔瑞士〕蜜雪兒‧泰勒著，耿昇譯：《發現西藏》（北京市：中國藏學出版社，2005年），頁27-36。

（四）青海和蒙古來源說

青海來源說主要認為三岩人來自青海地區的果洛部落，當地人同樣以剽悍、好鬥、善戰、搶劫聞名，因此三岩人繼承了這種秉性和生活方式。另一種說法認為三岩人是蒙古人的後裔。元朝統一了中國以後，西藏正式納入中國的版圖。為了加強對西藏地區的統治，元朝召請藏傳佛教薩迦派的領袖薩迦班智達、八思巴，封他們為國師、帝師，同時還在藏族地區設置三個宣慰使司都元帥府。蒙古漢國窩闊台時期，曾領兵從秦、鞏一路進攻四川，沿途藏族部落紛紛歸降。1635年，喀爾喀蒙古卻圖漢率部征服青海的土默特部，並派軍隊入藏。在此情形下，紮什倫布大活佛羅桑卻吉堅贊與五世達賴商議後決定邀請喀魯特蒙古和碩特部的固始汗進入青海，成為蒙古勢力入藏的開端。

三 「多族源說」與地域邊界

概而言之，以上四說可歸入兩類，即土著先民說和外來遷徙說。前者表明三岩村落的歷史發展久遠，後者則說明三岩村落的形成較晚。關於三岩族源的探討，由於文獻材料記載少而零碎，尤其是考古學材料更為缺乏且無系統，所以至今依然難以整理出一個明晰準確的線索。

即便如此，依據現有材料，我們試圖對三岩的族源作些推測性的研究。首先，關於薩瑪王朝與阿里王朝的說法，不能排除三岩人希望讓自己的身份取得合法的動機。其次，西藏很早就進入政教合一的封建統治階段，但三岩長期屬於分散狀態，無法實現統一，因此歷史上三岩才一直被認為是「化外野番」。最後，三岩人不同的族源認同本身就說明了其來源的複雜成分。因此，我們傾向於認為三岩人有多種

來源的說法，即由本地土著（藏族先民）和後來遷徙而來的人群混居而成。根據筆者親身參與的三岩人體質方面的調查研究，能在一定程度上說明三岩人人種的複雜性，即三岩人的體質特徵不僅與中國南方、北方的其它民族有明顯的差別，就是跟藏族的其它支系相比也具相當大的差異。[18]由於歷史、地理等原因，這些不同起源以己方的父系血緣為依託，在社會、政治與經濟方面建立起各種聯繫，最終形成各個既相對獨立又互相聯繫的部落和村落群。

此外，三岩還有一個特殊性，即它在地理上處在金沙江——傳統上漢藏的地理分界——兩岸，在文化上又處於康巴文化的中心，受到漢、藏文化的雙重影響。雖然根據清代之初既已定下的漢藏疆界，三岩向來歸屬達賴喇嘛管理，但是歷史上三岩政治既不屬於西藏，不受政教合一制度的統治；也不歸於康區土司政治的管轄，以至於清末的「改土歸流」也是有名無實。1919 年，噶廈政府用兵征服三岩，在雄松設立宗本。1950 年，解放軍進入昌都地區，三岩、貢覺分別屬於當時加入進來的 13 個宗之一。1959 年 5 月設立了三岩宗，西藏自治區籌備委員會通過了《西藏地區區域的調整方案》，把三岩宗和貢覺宗合併為現在的貢覺縣。最初三岩劃為雄松、羅麥兩區；1962 年又分為羅麥、雄松和木協三區；1988 年三岩撤區成鄉，當時分為一區六鄉，保留羅麥區；1997 年又更名為三岩區，下分剋日、羅麥、沙東、敏都、雄松、木協六鄉。換言之，時至今日，三岩又被國家行政制度重新分割，隸屬兩個不同的行政體系，一部分隸屬四川，一部分隸屬西藏。

那麼，三岩傳統上的地域邊界究竟在哪裏？據三岩人普遍的說法，其範圍大致如下：北起莫紮與江達縣接壤；南到戈波，今屬芒康

18 何國強等：〈三岩藏族體質特徵研究〉，《人類學學報》2009年第4期，頁408-417。

縣境；西以董達山為界，貢覺縣建縣前此為貢覺與三岩兩宗的界線；東跨金沙江，直抵今四川省甘孜州白玉縣的薩瑪一帶。如今該地界範圍已經分屬三個縣管理，唯一在地名上能夠證明此處歷史上曾是三岩的僅有白玉縣的山岩鄉。三岩與山岩的語音差異，估計是四川方言記音上的出入導致的。20世紀80年代，今貢覺縣所轄沿金沙江以西6鄉（剋日、羅麥、沙東、敏都、雄松、木協）仍然被合併成一個區統一管理，時名三岩區，直到20世紀90年代才被取消。

雖然三岩很早就有人類活動，但是在建制意義上進入國家政府的直接政治管制卻是晚近的事情。這與其處於漢藏之間的特殊位置有關。因為地勢險惡、易守難攻、交通不便等諸多自然原因，以及國家政治策略在康巴的漸次鋪展等諸多社會與政治原因，在藏族早已進入國家之時，三岩卻始終與國家若即若離。

早在元朝，三岩一度以國家授權下的地方土司、頭人管理的方式進入國家的政治體系之中。這種國家式的間接管理一直持續到清末的「改土歸流」才告結束。（參見表2-1）

表2-1 三岩建制沿革表

時間	建制	說明
1263年	萬戶府	元世祖封賜德格土司二十七世祖索郎仁青為「多麥東本」(萬戶府)，於今四川省白玉縣薩瑪鄉建立薩瑪政權。不久即遷出三岩
明崇禎朝	那達本	白利土司於上三岩羅麥設那達本
清乾隆朝	三岩分治	分屬於德格土司、巴塘營官、貢覺營官
1897年	千戶	清政府封下三岩察拉寺喇嘛土千戶
1911年	武城縣	隸屬打箭爐廳

時間	建制	說明
1918年	改三岩宗	隸屬昌都
1950年	昌都解放委員會三岩分會	成立過渡性的昌都解放委員會三岩分會，保留宗建制，隸屬昌都
1959年	貢覺縣	西藏工委決定改宗為縣，與原貢覺宗合併為貢覺縣。同年10月成立貢覺縣人民政府。金沙江以西劃為羅麥、雄松兩個區，以東劃歸四川
1962年	設區	將原有兩區劃為羅麥、雄松、木協三區，隸屬貢覺縣

第二節　基於血緣的社會群體

以上僅對三岩的政治組織——帕措的族源、歷史與地域性做了一些簡短扼要的說明，由此獲得一個大體的理解。下面再從血緣關係入手，以期獲得更為準確的認識。

一　從血緣關係的基礎到人群關係的行為模式——帕措

如前文所述，喬治·福斯特針對墨西哥辛祖坦農村的經濟提出「利益有限論」的模型。[19]他以特定群體的認知指向及其與當下條件之間的關係為主旨，強調辛祖坦地區農業為主的經濟模式受到有限的自然資源條件的限制，指出辛祖坦人的思維方式是對利益有限的一種想像。這種基於自然環境限制導致的世界觀影響著辛祖坦人的行為。

---

19 Foster G M. *Tzintzuntzan: Mexican Peasants in a Changing World*. Boston: Little Brown, 1967:384.

因此，生活在農業村落中的辛祖坦農民，將其周圍的社會、環境、經濟等——如土地、財富、健康、友誼、愛、男子漢氣概、榮譽、尊嚴、影響力、權力、安全等幾乎生活中需要的一切——全部視為處於其絕對數量不足以滿足村民最低需要的狀態。與此同時，辛祖坦農民又無力扭轉這種局面，以直接提高有效的食物供給。因此，辛祖坦農民建構了一種與現實相左的封閉體系，其中，個體或家庭只有在犧牲他者利益的情況下才有可能提高自己的地位。社會的平衡即這些體系之間的平衡狀態，而個體或某一個群體試圖獲得更多的利益則必然會打破這一平衡，使社會處於分裂的狀態。與此相類似，三岩人在傳統的血緣關係基礎上發展出依據人群關係的行為模式，這種血緣關係即三岩人的「帕措」。

總體而言，三岩的人群分佈依賴於自然環境決定的地理條件，三岩的人群組織原則同樣適應這種基本自然環境的結果，本質上即不同人群根據特定原則組織起來處理資源配置。這是一種典型的文化生態學的思維方式。

目前，諸多學者亦贊同群體認同是一種資源競爭的結果，2007年馬來西亞的族群認同危機就是一個很好的例證。相關理論還可以王明珂的研究為例。王氏繼續了巴斯開始的族群邊緣的研究，將族群邊緣描述為一種變動的建構，迴避了根基論與工具論的論爭，同時要求研究者為民族或族群進行一個中心—邊緣的界定。[20]故他在批評與選擇根基論與工具論的同時，將民族視為以「文化親近性」（cultural nepotism）為根基，以「集體記憶」與「結構性健忘」（structural amnesia）為工具，來凝聚及調整人群以適應現實資源之爭的人類社

---

20 〔挪威〕弗裏德里克‧巴斯著，高崇譯、周大鳴校，李遠龍復校：〈族群與邊界〉，《廣西民族學院學報》（社會科學版）1999年第1期。

會結群現象[21]。王氏認為：「每一種社會結群，似乎都在資源競爭下設定邊界以排除他人，並在狀況改變時，以改變邊界來造成群體認同變遷。」[22]由此可見，土地資源的危機必然會對三岩人的身份認同產生作用。而目前發現的最早、最普遍的三岩人的社會結群現象就是帕措。

但是，馬文・哈里斯已經指出：「除非人們處於政治壓力之下，否則他們將一如既往地使投入產出保持在報酬遞減點之下，其手段是限制生產能力的擴展；沒有人會情願地多工作少報酬。」[23]進入國家之前，三岩人面對環境與人口的限制選擇了帕措這種文化手段解決自身面對的危機，人口所具有的巨大生產能力從而被文化限制在環境許可的範圍之內。

三岩人經常會提到「熱克十八百戶」。「熱克十八百戶」在三岩本地語言中稱為「熱克架學就傑」，「架學」即「百戶」，「就傑」即「十八」。「學」這種群體劃分的標準在康巴社會具有悠久的歷史。早在部落社會的形成階段，人們就開始逐步走出基於血緣的氏族群體，面對外面廣大的社會世界，這也正是馬克思所謂的原始國家開始形成的階段。就康巴社會而言，對這一階段的記憶集中保留在格薩爾王英雄史詩之中。史詩中講述了格薩爾統治的部落國家——嶺國的社會結構，一個存在明顯政治權力中心的社會制度。從國家形成的歷史階段論的角度來看，格薩爾時代的嶺國應該處於從原始氏族社會向部落社會過渡的階段。這一階段以血緣為基礎的氏族勢力仍然在社會中發揮重要的政治作用，嶺國的社會結構，就是以格薩爾所屬的氏族為核心聯合

---

21 參見王明珂：〈過去、集體記憶與族群認同：臺灣的族群經驗〉，《「認同與國家：近代中西歷史的比較」論文集》（中央研究院近代史研究所編，1994年），頁249-275。

22 王明珂：《華夏邊緣——歷史記憶與族群認同》（北京市：社會科學文獻出版社，2006年），頁41。

23 〔美〕馬文・哈里斯著，許蘇明譯：《人・文化・生境》（太原市：山西人民出版社，1989年），頁56。

其它血緣群體後形成的一個部落國家。關於嶺國部落的社會結構，劉立千認為它大體上和現代藏北草原的牧部很相似，基本結構是學、錯（措）、第等。他還進一步解釋道：「學，意為分支，措意為眾聚，第或第巴意為部署，均是部落的代詞，不過有大小之分而已。它們的分別是，學指一個氏族的分支，這種組織帶有血緣關係，可能包含一個民族部落的兩支或幾支之一；措是指幾個氏族聚集的小集體；第是別的氏族或部落來依附另一部落構成的集體，往往有領屬關係。……比較大的組織稱為『果』。一個大的部落包含很多牧戶，如上千戶就稱為『董果』（董即千）。」[24]可見，「措」應該是部落社會時代的產物。

政治人類學提出部落社會處於傳統政治制度的非中央集權系統的模型，認為在社會形態進化的階梯上，部落社會處於更古老的群隊社會和較先進的酋邦社會之間，其特徵為：第一，粗放農業和畜牧業；第二，有作為首領的「頭人」，但沒有絕對的權力；第三，單係親屬關係構成社會的基本結構；第四，土地與牲畜在血緣體系內為集體所有；第五，沒有正式法律；第六，薩滿信仰。[25]因此可以推測，進入國家之前的三岩峽谷必然具有眾多部落社會的特徵，其中最主要的當屬其父系血緣群體帕措。

二　三岩血緣群體的劃分

三岩峽谷中，血緣群體的劃分與劉氏所言略有不同。個體之外，三岩峽谷的基本構成單位是根據血緣關係組成的人群，三岩本地語言稱之為「學」、「倉（沖）」、「布（沖）」（三岩語言中「倉」、「沖」、「布」混用）、「帕措」、「果巴」。

---

24 劉立千：《劉立千藏學譯文集・雜集》（北京市：民族出版社，2002年），頁97。
25 參見董建輝編著：《政治人類學》（廈門：廈門大學出版社，1999年），頁36-40。

1 學

　　關於「學」的解釋，三岩人的說法與劉立千的研究不同。「學」是最基本的社會單位，意指生活在一個房子（康爾）裏且相互之間有血緣關係的一群人。基本上以一代人的夫妻關係為核心，其上可能有男方的父母，其下則是兒女。在現實生活中以一棟房子作為明顯標誌。生活在房子裏的人即為一個「學」。「學」類似於漢族的主幹家庭。所不同的是，因為三岩人存在一妻多夫與一夫多妻的婚姻制度，所以「學」的婚姻形式並非全部是實行一夫一妻制。

2 倉（沖）

　　「倉（沖）」是若干個「學」的總稱，「倉（沖）」之下各「學」之間通常會有親屬關係，在現實生活中往往體現為一簇彼此連接的房子。各「學」之間有血緣關係，但是這種血緣關係可能已經非常疏遠。有的倉（沖）已經沒有較近的共同的血緣基礎。而且，即使可以在向上若干代內尋到一個共同的祖先，一般一個倉（沖）也並不能覆蓋這一祖先之下的血親譜系內涉及的全部成員，普遍的情況是 35 個「學」共居一處。

3 布

　　「布」是三岩人對更大地理範圍的一種血緣關係的稱謂，但是這種範圍是相對的。「布」可以指「倉（沖）」裏的各個「學」的總和，也可以包括那些雖然在居住的位置上彼此相距較遠，但仍然具有血緣聯繫的不同的「學」。通常「布」的成員都會聚居在一個地理空間之內——至少人們認為應該這樣居住，這樣的空間稱為「宗巴」，即村莊，但宗巴之內生活的並不僅僅是有血緣關係的人。「布」與「倉

（沖）」不同，其關鍵的差異在於對血親關係與地理空間的不同態度，前者強調血親關係是建構群體的前提——儘管很多「布」的成員間的血緣關係是不能通過回憶建立的；後者根據成員現實的居住地情況建構群體，距離較近的若干「學」即可形成「倉（沖）」，當然也有很多「倉（沖）」的成員遷徙到三岩以外居住。所以三岩人總是在特定的情境下選擇性地使用「布」與「倉（沖）」。例如，當人們在討論自己帕措的時候，他們會說：「我們帕措有多少個布」，「某某布的人不行」，「某某布的人總是打敗仗」；而當人們在討論自己的村莊的時候，他們會說：「我們宗巴有多少個帕措」，「某某帕措有多少個倉（沖）」，「某某倉（沖）去年到哪個地方打冤家了」。但是，「布」與「倉（沖）」在一定意義上又是相同的——在超出「學」的範圍之外，兩者基本是相等的概念，今天的三岩人通常會將它們混用。當然，混用情況的增多，也與頻繁而大規模的移民搬遷工程有關，搬遷導致原先的村莊整體遷移，造成很多既有的根據地緣關係建構群體關係的概念日益失去其實際意義。

4 帕措

「帕措」可由「沖（倉）」構成。事實上，大部分「帕措」都由數量不等的「沖」組織起來的。「沖」與「沖」之間在血緣上是種平等關係，即彼此維持一種血緣上的兄弟關係。如前所述，「帕措」一詞被當地人解釋為：「帕」，父親；「措」，一個體系（這一點與劉立千的研究相符），所以「帕措」就是指同一個父親及其後代子孫，即一個父系的血緣共同體。當地人以及一些學者強調，只有三岩有帕措，藏族其它地方的人都沒有帕措，這也是三岩熱克引以為傲的一點。其實如前文所指出的，在地理範圍上三岩是一個變動的範圍，今天的三岩僅僅是歷史上三岩的一小部分；而且，隨著戰爭與人口的遷徙，帕

措已經遍佈藏東社會（康區），今天的林芝、察雅、芒康、江達、白玉都有帕措的存在。這種局面不全是由於國家的移民搬遷政策造成的，其實歷史上這樣的遷徙早已存在。雖然當前我們無法統計出三岩之外的帕措數量，也無法獲知他們具體的遷徙路線與原因，但是從當地人對帕措的解釋中，我們還是感受到歷史上存在著持續移民的事實。

5 果巴

三岩有「帕措」也有「果巴」。關於「果巴」，有報導人給筆者提供了三種解釋：

> 第一，有一種白頭鷹，體型較禿鷲小，其名為「果」，「果巴」就是帕措的意思，實際上不叫「果巴」，叫「果帕」，「帕」就是帕措。果是一種吃肉的老鷹，與天葬的鷹不同，它的頭上是白色的。我們說「夏果乾布果」，意思是白頭鷹飛過的地方有我們的帕措，它尿尿的地方有我們的帕措，但沒有這個鷹的地方很少。
>
> 第二，從四川新隆的果榮地方，來了一個叫作縈西雄堆小夥子，他不知道自己的祖先，只知道德格土司來源是四川新隆的果榮，因此他認為德格的後代就是他們的果巴。縈西雄堆到了蓋玉，與當地人結婚，老大、老二、老三當喇嘛；老四、老五、老六種地；老七、老八、老九當土司。三岩人就是這九個兒子的後代。
>
> 第三，有一個果巴，果就是圈，巴就是人，這個果巴就是幾戶圈圈的意思。這個果巴裏，木協的衰巴，沙東的果麥，敏都的阿尼，江東的色巴、巴巴都有，但是這些果巴都是父系的。貢覺的果巴中男女全部是親戚才算果巴。三岩沒有這樣的果巴。

　　因而，「果巴」不能被視為與帕措同等意義上的血緣人群的劃分，它可以理解為一種發展到一定階段後的帕措群體對於自己所處情況的認識，即由於遷徙到各個地方，但人們在記憶中仍然保存著對帕措的認同。今天的三岩帕措已經不僅僅存在於現在的三岩六鄉，在三岩周邊地區我們也可以發現帕措的存在。不過就血緣結構來看，這些帕措可能由於遷徙，已經處在譜系記憶中的血緣體系的邊緣，所以他們更願意稱自己是有「果巴」的人。當然「果巴」也有自己的祖先。以巫果帕措為例，我們可以對其加以進一步的分析。據來自巫果帕措之下擁巴布的報導人講述，巫果帕措的四個「倉」有自己的祖先（即巫卡）。但是在原因不明的情況下，巫卡的四個兒子分家了，他們各自的後代就形成了擁巴布、那那布、木傑布、貴傑布。但是這位擁巴布的報導人只能回憶自己「學」的四代血緣譜系（其中包含了他本人及其子女的兩代），並不能回憶「學」的最早祖先與「布」的最早祖先的血緣譜系。報導人洛松給筆者講述了一個傳說：

　　　　傳說巫卡有三兄弟，老大嘎紫旺堆、老二嘎拉提美、老三巫
　　　　卡。三兄弟也不知道因為什麼分家了。大哥就是後來的夏果帕
　　　　措的祖先，二哥也是夏果帕措的祖先，但在白玉縣的色巴村，
　　　　巫卡就成為果巴的祖先。

　　記憶的中斷現象在三岩十分普遍，究其原因應該是多方面的：其一，正如集體記憶理論指出的，人們在回憶過去的時候，往往也在進行著選擇性的遺忘；其二，三岩人雖然有自己的方言，但是沒有自己的文字，又鮮有人重視學習藏文的書寫系統，識字者寥寥無幾，因而沒有家譜之類的東西流傳下來，單憑儀式傳承與口頭文學，記憶中必然會有丟失的部分；其三，不能排除三岩人為了尋找更大帕措的支持

而修改自己的記憶，通過建構想像的血緣關係，而成為大帕措的成員。但即便如此，帕措始終佔據著三岩峽谷社會結構的關鍵位置，影響著三岩人的行為選擇與身份認同。

　　儘管報導人的回憶存在遺忘的部分，然而果巴與帕措形成的幾個基本轉捩點卻被清楚地保存下來，即第一代三兄弟分家，各自形成自己的帕措。各分支帕措在其共同的血緣記憶中知道各自祖先之間存在兄弟關係，於是這兩個帕措就合起來成為果巴。所以歸根結底，果巴仍然是帕措，而且準確的說法應該稱這些有兄弟關係的帕措所組成的果巴為「果帕」。由於人們可能已經無法回憶起巫卡三兄弟父親的名字，於是就以巫卡三兄弟為這個果巴的共同祖先，但是其下的兩個帕措仍然記憶著自己各自的祖先[26]。

　　帕措固然是一種血緣群體，但是站在身份認同的角度卻可以將其理解為三岩人非常重視的一種血緣身份。在三岩語言中，「帕」意指父親，「措」意指一個體系[27]，所以「帕」、「措」聯用意指一個父系。帕措實際上是一個相對概念和絕對概念的混合體。漢語中有一句俗話「遠親不如近鄰」，這句話用在三岩也是比較適合的。在三岩人的意識中，血緣上的接近應該與空間上的比鄰成正比。這樣，帕措就成為一個絕對意義上真正的血緣共同體。在這個意義上，帕措可以被簡單理解為氏族。村莊總是在帕措的統治之下，但是實際上人們經常提到的帕措不是一個血緣與地緣都比較緊湊的群體，所以人們才開始講述

26　三岩臨近的幾個地區也有一種群體稱為鍋巴。他們的鍋巴與三岩的果巴不同，最基本的區別在於血緣繼嗣的根據不同，三岩的果巴仍然與帕措一樣採用父系傳承，而其它地區的鍋巴採用父系和母系的雙重傳承體系。實際上這種鍋巴僅僅標誌一群具有親屬關係的人。

27　參見劉立千：《劉立千藏學譯文集・雜集》（北京市：民族出版社，2002年），頁97。文中劉立千指出「錯（措）」是指幾個氏族集團的小集體。後世學者往往根據劉氏的解釋將帕措理解為一個比較固定的群體。

有關果巴的記憶。正是那些因為各種原因或是搬離三岩，從而離開自己的帕措，或是搬進三岩，離開原先帕措的人們仍然願意認同自己的帕措身份，藉此以獲得現實與精神上的利益，人們才發明了「果巴」這個概念。果巴實際上就是表達這樣的意義：分散到各地的帕措成員仍然知道自己雖然在空間上遠離帕措本身，但是在血緣上依舊認同自己的帕措身份。因此，三岩帕措有血緣與居住兩重含義，擁有不同河流山谷的每個帕措被高山峻嶺所分隔，他們可以互相獲得妻子和嫁出女兒，在復仇時，復仇集團的擴大也會跨越地理上的分隔，使帕措獲得新的成員。

三　帕措的形成

帕措由「學」構成，「學」是三岩人觀念中最小的人群單位。理論上任何一個「學」都可能成為一個帕措，因為隨著時間的流動，同一個「學」的兄弟會分裂，其子孫也會再分。這樣最初的這個「學」就成為後代子孫的帕措。但是如果這樣，今天三岩峽谷就應該存在大量的帕措。然而實際上，帕措總是會有一個相對穩定的邊界，現實生活中就表現為人們可以通過帕措區分彼此的不同。要瞭解一個帕措究竟是如何形成的，我們至少需要在兩個方面就一個特定的帕措（夏雅帕措）進行調查：其一，帕措組織結構；其二，帕措譜系結構。

夏雅帕措目前共有 59 戶，其中有 8 戶已經遷出三岩，剩下的 51 戶主要聚居在貢覺縣的雄松、木協兩鄉的加卡、崗托、崗松、夏雅等村。夏雅帕措的老人在講述自己的祖源時，將自己的祖先與藏族的獼猴神話聯繫起來：

藏族人起發於父親獼猴，與羅剎女生下 6 個猴崽，即穆布董、

阿江珠、莫紮嘎董、色窮紮、瓦查瓦德、麥。其中色窮紮是我
們帕措的祖先，色窮紮的後代是紮益西次登，其後代是熱克美
通達傑，他有 4 個兒子，從大到小分別叫達傑益西、阿乃傑秋
（可能是羅麥人的祖先）、雄松加嘎、嘎規卡修。此 4 人開始
形成了熱克架學就傑（熱克十八百戶）。熱克十八帕措中，最
勇猛的在上有果麥（沙東）帕措，中有巴尼秀松（雄松三個帕
措的總稱），下有羅娘格規帕措。

　　另一方面，帕措本身存在裂變的可能，大的帕措可以衍生出一系
列子帕措，子帕措又可繼續衍生出下一級的子帕措，反過來說，小帕
措需要尋找靠山使別的帕措不敢欺負自己，就集合成大帕措。

　　以歐恩怕一帕措的世系為例子（參見圖 2-3）[28]。歐恩怕一，意
為「4 個兒子的父親」，歐恩屬於父帕措，崗得、廈戈、安幫、迫切
都是子帕措；這 4 個子帕措下面又繁衍出下一層的子帕措。某種程度
上，大多數的帕措都可以追溯到父一輩的帕措——歐恩上來。另外，
帕措雖然為一獨立的經濟單位，大的有幾十戶上百戶，小的有幾戶十
幾戶。它們雖然有大小之分，但一律平等，各自為政，彼此之間有親
屬關係而無領屬關係。

　　通過分析夏雅帕措可以發現，在譜系的源頭處血脈的傳承總是一
個父親傳給一個兒子，直至第四代出現三兄弟，即夏傑多傑、安登多
傑、仁增達香多傑，其譜系相應出現分裂。其後的血緣譜系也並不是
每一代都有血緣分裂的情況，總是若干代之後才會出現血緣的分裂，
而每一次血緣分裂都會導致血緣譜系的擴大。在夏雅帕措內部，所有
在時間上具有幾代人的傳承路線，在血緣範圍上具有裂變的部分都可

---

28 本圖根據三岩本土學者范河川先生所提供的資料製作而成。

以稱為「帕措」或者「布」（布是一個介於學和帕措之間的血緣群體），而帕措和布的區別也僅僅局限在傳承時間（幾代人）與譜系裂變的出現上。那些傳承時間較長，出現裂變較多的支系都有可能被稱為「帕措」，例如，安登多傑的 4 個兒子布珠、阿桑、續略、熟堆布形成了阿登凱卓帕措，由 27 戶組成；而夏傑多傑的 3 個兒子日略、阿桑、布缺卻沒有形成一個共同的帕措。從系譜上看阿桑與布缺兄弟各自的發展並不長久，僅僅形成了布；只有日略的後代發展起來，形成了夏雅帕措。試想，如果阿桑與布缺兄弟各自的系譜能夠延續下去，則同樣會與日略一樣形成帕措。人們經常宣稱自己是哪個帕措的，實際意味著他們是屬於哪一個父系的。所以，帕措之所以會出現，是由於它可以明確人與人之間的關係。一個龐大的血緣譜系涉及成員眾多，在沒有文字的情況下，人們只有通過記憶確定自己在系譜中的具體位置。上述白馬康珠能夠回憶起如此龐大的譜系也是其成為頭人的一個先決條件。

帕措這種劃分譜系的方式，無疑有助於滿足區分父系血緣這種需要。但是在夏雅帕措的親屬結構圖中也可以看到，並不是每一個在系譜上存在一定時間與空間範圍的分支都成為一個帕措。實際上，如果所有這樣的分支都成為帕措，會使區分父系血緣變得更加複雜。所以，在「學」與「帕措」之間才出現了「布」的概念。現實生活中，「布」可以是「學」——事實上它最初就是個「學」；同樣，「布」也可以是「帕措」，因為至多它也只能發展成一個「帕措」。之所以存在「學」、「布」、「帕措」的不同概念，是由於在人們的記憶中有一些強大的「學」始終不能消失，而這其中一個最主要的原因在於對在世的諸多兄弟而言，他們的父親是一個無法在記憶中抹殺的存在（其原因也可能與三岩的血仇制度有關）。最初人們會稱呼自己是哪一個「學」的，即是哪一個父親的子孫，當這個「學」經過幾代人後譜系

分裂、人口增加，「學」就成為「布」。再經過若干代的傳承，在一個父親之下出現了更多的「布」，則原先的「布」就成為「帕措」。

由此看來，在不同的父系血緣譜系之間，帕措是一個界限分明的群體，而在同一個父系血緣譜系內部，帕措則是一個相對的概念。一方面，在人們的記憶中，譜系最早的祖先之下的子孫分屬於不同帕措，這些帕措當然可以有一個共同的名稱，這樣形成的群體就是「果帕」（果巴），在這個層面上各個帕措彼此界限分明；另一方面，帕措內部存在各種現實的問題，諸如分家、結婚、械鬥、仇殺、財產繼承等，這些現實的需要又迫使三岩人不得不在內部採取變通的策略。因此，如何理解既界限分明又相對模糊的帕措，就必須考慮到帕措制度的現實功能。帕措的功能在於促成局部地域的相對穩定，形成村莊之類的小空間裏政治權力的集中，同時在整個三岩峽谷的層面上，始終維持著以分散為基本特徵的若即若離的社會關係。按照功能主義的觀點，正是因為社會的需要才產生了帕措制度，帕措制度也只有在其實踐行動中才能顯示既界限分明又相對模糊的特點。但是筆者目的不在於研究帕措這種獨特文化現象形成的歷史，而在於尋找三岩峽谷變遷的過程。帕措的存在實質是三岩人社會身份的一個基礎，三岩人講述的三岩峽谷的變遷實際上也體現出國家在不斷地試圖重新解釋該地的社會身份體系。

綜上所述，三岩人的家庭與社會關係完全是以父系血族為基礎的。那麼，帕措究竟是屬於氏族還是宗族呢？主張後者的居多，如西藏自治區人大常委會《關於嚴厲打擊「賠命金」違法犯罪行為的決定》（以下簡稱《決定》）就提到「封建宗族勢力」；四川省甘孜藏族自治州白玉縣縣志編纂委員會也有此提法，卻羅列了氏族的理由。經過認真的思考，筆者認為帕措（戈巴）應當是保留於階級社會的氏族殘餘，理由是三岩土地貧瘠，交通封閉，沒有雄厚的經濟基礎推動血

族向宗族發育。除此而外，還有來自組織上的證據：氏族是以「群體內外」的血緣觀念為基礎，強調「祖先定向」的組織原則；宗族是以個人的譜系網與群內親疏遠近的規則為基礎，強調「自我定向」的觀念。[29]帕措（戈巴）主要帶有氏族的成分，成員對血緣關係的認同體現了重質不重量的態度，一族人不論相隔多少代，互相間的權利義務基本相同，這是血親復仇的基礎。宗族的裂變較為明顯，需要區分親疏，而族譜和祠堂則是定親疏之標誌。公元 841 年發生的朗達瑪滅佛事件，促成佛教向邊遠山區擴散[30]，三岩獲得了佛教帶來的文明，然而在 1,100 多年的時間裏，人們都沒有形成以族譜記親疏的習慣，加之經濟條件限制了祠堂（含祖先牌位）的出現，帕措（戈巴）難以成為宗族。

四 三岩苯教與血緣群體的整合

　　另一方面，三岩中苯教與血緣群體的整合也是個甚為重要的話題。眾所週知，部落社會的另一個顯著特徵即薩滿信仰，在藏族社會這種薩滿信仰即古老的苯教。與其它藏族社會一樣，三岩早期的宗教意識崇尚萬物有靈觀念。這些包括了精靈觀念、自然崇拜、鬼神觀念的早期宗教萌芽，現在看來仍然不能以宗教名之，因為它們往往缺少後來人為宗教的完善教規、教義以及僧伽群體。這些較為原始的信仰都體現在藏族社會的苯教信仰之中。苯教是藏族早期社會的原始宗教，直到松贊干布統一西藏地區時，苯教仍然是吐蕃王朝的國教。隨著苯教的發展，後來出現了保持原有苯教殺生祭神、巫師崇拜等特點

---

29 何國強：《政治人類學通論》（昆明市：雲南大學出版社，2011年），頁187。
30 石碩：〈達摩滅佛對佛教在藏區傳播趨勢的影響〉，《青藏高原的歷史與文明》（北京市：中國藏學出版社，2007年），頁240-256。

較多的黑苯和與佛教融合較多的白苯。

苯教在三岩地區最早出現的時間現已難於追溯，但是三岩人承認歷史上曾經出現過苯教信仰。因為文化的傳播，從三岩周邊族群的信仰情況中亦可以推測彼時三岩苯教的發展情況。《隋書》對「女國」（「東女國」，今西藏昌都一帶）所作記載，已約略記述了公元6世紀時德格一帶早期苯教的宗教活動：「俗事阿修羅神，又有樹神，歲初以人祭，或用獼猴。祭畢，人山祝之，有一鳥如雌雄，來集掌上，破其腹而觀之，有粟則年豐，沙石則有災，謂之鳥卜。」

《德格世德頌》和《唐書》亦記載，公元7世紀末，德格土司家族的先祖噶・東贊去世後，其子孫專權，勢大遭嫉。聖曆二年（699年），贊普器彎悉弄設計誅欽陵及餘黨2,000餘人，欽陵弟贊婆及侄子莽布支率部奔唐，噶・東贊之孫赤松頓布則攜子阿尼綽巴白(苯教名僧，亦作阿尼降巴擺)避難到今康北地區，世代在「旦麻」（原鄧柯、德格）一帶傳衍苯教，並繁衍了德格家族一支。

史料又載，公元8至9世紀之間的赤德祖贊、赤松德贊、赤德松贊、赤祖德贊執政期，吐蕃王朝均奉行「興佛抑苯」的宗教政策，以至西藏地區不少苯教徒為避迫害而向東遷徙，來到今康北一帶，使德格地區的苯教勢力相應地得到較大發展。康巴因而成為藏傳佛教回傳的一個策源地。藏傳佛教的初創興起，導致佛苯之爭，其結果以佛教勝利告終，苯教的高僧大多向邊地康巴轉移，由此為康巴苯教建立了最初的根基。藏傳佛教前弘期的朗達瑪滅佛，又促使佛教向康巴滲入，進而與先期傳入的苯教結合，開始形成白苯與黑苯的分流。[31]

直至宋代以後，在格薩爾史詩中仍然可以見到大量關於苯教巫術

31 劉先毅：〈藏傳佛教的特異區域〉，《藏傳佛教與社會主義社會相適應研究論文集》（中國藏學研究中心宗教研究所編，北京市：中國藏學出版社，2006年），頁279-284。

的描述，可見苯教當時在康巴地區仍占絕對的優勢。11 世紀以後，隨著寧瑪派、噶當派、噶舉派、薩迦派依賴強大的政治權力的支持，相繼傳入康巴地區並獲迅速發展，苯教的勢力大為削弱。元初，薩迦派成為康巴地區主要的宗教僧團組織，通過固始汗與白利土司的戰爭，確立了自己在此地的統治地位。這就致使苯教勢力範圍進一步縮小，集中分佈於今西藏江達縣西鄧柯、四川省的石渠縣和德格縣東北部一帶。公元 7 世紀所建的德格縣中紮柯境內的登青寺聲望享譽整個西藏，是僅次於西藏俄日寺的苯教最高學府、康區的苯教主寺。這些地區與三岩一樣高山峽谷縱橫交錯，也適於苯教苦行僧的修煉。

古代苯教多採取父子傳承、師徒傳承的方式傳承，此種做法與寧瑪派（紅教）的結合程度最高。早期的苯教徒大都結婚生子，在家修行，沒有寺廟。西藏的第一座寺廟桑耶寺直到公元 7 世紀才在唐帝國的幫助下興建完成，此前的苯教徒尚沒有形成具有僧團組織特徵的群體。在家修行的苯教徒，實際上就是巫術的祭司。他既是家庭中血緣群體的核心，同時也是家庭的領袖，可以利用苯教的巫術保護家庭成員的安全。彼時的苯教徒實際上與北方的薩滿教徒都在做著同樣的事情，即靈魂出竅、溝通人神、操演巫術。在三岩語言中，稱這種操持佛教之外的巫術的人為「莫瑪」或「哈怕」，「莫瑪」為男巫師，「哈怕」為女巫師。有人曾這樣描述「哈怕」在三岩的職能：「『哈怕』是宗教職能的履行者，是原始宗教的核心。大部分由女性擔任。不是通過『征服』死亡而獲得神的能力的幫助，是以靈魂出竅，解答疑難問題，或占卜凶吉為主要職責，是擔任生死兩界的傳話人，是洞察過去、現在和將來的人間神人。」[32]

---

32 范河川編：《父系原始文化的活化石：山岩戈巴》（成都市：四川大學出版社，2000
　年），頁16。

　　事實上，苯教在三岩人日常生活中發揮過重要的影響。例如，100 多年前在金沙江兩岸就有兩座規模不小的苯教（黑教）寺院，有僧侶總數達百餘人；當地以人皮、人心、人手、人之天靈蓋、人之大腿骨為之特品；又「以活人皮為貴，死人皮次之，如有女子膚白嫩者為珍品，此種人皮售於喇嘛，作為符，具能致人死，銷路極廣；其人手者先以用鹽將餘血浸淨，上塗酥油背陰涼乾，以紫草合一種藥料縈裹，俾使指甲不能脫落，用金銀鑲其傷處，喇嘛用之密中做法，能以驅祟招鬼，凡黑教皆用之……」[33]

　　然而，隨著宗教的迅速發展，寧瑪派（紅教）卻成為當前三岩的主要宗教信仰，三岩人的很多神聖事件都交由寺廟完成，而很難再見到「哈怕」的身影，「哈怕」也僅僅存在於一些老人們的記憶之中了。三岩人有一個關於《創世紀》的傳說：「在一個相當遙遠的年代，三岩有了一個男人，他從太陽落下的西方趕來一群大山，圍在金沙江邊，建起自己的家園。他的三個兒子叫他帕羅縈，帕就是父親。大兒子吉覺瑪學會了父親的巫術占卜，後來成了三岩羅麥人的祖先；憨厚的二兒子加蓋邦丹只會種地喂牛，他後來就是三岩維松人的祖先；三兒子阿蓋卡學神勇好鬥，他住在木協，以後就是三岩木協人的祖先。」[34]

---

[33] 劉贊廷編：《武城縣志》，《中國地方志集成・西藏府縣志輯》（成都市：巴蜀書社，1995年），頁134。

[34] 參見西藏自治區貢覺縣地方志編纂委員會編《貢覺縣志》（成都市：巴蜀書社，2010年），頁636。三岩給外來的他者留下的印象總是原始落後，所以目前雖然關於三岩的公開出版物日漸增多，但都專注於講述這個時間上的他者，沒有人將其作為空間上的「我們」看待。然而這種偏頗卻留下了諸多關於三岩原始落後的證據，這些都是三岩峽谷傳統的宗教信仰與風俗習慣，其中很多與苯教的巫術有關。如馬麗華：《藏東紅山脈》（北京市：中國藏學出版社，2007年），頁67-84；子文（劉偉）：《蒼茫西藏》（北京市：中國工人出版社，2009年），頁23-44。都對三岩古老的苯教殘留現象有所介紹。

傳說終究不是歷史事實，但是三岩人的記憶中所有出現在三岩的事象必然都與這裏的血緣體系有關。這是一則關於三岩帕措來源的傳說，傳說的結尾以三兄弟根據自己的父系血緣結成帕措告終。可見對於三岩人而言，巫術的歷史與帕措的歷史一樣長久。傳說也告訴我們彼時巫術是在父親與兒子之間傳承的，這種血緣譜系與宗教傳承的結合，也被後來三岩宗教發展的歷史和事實所證明。

另外，從由生態環境決定的三岩關於土地的一系列技術看，苯教的信仰模式與傳承方式也適應了三岩峽谷的實際需要。作為文化核心之外的其它影響社會的要素，苯教本身並不會與人群的技術因素直接關聯，但卻會受到其制約和影響。眾所週知，藏族的歷史上苯教最初並沒有形成僧尼群體，苯教寺廟的形成也處於一個晚近的歷史階段。兩者的發展都是受到佛教的影響而在各地逐漸形成的。長時間沒有形成脫離生產的宗教僧尼人員，正是苯教適應三岩文化核心的表現。脫離了生產的僧人，無疑會成為三岩文化核心排斥的對象。這是因為，一方面，土地能夠負載的人口規模有限，任何新進入三岩的移民都會增加對土地的需求；另一方面，脫離生產的僧人不僅給土地增加了負擔，而且需要三岩人能夠生產出足夠的剩餘產品來加以供養。

至於苯教，尤其是早期苯教沒有僧尼群體，其在血緣內傳承的特點有效地迴避了上述的兩個方面。首先，沒有僧尼群體，也就意味著不會形成一部分脫離生產的僧人，這樣就使土地的負擔得到緩解；其次，宗教的譜系與世俗的血緣譜系疊合，不僅不會給三岩峽谷增加新的人口，而且也不會在另一個層面上增加土地的壓力。其實，諸如苯教、寧瑪派等這些缺少政治力量支持的教派，在整個藏區都受到其它教派的排擠。因此，也只有薩迦派、噶舉派、格魯派這些擁有政治權力支持的教派，才能在人口眾多且資源豐富、交通便利的地方發展；也只有在三岩這樣的偏僻地域，苯教、寧瑪派等這些被排擠的宗教群

體才能獲得生存的空間。由此看來，我們很難堅持一種傳統的觀點，即認為宗教完全可以實現整合社會的功能，宗教在三岩的發展始終沒有完成這種社會整合的功能。從這個意義上講，三岩社會在社會制度方面存在缺乏的情況。

站在全藏區的視角來看，在人口較多的地區所發展出的寺廟與宗教群體，並不能僅僅歸結為它們可以有效整合當地的人群。通常情況下，這些宗教力量之所以能發揮實際的統治功能，在於它們受到了世俗政治權力的支持，從而成為整合地方社會的手段。至於在像三岩這樣缺乏世俗政治性整合力量的人群中，宗教的整合功能可以說微乎其微，甚至連自身的發展都受到了威脅。最初出現在三岩的苯教，正是因為符合三岩峽谷的特殊情況才得以在三岩獲得發展，即它在強調血緣群體在社會運行中作用的同時，沒有試圖建立起任何超越血緣群體的其它社會群體。因此，就三岩的個案分析而言，苯教最初進入三岩時，並不是以後來教派傳播的方式進行的，而是依賴遷移而來的新移民本身。這些既是家長又是祭司的三岩人，將苯教帶入了三岩。在最初的三岩社會中，很少發生血緣群體與宗教群體的衝突，三岩人的社會身份也不會遭遇自宗教的威脅；相反，他們的社會身份由於受血緣群體為核心的作用而得到強化。此時，血緣群體中的核心——阿爸，同時控制著世俗和神聖兩方面的權力資源。因此，苯教最初傳入三岩，其整合功能所指向的並非作為地緣的三岩峽谷，而是居於社會核心地位的血緣群體。

第三節　跨越血緣的政治團體

帕措不僅是個立足於血緣關係的社會群體，而且還是個在政治上相對獨立的政治團體。誠如拿破崙・查岡所言：「當前地球上鮮有未

知的部落存在，能與他們進行『初次的接觸』……，當這些部落社會永久地消失，遺留下來的僅僅是一些報導人的回憶錄而已，這些人也許能夠復述出一些重要的事件與事實，但他們無法表達出存在於一種主權獨立的原始文化當中的那種生活特質，其成員堅信自己是世上唯一的人群，即使存在其它的人群，與其相比他們也不過是人性敗壞、種族低劣的複製品而已。」[35]可以說，正是這種政治獨立性，使得三岩的個案具備了開拓人類學與政治學研究領域的重大學術價值。

一　帕措的骨係認同

　　然而，帕措作為一種行之有效的政治制度，一個首要的社會功能卻是體現出一個團體中人與人之間的一種二元關係，並使得處於這些關係中的任何兩個人的行為在某種方式上均受到社會習慣的規範。[36]事實上，「帕措」一詞本身就是一個帶有親屬制度烙印的詞彙，「帕」指父親一方，「措」指聚落之意，帕措指「一個以父系血緣為紐帶組成的繼嗣群」，也就是藏人傳統觀念中的骨系。「帕措」是在三岩西岸的稱謂，在東岸一般稱其為「戈巴」。兩者名異而實同。無論是帕措還是戈巴，都存在一個根本的前提，即它們是基於血緣性的組織。眾所週知，原始社會的各類組織——原始群、胞族乃至氏族，無一不是以血緣（含直系和旁系）關係為紐帶組織起來並發生聯繫的。基於共同的血親發展而來的群體，往往擁有共同的原始心理和集團意識，從而創造出共同的族群意識，具體可體現為祖先崇拜、父子關係、財產觀念等。

---

35 Chagnon N A. Yanomamö: the Fierce People. New York: Holt, Rinehart and Winston, Inc., 1983:X.

36 〔英〕拉德克利夫・布朗著，潘蛟、王賢海、劉文遠、知寒譯：《原始社會的結構與功能》（北京市：中央民族大學出版社，2002年），頁55。

在藏族社會與家庭結構中，骨系無疑是種非常重要的親屬觀念，藏語中稱為「如巴」，即以父方論血統、以父方居住為基本準則；與骨系相對的則是「蝦」，即把姻親關係的母方血緣關係稱為「肉」。傳統觀念認為，骨系是「以人身上從頂骨到踝骨的骨頭起名，一個骨頭的名字，即算是一個血脈系統的傳統名字，故稱『骨系』」。[37] 從金沙江兩岸眾多的族源傳說可知，三巖人的先祖均為兄弟若干，即同屬於「一根骨頭的人」。也就是說，骨系代表了一個共同祖先的繼嗣群，它對當地的影響不僅體現在同一骨系成員之間的親密性與認同感，更多體現在通婚禁忌當中：同一骨系內部的男女成員相互間嚴禁通婚，否則要承受嚴厲的懲罰。這種懲罰機制，又可具體表現在道德和實質兩種層面：首先，從道德層面上看，骨系（氏族）的禁婚期限一般為7 代，如果沒有超過該限期也就打破了通則，據說後代的腦袋會「開裂」；[38] 其次，從實質層面上看，帕措同族內部嚴禁通婚，若有成員違反，可視情節的嚴重，或將其驅逐出本帕措，或撺往異地，或處以挖眼、割鼻、割耳等刑法，嚴重的還可判處死刑[39]。

誠然，關於帕措所實行的外婚制，還有另外一些附加的條件，例如：婚前嚴厲禁止發生性行為，否則將引發帕措之間的械鬥；結婚通常以父母包辦的形式進行，但婚前也會徵詢當事人（特別是女子）的意見，如果有一方堅決反對也不會勉強；與外帕措有血仇的不能通婚；帕措之間男女通婚必須徵得各自帕措頭人的同意；兩個帕措進行聯姻，僅允許嫁女出去和行夫方居住，嚴厲禁止女婿上門，等等。

---

37 中國社會科學院民族研究所西藏少數民族社會歷史調查組：《黑河縣桑雄地區阿巴部落調查報告（油印本）》（北京市：中國社會科學院民族研究所，1964年），頁158。

38 〔法〕石泰安著，耿昇譯：《西藏的文明》（北京市：中國藏學出版社，2005年），頁85。

39 判處死刑的情況非常罕見，田野調查中沒有收集到相關的案例，但有報導人堅持這種說法的正確性。

一定程度上,帕措的存在強化了三岩人對骨系的認同。同一帕措內部嚴禁通婚的原則,必然導致當地實施外婚制具有更為廣闊的空間,這也是帕措獲得持續生存的一個必要前提。從這個意義上講,三岩人的婚姻關係都是在不同帕措之間進行的。然而,由於帕措是由同一父系血緣的男子組成,女子並不認為是帕措成員,而且女性地位天然較男性低,當不同帕措之間發生姻親關係時,即一個帕措把自己的女兒嫁給另一個帕措的兒子時,雖然家庭之間還是會相互確認為親屬關係,但並沒有增進兩個帕措之間的聯盟,雙方依然可能因各種糾紛產生激烈的矛盾。一些人類學家所認為的姻親關係在社會親屬結構中所起到的整合作用,如愛德華‧泰勒認為的「不是嫁出,就是滅族」(marrying out or being killed out)的說法,[40]或列維‧斯特勞斯所認為的,「在外婚制中,通過互相交換妻子可以創建兩個不同群體之間的社會聯盟關係」的論斷[41],在三岩地區的表現並不十分明顯。

在藏區其它地方,姻親關係中母方血緣關係稱為「肉」,它是父系血緣的有力補充。通過父系與母系等雙系血緣,每戶人家都能夠最大限度地擴充自己親屬成員數量。此外,藏區還存在一種「瑪巴」婚(即上門女婿),也是一種受到社會認可的婚姻形式。此婚不僅可以增加一個家庭成員的數量,而且使得家庭財產得以傳承下去。然而,在三岩地區,由於存在根深蒂固的「骨系」觀念,父方居住的原則,家產只能由男性成員繼承的財產製度,女子低下的社會地位,以及敵對帕措之間的緊張關係等因素,使得瑪巴婚的實施受到了遏制,因此當地行瑪巴婚和女方居住的情況異常地罕見,就算有上門女婿,也會被帕措內部的成員想盡各種辦法將其趕走。例如,1959 年,敏都鄉敏

40 Tylor E B. "On a Method of Investing the Development of Institution; Applied to Laws of Marriage and Descent". *Journal of the Royal Anthropological Institute*, 1889:245-272.

41 Levi-Strauss C. *The Elementary Structure of Kinship*. Boston: Beacon Press, 1969.

都村夏果帕措拉瑪珍與外帕措青年其美次仁自由戀愛結婚，其美次仁入贅女方所在地生活和居住，夏果帕措勢力頭人四朗拉吉、洛追等人屢屢以「婦女沒有繼承權，不准在父母所在地生活，並要收取房費、地皮費」為由威逼其美次仁夫婦，致使其美次仁無法在該村生活而出走；到了 1989 年，其美次仁的兒子白瑪丹增又被逼迫搬出了該村。1993 年，帕措勢力的四朗拉吉、洛追、圓丁、丹其四人又以同樣的藉口，將與外族人結婚成家的另一名婦女以及家人強行趕出了敏都村，並拆除該戶房屋，平均房料出售款 3,200 元，平均每人分得800 元。

二　帕措也是跨越血緣關係的政治團體

（一）跨越女性的血緣關係

從這個意義上講，帕措既是一種基於血緣關係的社會群體，也是一個跨越了血緣關係的政治團體。這種跨越血緣關係，首先表現在跨越了女性的血緣關係。正如本書第一章所陳述的，三岩社會存在一種嚴重的「男本位、女末位」的思想傾向。當地甚至有這樣一句諺語：「山和水，馬和牛，木柴和火焰，寶石和石頭，男子漢和婦女輩，雖然同類，優劣各異。」此話形象地說明了男女在帕措之中迥然不同的社會地位。在帕措內部，幾乎沒有女人的地位，女人沒有繼承權，不能參加帕措會議，就算參加也沒有發言權，一般也不參與戰事，除非敵人打到了家門的要緊關頭才動手幫忙；此外，女人也不能參加帕措所舉行的重大儀式。當一個帕措女子嫁入另外一個帕措，她被稱為「納瑪」（媳婦），該稱呼在當地藏語中還有「附屬物」之意。一個女人出嫁後，如果接連生了兩三個女孩，男方有權提出另娶，女方帕措

不得有異議。女人嫁入另一個帕措以後，絕不允許與外人私通，如果發現，若對方帕措勢力小，則要剷除第三者；若對方帕措勢力大，則要求對方賠償牛、羊等經濟損失，恢復名聲即可。若妻子與外人私通後懷孕，則等孩子出生後再解決糾紛。如果所生的為男孩，一般由男方帕措撫養，該男孩長大後專門給其修繕房屋並劃給土地；如果生下的是女孩，一般不給她修繕房子，但可給點衣服、牛羊等，15 歲或以上時她可決定出嫁或出家當覺母，但這些均要通過召開帕措會議來決定。

如果兩方帕措由於個人或集體利益發生械鬥，一方帕措有義務把敵對帕措的所有男性及其子嗣全部殺死，以防另一方的男人採取「血仇制」進行報復。1990 年，敏都鄉阿尼村人卓約赤列與本鄉人其米次仁一道在拉薩合夥做生意，因事發生糾紛。其米次仁提出回到三岩再解決，卓約赤列理解為雙方回到三岩進行決鬥。由於雙方分屬不同帕措，其米次仁的帕措規模比卓約赤列的要大，卓約赤列決定先下手為強。於是他按約定時間提前兩天趕回三岩，在必經之路的山口設下埋伏。其米次仁在回來的路上被擊斃，同時遇難的還有他的兩個兒子，年齡分別為 8 歲和 4 歲。而殺死兩個幼小兒子的目的，就是為了做到斬草除根，防止其米次仁的兒子長大後以「血仇制」復仇。此後，卓約赤列約上 2 名本帕措成員流竄到三岩的附近山區，以搶劫為營生。這一兇殺事件上下驚動，公安部指定昌都地區公安局定期破案。1995 年 1 月 12 日，昌都公安局獲知卓約赤列回到敏都阿尼村中，特別成立「1・12」小分隊，組織 24 名幹警對其實施抓捕，為此付出 3 名警員犧牲和 4 名警員負傷的代價。這次抓捕行動採用了爆破和火攻，卓約赤列家的房子——一座「碉堡」式的建築，遭受嚴重的破損，現在則蔓草叢生，成了殘垣斷壁

此外，如果一方帕措有女兒嫁入另一方帕措，而自己的女兒這時

又恰巧懷孕，該帕措的成員還有義務把有自身帕措血緣關係的女兒以及她所懷上的孩子殺死，以防生下的是男孩並在未來實施「血仇制」。因此，這種關係不僅跨越了女性本身，更是跨越了由於婦女通婚所建立起來的親屬關係，即通過母系來追認血緣的關係。例如，2007 年，四川山岩鄉 A 戈巴曾經殺死了 B 戈巴中的一個男子，雙方產生了仇恨，B 戈巴蓄意復仇，但發現 A 戈巴勢力在不斷增大，其中有一個帕措頭人 C 在 A 戈巴中發揮著重要作用，B 戈巴經過商定，由 C 的外甥（屬 B 戈巴）用槍把他打死。為了遵循自己戈巴的決定，這位年輕人含著淚水親手把自己的舅舅殺死了。

（二）跨越帕措內部男性的親屬關係

其次，跨越血緣關係還可表現在跨越帕措內部男性的親屬關係，即突破了「學」、「倉」、「布」等層面。由於三岩存在「整體稀缺」的情況，物質資料、社會制度和道德觀念等方面的匱乏，容易引發帕措之間的矛盾。由於帕措是以家庭為單位的，這種矛盾甚至可發生在同一帕措的內部，即「學」的層面。為了維繫同一帕措成員之間的關係，帕措主要通過一年內的兩次聚會來調節人際關係，參加聚會的無一例外均為帕措內部的成年男性。一次是藏曆五月至七月期間（一般選在藏曆六月十五），帕措要在附近的神山上聚會 57 天，名曰「耍壩子」，期間全體成員舉行賽馬、射擊和摔跤比賽，並對優勝者給予獎勵；一次是在過冬期間（時間不定），聚會地點轉移到帕措頭人的家裏，家住遙遠的地方每戶可派一人過來，附近的家戶每戶除了留下一人看家以外，其餘全部集中，聚會的開支由每戶平均分攤，或由帕措頭人視各戶的經濟條件指定一個可以接受的數目。聚會期間，大家擺酒席、唱歌、跳鍋莊舞、追憶歷史、宣講形勢、處理糾紛。例如，山岩鄉的夏鍋戈巴規定，內部成員發生吵架時每次罰款 200 元，打架一

次罰款 600 元，錢物由無理的一方交付給有理的一方。由於一年內有
兩次聚會，同一帕措的「學」之間的絕大多數小摩擦、小矛盾便可在
無形當中給化解掉了。然而，當不同帕措之間出現了利益爭端時，這
種跨越血緣的關係便可跨越同一帕措內部「學」的層面，進而提升至
「倉」和「布」的層面。

　　誠如前文陳述，帕措在三岩地區的分佈具有不均衡性。有的帕措
集中分佈在一個自然村，多者上百戶，少者幾戶，人數亦多寡不一，
如雄松鄉缺所村的多吉帕措僅存在於缺所村，人數不到 100 人。有的
帕措到處都有，零散分佈於整個三岩地區。例如，下三岩的拉哥帕措
在木協、野古、拉巴等村均有人戶；雲朱帕措成員不僅分佈在三岩的
宗巴、曲新、當學等地，而且散佈在芒康縣的朱龍巴和四川的巴塘縣
內；羅麥鄉的念達帕措不僅分佈在本鄉幾個村，還分佈在貢覺縣貢覺
片的則巴鄉和拉妥鄉等地，甚至還有幾戶分佈到察雅、樟木和林芝等
地；朱嘎東布帕措目前已傳有 9 代，在貢覺三岩木協鄉有 68 戶，芒
康縣戈波鄉有 17 戶，支巴鄉有 13 戶。

　　就帕措的勢力而言還存在大小之分，如舊社會時期勢力最大的是
念達帕措，主要分佈在羅麥鄉龍瓦村，其中的小帕措則在全三岩均有
分佈；第二大的是德若帕措，主要分佈在阿旺鄉的瓊固牛場、木協鄉
的下龍念村；第三大的是甕忠帕措，分佈在木協鄉的宗巴村、拉妥鄉
的宗巴牛場、沙東鄉的阿江村以及敏都鄉的敏都村，其所屬下帕措在
芒康、江東都有。目前在三岩眾多的帕措中，最有勢力和影響的帕措
有：雄松村的巴羅帕措和更甲帕措，上洛娘村的祥薩帕措，下洛娘村
的得若帕措，宗巴村的朱雲帕措、南格察熱帕措、宗堆臥兌麥帕措和
果壩林窮阿多帕措等。在四川省白玉縣的山岩鄉，戈巴的分佈情形與
三岩帕措大體相同。例如，山岩鄉的下哥戈巴是當地規模較大的戈
巴，有 100 多戶，分佈在山岩鄉、蓋玉鄉，以及貢覺、理塘、巴塘等

縣。下哥戈巴下面還可分為 9 個子系統，即俄來德巴、色哥、自熱、
拉魯、貢宗帕、不來、不宗、阿貢、作備。這 9 個小戈巴相對獨立，
遇到大事，則由總戈巴首領統一指揮和協調。所謂勢力最大、最有影
響的帕措或戈巴，主要有三個衡量標準：一指戶數多，人數多，勢力
強大，外來帕措不敢欺負；二指本帕措或戈巴內部有不怕死、敢於參
加械鬥和復仇的青壯年男子；三指本帕措或戈巴中有口才出眾、能鼓
動成員組織復仇和械鬥的頭領，或是曾參與過遠近聞名的械鬥事件，
或是曾經殺過人，又或是曾和外部政權勢力（如西藏噶廈政府）相抗
的人。

　　另一方面，由於歷史糾紛、草場問題和搶劫殺人所造成的世仇，
不同村落卻又經常性地發生群體械鬥事件。例如，在民國時期，山岩
鄉的夏鍋戈巴同位於河西岸的拉學帕措發生了一次大型械鬥，主要原
因是草場糾紛與世仇，雙方各糾集上百人參加械鬥，互有傷亡共 18
人，最後拉學帕措不僅將夏鍋戈巴的民房燒毀 28 座，最殘忍的是將
被逮去的兩人捆在樹上，掄去無關緊要的部位，用刀將身上的肉一塊
一塊地割下，活活整死。[42]在 1955 年的上半年，三岩宗共發生械鬥案
件 7 件，共死 17 人、傷 5 人，其中最為嚴重的是東達村的械鬥事
件，死 11 人、傷 2 人，先後調解三次，最後一次由於殺人者方——
絮覺帕措不願退回強佔物資而中止調解，因賠不起命案而怕報復，又
怕政府用武裝鎮壓，該帕措 13 戶全部逃到巴塘縣賈應村去了。[43]又
如，1963 年 6 月，寧靜（現芒康縣）戈波區支巴鄉絮拉村與雄松區
康泊鄉當孝（黨學）兩村因澤金龍溝草場的歷史糾紛發生了群體性
械鬥，雙方互有人員傷亡，經過縣政府調解後雙方的衝突才有所緩

---

42 白玉縣檔案館：《1974年山岩鄉：關於批准黨員統治書、戈巴問題的調查報告》。
43 貢覺縣檔案館：《三岩宗1955年第一、二季度工作總結》。

和。[44]再如，1997 年 9 月，貢覺縣夏日、龍瓦特兩村爆發群眾性械鬥事件，也是因為草場的糾紛問題，由於帕措勢力的存在，使得兩村的衝突不斷呈現出升級的趨勢。

一方面，帕措的勢力在地域上呈現出零散狀分佈的跡象，另一方面，村與村之間由於草場等問題所發生的械鬥卻又以帕措為單位經常性地發生，這樣就可能會面臨一種兩難選擇：兩個村落之間爆發群體性的械鬥事件，若對方的村子中有自己的帕措成員，他們該面臨何種的選擇呢？究竟是在地域上支持自己的村子，還是在血緣上支持自己的帕措呢？這一問題引起了筆者的研究興趣。

經過調查訪談獲知，由於村落的形成受帕措制度的影響很大，表現出聚族而居的狀況，一個村子往往由一個到數個大帕措組成，彼此之間往往有血緣關係，可以追溯到三代乃至數代以前。因此，當村子之間發生矛盾，一般是一個村的一個或數個血緣親近的帕措聯合起來對抗另一個村子的一個或數個帕措的聯合，這樣的情況比較常見。然而，如果 A 村夾雜有 B 村的帕措成員，則要具體情況具體分析。一般來說，因為當地遵循嚴格意義上的外婚制，居住在同村的不同帕措往往具有姻親關係。但如果雙方之間所爆發的械鬥來自血仇，則居住在 A 村的 C 成員有義務幫助 B 村的本帕措來對抗自己村的 D 帕措，否則當自己家庭發生問題時，來自 B 村的本帕措就不會對其加以保護。若兩村的衝突主要來自草場糾紛，械鬥發生以村子為基本單位，則 A 村的成員 C 成員可選擇保持中立，即不參與本村的 D 帕措對抗 B 村的本帕措的械鬥。從這個意義上講，由於地緣關係和村落的集體利益的影響，帕措內部的男性血緣之間的親屬是可以被跨越的，這種跨越了血緣的關係，可在一定程度上突破到「倉」和「布」的層面。

---

44 貢覺縣檔案館：《關於寧靜戈波區支巴鄉紫拉村與雄松區康泊鄉當孝兩村因澤金龍溝草場糾紛的情況報告（初步調查）》。

（三）提升到族源的層面

　　再次，這種跨越男性血緣的關係，還可跨越同一帕措內部的「倉」和「布」的級別，進而提升到族源的層面。誠如前文所述，三岩存在多種族源的成分，來到三岩的時間也有先後之分，這樣必將導致一個問題：由於當地土地和草場等自然資源極其有限，先來定居的人與後來遷徙過來的人將面臨怎樣的緊張關係？答案自然不言而喻，為了爭奪地盤，械鬥與復仇必然是解決問題所採取的慣常性手段。也許正是由於械鬥與戰爭經常性地存在，這些不同來源的族群強化了原來藏文化中的骨（父）係概念，進而演變成為當前的帕措與戈巴的組織和形式。事實上，同樣的政治團體在金沙江兩岸的稱呼卻各不相同，恰好說明了當地曾經存在過不同族源的複雜情況；經常性的械鬥與仇殺，最終促使當地的人群在河的東西兩岸分化為兩大定居群落，其中一支被迫搬遷到金沙江的西岸居住，並以帕措和戈巴各自命名。

　　山岩鄉山岩村夏鍋戈巴的頭人多吉翁堆就其族源提出自己的看法：他們的祖先從遙遠的西方遷徙到山岩，當時山岩已經有人在此定居。為了能夠在當地立足下來，他們的祖先在山岩當地修建房屋，開墾荒地，種植莊稼，並和當地人發生過多次激烈的械鬥。為了爭奪地盤，他們聯合起來與當地人在沙瑪地區血戰一場，最終取得了勝利，由此獲得在當地居住的資格與權利。當時本地已有戈巴組織存在，其祖先來到山岩的時間要更早一些。多吉翁堆還認為，他們的祖先屬於歐恩戈巴，原來的當地人屬於歐谷戈巴。

　　據本地學者的研究顯示，目前四川白玉縣的戈巴主要由兩大部落組成，分別為拉入歐谷布戈巴部落（簡稱歐谷）和歐恩怕一布戈巴部落（簡稱歐恩）。關於歐谷部落的來源，據當地一種傳說，是吐蕃王松贊干布的大祿東贊的後代，由於戰亂逃亡到四川白玉縣沙瑪鄉、山

岩鄉一帶，傳衍黑教，積聚力量。至於歐恩部落的來源，根據其內部
戈巴成員的說法，是來自西藏的阿里地區，與那裏的古格王國有關。
歐谷部落與歐恩部落各自統轄著許多小一級別的戈巴或帕措，雙方先
後發生過多次械鬥，連年征戰曾使當地許多的村落變為廢墟，兩大部
落也在歷史的風雨中瓦解成眾多小戈巴群體，相互之間還不斷地發生
分化、兼併與滅亡的情況。目前，金沙江兩岸存有大小戈巴或帕措
90 餘個，總計 3 萬餘人。過去歐谷部落以白玉縣山岩鄉的劣巴村為
中心，分化出的戈巴有各巴、正真、崩牙、松果、拉碓等；歐恩部落
以貢覺縣三岩地區的瓦尼村為中心，分化出的小帕措有自戈、迫戈、
饒呷、加戈、達巴、普巴、夏戈等。按照上、中、下三岩的劃分，歐
谷在上三岩有劣巴、然翁、羅麥、雄松、沙東、色德、色麥、八學等
村；在中山岩，歐恩有瓦尼（梅多）、那巴、郎格、當拖、西巴、甲
陰等村。在不同的械鬥、爭奪地盤的過程中，歐谷與歐恩這兩個部落
經過相互的兼併和融合，現在已很難分清彼此了。[45]

　　就以上的說法而言，這裏先不考證其正確與否，但認為三岩內部
歷史上曾發生多次械鬥，級別和組織均高於當前帕措或戈巴的說法並
沒有太大的問題。由於當地存在資源緊張的狀況，為了爭奪有限的土
地和生活資料，一些帕措或戈巴聯合起來對抗另外一些帕措或戈巴，
或者早先到來的帕措或戈巴聯合起來對抗那些後來進入山岩地區的
人，促使後者被迫聯合起來對抗前者，歷史上這些事情均有可能發生
過。這些所謂的「部落聯盟」，可能存在這樣一種情況，即不具備血
緣關係的一些群體，完全可以為了同一目的聯合起來，或是假託擁有
共同的祖先和血緣關係，或是另外編撰出一套大家均認可的族源傳

---

45 參見范河川編著：《父系原始文化的活化石：山岩戈巴》（成都市：四川大學出版社，
　　2000年）。又見稅曉傑、范河川、楊雅蘭編著：《發現山岩父系部落》（北京市：中國
　　青年出版社，2007年）。

說，以營造出一種強烈的群體凝聚力，以便對抗外來威脅的需要。從這一層意義考慮，帕措完全可以跨越自身所確立的直接的父系血緣關係，進而上陞到族源的層面。

（四）上陞到地緣的層面

最後，這種認同血緣的親屬關係可以被完全跨越，進而上陞到地緣的層面。地緣的說法實質指「地緣性」，所謂「調子不離鄉，各有各的腔」，「非我族類，其心必異」。例如，長期以來中華民族就是一個土地觀念和鄉土意識極強的民族，崇尚封閉的心理無所不在，地緣封閉性又是中國社會文化的一個特色。在原始社會末期，每個以地緣關係為紐帶組織起來的部落，都是一個獨立的地緣文化圈。他們有著共同的信仰（共同的圖騰、部落保護神等），說著共同的語言，分享共同的歷史傳承和原始文化（故事、史詩、神話、傳說等）。「親不親，故鄉人。」地域同一，往往是人類感情、密切人際關係的一個重要的因素。相同的地理氣候條件，共同的生活體驗，頻繁的相互接觸，容易促成相同的文化心理認同，進而強化人與人的關係，甚至可以超越血緣認同的程度。

在三岩地區，情形莫不如此。相同的生態環境，緊張的人地關係，以及稀缺的物質生活資料，不僅培育出三岩人吃苦耐勞的鮮明個性、勤儉持家的生活習慣、團結忍讓的合作精神，而且從地域上培育出三岩人「家園」的觀念。這種家園的觀念在很大程度上與當地的土地資源有關。在三岩人的眼裏，家園不僅僅是個可以遮風避雨的永久性或臨時性居所，而且還包括整個帕措或戈巴的土地。由於帕措和戈巴的存在，當地有許多的土地是以公共佔有的名義存在的。土地屬於帕措和戈巴裏的所有成員，所有成員也屬於帕措和戈巴所佔有的土地。每個帕措或戈巴均有自己的土地，以血親「帕措」或「戈巴」為

單位，以家庭的形式佔有，鄰近的帕措或戈巴成員也知道此情況，在進入對方帕措或戈巴的領地或使用其資源時，均要預先徵詢土地所有人的同意，否則將引發械鬥。例如，山岩鄉樂巴村現有住戶 64 戶，分屬 6 個不同的戈巴，其中顯己戈巴和阿尼戈巴的勢力最大，很久之前就有「顯己戈巴佔地，阿尼戈巴占水」的說法，其它戈巴使用顯己戈巴和阿尼戈巴的土地或水資源時，均要向這兩個戈巴交納土地或水的使用費。以往所交納的費用並不使用貨幣，而是採用實物相抵的方式，如以糧食、酥油、牛羊或其它貨物來折算價格。

由此可見，「家園」的觀念在三岩人的腦海裏已經根深蒂固。任何入侵者膽敢踏上自己的家園，都要為此付出沉重的代價，甚至會因此而喪命。「天下戈巴是一家」是當地一句廣為傳頌的習語，可以說是這種觀念最好的詮釋。但凡有外部勢力進剿三岩的時候，這句話又能促使三岩人團結起來、一致對外。當三岩人跨越了血緣的認同，以地緣的方式聯合起來，「三岩」便成為了一個讓人油然生畏的政治團體，具體表現在當地「無酋長，以搶劫殺人為雄，歷不屬藏，亦未附漢，官之野番，鄰封患之，而無法制止」。[46]

三　日趨認同的政治團體

由於在政治上三岩具有相當的獨立性與自治性，反而賦予了三岩人特殊的政治地位。歷史上的三岩名為「絭西熱克西巴」，即「化外野番」之意，表明當地既沒有頭領，也沒有王法，「熱克」在當地藏語中是「勝者為王」的意思，實際說明當地存在一種「群雄割據，各

---

46 劉贊廷編：《武城縣志》，《中國地方志集成·西藏府縣志輯》（成都市：巴蜀書社，1995年），頁133。

自為政」的政治局面。有學者將其狀況比喻為內地的春秋戰國時期，「由於山岩地險人悍，又分散，大的部落很難實現統一，形成一呼百應的局面，年復一年在排外、封閉的環境中不停地混戰、械鬥。有些大一些的戈巴眼看就要實現統一大業，而其它稍大的戈巴便會積極展開外交斡旋，組織統一步伐，製造內亂，使得統一夢想化為泡影，前功盡棄」。[47]

事實上，這種分化而治的政治局面，在藏區的一些地方並非孤立的現象。19世紀末期至20世紀初期，英國人自從入侵印度以後，就開始覬覦中國包括西藏在內的整個西南地區。康區地勢複雜，長期以來又為大小地方土司所瓜分控制（參見圖2-5）[48]，這種分裂而自治的政治局面，實質對三岩的政治團體（帕措）造成了深遠的影響。

美國人類學家羅伯特・卡內羅（Robert Carnerio）認為地理環境的局限性，如山脈、海洋和沙漠對人類的阻隔，將促使一個社會不得不通過強化自身的內部（制度）獲得進一步的發展。[49]但就三岩的實際情況而言，單憑特殊的自然生態條件，如地處高山峽谷、與外界隔絕、資源有限等條件，還不足以造成三岩帕措制度的產生，這裏還有政治因素所起到的催化作用，即在三岩外部有多種政治勢力並存，如西邊有強勢的西藏噶廈政府，東邊有大小不一的巴底土司、明正土司、甘孜孔薩土司、巴塘土司、瞻化土司和德格土司等多種政治勢力。

---

47 稅曉傑、范河川、楊雅蘭編著：《發現山岩父系部落》（北京市：中國青年出版社，2007年），頁152。

48 本圖在1938年商務印書館印製的《袖珍中國新地圖》一書中西康省的地圖的基礎上加工而成，當時西康省還沒有正式成立。從此圖我們可以看到，當時劉文輝規劃的西康省疆界還包括了今西藏自治區的昌都等地區，但據史料記載，到1939年西康省成立時，劉文輝實際只能控制到地圖上金沙江以東的地區，金沙江以西的土地多為西藏噶廈政府所控制。

49 Carnerio R L. "A Theory of the Origin of the State". *Science*, 1970 (169):733-738.

各種政治勢力有各自的勢力範圍，彼此之間又不斷地相互擠壓，在此種錯綜複雜的政治形勢下，三岩向外發展的政治空間已微乎其微。外部政治環境的局限性，起到類似於卡內羅所提及的「地理環境的局限性」的作用，促使三岩人轉向於強化自身的血緣認同關係，最終導致了帕措制度的產生，並由此增進了自身的社會凝聚力。由此看來，三岩帕措制度不僅與當地特殊的自然生態條件有關，更與並存於西藏西部（康區）的各種錯綜複雜的政治勢力有密切的關聯。

另一方面，康區長期存在大小地方土司分化而治的政治局面，實際已經影響到清政府對西藏所進行的有效的行政管理。時任四川建昌道道員趙爾豐有感於此，上奏朝廷，提出《平康三策》，力主改康地為行省，「改土歸流」，設置郡縣，在四川、西藏各設巡撫，設立西三省總督。趙爾豐的奏摺獲得了批准，他也開始了在川邊長達七年的戎馬生涯，完成了對大部分康區的「改土歸流」，加強了清政府對康區的統治，安定了邊疆地區，有效地遏止了英人勢力進一步滲透中國西南地區的企圖。正是在這一大背景下，1910 年，趙爾豐的部將傅嵩炑聯合德格土司多吉僧格發動了征剿三岩的戰役。

面對外部戰爭的威脅，三岩各帕措與戈巴可以立即拋棄原來父系血緣認同的原則，聯合起來保衛家園。時任營官劉贊廷記錄了此次戰事的殊烈程度：「此次兵分五路並進，該匪於各隘口分途迎拒，憑高下擊，我軍仰攻，殊未得勢。傅嵩炑激勵將士，猛攻直上，前者雖僕，後者繼登苦戰，三晝夜奪其要隘十數處，唯山巒重疊，該匪亦處處設卡，雖屢敗奔而仍敢退守阻抗，不肯投誠，蓋意在死拒也。」[50]清軍憑藉先進的武器和人數上的優勢，「轉鬥兩月餘，大小數十戰」，

---

50 劉贊廷編：《武城縣志》，《中國地方志集成・西藏府縣志輯》（成都市：巴蜀書社，1995年），頁133-134。

最終取得了戰事的勝利，「卒能使野番畏服輸，誠納款闢地，縱橫千餘里，收丁口二萬餘人」。趙爾豐在三岩設治後，劃分區域，設置頭人，規定賦稅，修建學校，建立馬站制度等。[51]

此後，三岩一直與國家存在某種若即若離的關係。例如，1911年，辛亥革命爆發。民國期間，西康省建制，三岩為武城縣。1917年，西藏噶廈政府曾派兵攻佔三岩，沿其舊制，改設宗本。三岩眾多的帕措曾不滿噶廈政府的統治，一度聯合起來驅逐宗本，當地又恢復到以往自治的狀態。在昌都二十八宗之中，土地一般不是為寺院佔有，就是由噶廈政府或土司和貴族直接或間接佔有，唯獨三岩宗例外。三岩宗的部分寺院土地已經出現了封建佔有的形式，有的寺院還使用農奴，但都沒能在全宗內實現政教合一的統治。

1932年，《崗托條約》簽訂以後，位於河東山岩地區的烈巴、色巴、巴巴三村劃歸四川白玉縣府管轄，三村始向民國政府納糧交稅，同時還必須向德格土司支差。1935年，烈巴、色巴、巴巴三村組織了600多人對抗德格土司，拒絕支差。德格土司派兵1,000餘人，在邊軍的支持下，平息了武裝抗差事件。但1940年前後，三岩人武裝暴動事件再次發生，這一次德格土司無暇顧及。三村又變成化外，不受治理。

概而言之，帕措內部的血緣關係是可以被跨越的，這種跨越呈現出階梯性特徵，不僅女性成員的血緣與親屬關係可以被完全跨越，男性的血緣認同關係同樣是可以被跨越的，上陞的空間可以突破到「學」、「倉（沖）」、「布」、族源乃至地緣的層面。綜上所述，三岩的帕措不僅是個基於血緣的社會群體，更是個跨越血緣的政治團體。

---

51 劉贊廷編：《武城縣志》，《中國地方志集成‧西藏府縣志輯》（成都市：巴蜀書社，1995年）。

第四節　帕措的結構與功能

作為一種政治制度，帕措內部不僅具備一定的組織結構，而且在社會、政治和經濟等層面均發揮著重要的功能。馬淩諾斯基在《文化論》中提出：「人體首要的需要得到有效的滿足，它迫著任何文化產生種種基本的結構：營養方面的『軍需處』、兩性交接及傳種的制度、防禦的組織及日常生活的設備。於是我們可以說，人類有機體的需要形成了基本的『文化迫力』，強制了一切社區發生種種有組織的活動……。」[52]這也就是人類學功能學派著名的「文化需要說」。在該學說中，馬氏提出了「文化迫力」的概念，認為它是一種集體的需要，是以犧牲個人興趣及傾向為代價，從而使個人服從於集體的共同的目的和利益——「需要」，這種迫力無異於生理上的需要，人類生存亦有賴於文化的維持。為此，馬氏還特別提出「文化迫力」的三種外在表現形式：經濟組織、法律組織和風俗教育。[53]

在資源稀缺的地方，這種「文化迫力」表現得尤其明顯，它的一個直接結果，是促使三岩當地群體增強自身的凝聚力，最終形成帕措來面對困難。關於帕措的結構，筆者不像馬氏那樣簡單地認為它具有一定的結構，一經形成便具有相當的穩定性。事實上，帕措的政治和社會結構可分為兩種：一種為靜態，另一種則為動態。靜態的結構具有相當程度的穩定性，因此相對容易把握；動態的結構則須考慮生態環境、人口統計、婚姻與家庭組織形式、經濟因素、宗教文化以及內外部的政治勢力等諸多變數的相互作用，情況要複雜許多。

---

52 〔英〕馬淩諾斯基著，費孝通譯：《文化論》（北京市：華夏出版社，2002年），頁26-27。

53 同上，頁47-50。

一 帕措的靜態結構

下面先來描述帕措靜態的社會與政治結構，主要從帕措的規模、帕措的組織結構、帕措的頭領及議事規程、帕措的械鬥與協商四方面展開。

（一）帕措的規模

先說金沙江東岸的山岩鄉的大體情況。1940 年，時任四川白玉縣縣長羊澤曾記載金沙江東岸的三個村莊的大致情況，他認為：「約在百年以前，由河西遷移來此，開田荒地，聚族則居，號為鍋巴，親戚連為一氣，客民亦可依附，分耕土地，為之上糧當差，受其保護。每一鍋巴，管轄數戶或數十戶不等，黨派複雜，有似內地之哥老會，互為雄長，各不相能，所在時械鬥時生，到處滋擾。」[54]嚴格說來，「戈巴」和「鍋巴」或「果巴」是不同的，前者與「帕措」等同，指父系；後者則是指父母雙係的血緣，「果」指同一棵樹結出的果實，通過聯姻不斷傳承延續，直系血親和旁系血親都可以成為果巴成員。這樣看來，果巴顯然要比帕措的規模要大。

山岩鄉過去沒有出現過三大領主，只有大小戈巴 22 個，囊括了90% 以上的農戶。每個戈巴由一至數名有威信的人任首領，對內管理事務，對外代表本戈巴利益。由於全鄉沒有一個統一的政治組織，只是在各個大的自然村中有 2 個大隊長（相當於甲長），10 個小隊長（相當於保長），大隊長三年一換，小隊長三月一換，一般是採取輪值的形式，而這 12 個大小隊長，分別管理本村的黨建事務。[55]民間爭

---

54 羊澤：《三岩概況》，趙心愚、秦和平編：《康區藏族社會歷史調查資料輯要》（成都市：四川民族出版社，2004年），頁403-405。

55 白玉縣檔案館：《山岩鄉今後改革意見》（1959年）。原文語病和用詞錯誤較多，這裏有所改動。

鬥不斷，戈巴之間的械鬥連年發生。到 20 世紀 50 年代頭幾年，全鄉依然沿襲傳統，發生糾紛以後，按照習慣處理，至今也沒有拋棄這一做法。

山岩鄉現下轄八學、色德、色麥、然翁、劣巴、當托、西巴 7 個行政村和巴巴 1 個自然村。鄉政府駐地在八學村，海拔 3,600 米。山岩鄉與白玉縣的其它地區一樣，位於橫斷山脈以內，這裏為多山地區，山高坡陡，河流眾多，地形複雜。

1974 年，四川白玉縣曾對蓋玉區做過一次人口統計調查，獲知「蓋玉全區有大小帕措 8 至 9 個，分佈在 22 個核算單位，平均每個生產隊有 4 個帕措組織，多的達 89 個。全區參加帕措的有 841 戶，占總戶數的 75.08%，3,370 餘人，占總人數的 70% 強」。在沙瑪鄉，「帕措戶數占到了總戶數的 98.8%，人口占到 98%」。而在山岩鄉，「帕措戶占總戶數的 94.8%，人口占 90%左右」。[56] 2006 年，有文獻顯示山岩鄉 7 村共有大戈巴（帕措）17 個，290 多戶。[57]

下面接著再說金沙江西岸帕措的大體情況。這裏帕措的分佈主要集中在貢覺縣三岩片的六個鄉，由北向南依次為剡日鄉、羅麥鄉、沙東鄉、敏都鄉、雄松鄉、木協鄉。2001 年以前六個鄉又分為三個區管轄，即羅麥區、雄松區、木協區。三區六鄉共有 49 個行政村，95 個自然村。每個大小不同的村莊，少則一兩個帕措，多則五六個帕措。小帕措僅有幾戶人家，20 人左右，大帕措有五六十戶，數百人。例如，雄松鄉的巴羅村有 3 個大帕措——卡帕措、可哥帕措和馬婁帕措。三大帕措本來屬於三兄弟，三大帕措下又衍生出 89 個小帕措，分佈在另外幾個村子裏。沙東鄉的雄巴村有 5 個帕措，分別為安

---

56 當時的山岩鄉隸屬蓋玉區（鄉）。資料來源：四川白玉縣政府相關統計報告。

57 錢均華：《男人國：川藏邊境原始部落漫記》（上海市：上海人民出版社，2006
　年），頁227-230。

得、田果、交戈、來諾和阿森，組織規模都差不多，有2030戶。阿香村有 4 個帕措，分別為：瑪德果，9 戶；則果，4 戶；阿久果，14戶；阿卡果，9 戶。有的帕措還跨村、跨縣，分佈在不同的村落和地區。如下三岩的拉哥帕措，在木協、也左拉巴等村都有人戶。雲朱帕措成員不但分佈在三岩的宗巴、曲新、當孝等地，而且散佈在芒康的朱巴和巴塘縣境內。朱嘎東布帕措已傳有 9 代人，在木協有 68 戶，芒康縣戈波 17 戶，支巴 13 戶。

　　新中國成立前夕，一份對三岩帕措基本情況的調查統計顯示，三岩地區有 35 個村或牛場，共有 87 個帕措，其中上三岩有 20 個帕措，24 個頭人，403 戶，1,799 人；半區有 8 個帕措，14 個頭人，176 戶，700 人；中三岩有 24 個帕措，25 個頭人，418 戶，1,700人；下三岩有 35 個帕措，42 個頭人，406 戶，1,830 人。[58]

　　1985 年，《人民日報》記者劉偉來到三岩三區做調查，當時他記錄了三岩還有 47 個帕族（措）。[59] 1991 年 4 月，根據貢覺縣的調查顯示：按照現在的區劃，三岩六鄉共有 61 個帕族（措），其中的 51個屬原來的三岩宗，康泊、郭莫兩村的 4 個歸屬芒康縣，剋日鄉的 6個隸屬德格土司。[60] 2000 年，貢覺縣政府曾對三岩 10 戶以上的帕措做出統計，查明三岩片六鄉 39 村共有 50 個帕措，涉及 940 戶、3,205 人。[61] 2006 年 8 月，貢覺政府再次對三岩帕措做了一次摸底調查，查清三岩六鄉共有 55 個帕措，1,196 戶，8,600 人。[62]

---

58 參見附錄1。

59 子文（劉偉）著：《蒼茫西藏》（北京市：中國工人出版社，2009年），頁12。

60 貢覺縣檔案館：《中國縣情大全·貢覺縣》（1991年4月）。

61 相關數字參見附錄2。

62 1997—2006年期間，貢覺縣政府多次在三岩組織搬遷，三岩總人口跌至萬人以下。
　　資料來源：西藏貢覺縣政府相關統計報告。

（二）帕措的組織結構

在三岩，沒有任何有名義的組織形式，只有可以理解為議事會的——由各戶家長組成的群議會，凡事頭人與他們共同協商處理，原則上少數服從多數。頭人的議事會行使仲裁權，多是依習慣法為本。[63]

三岩帕措基本以村落為勢力範圍的核心，其組織結構大體呈三級「金字塔」型。

第一，處於頂端的是帕措首領，也叫作帕措頭人，人數可以是 1 人，也可以是 23 人；如果帕措規模龐大，又有大頭人與小頭人之分。帕措頭人主要靠公平競選產生，所有帕措成員均有資格參加選舉。帕措頭人並不是終身任命的，一旦上了一定的年紀，就要讓位給更有活力的接班人；然而，在讓位的過程中，上一任的頭人可推薦或指定一位接班人，但需經全體帕措成員的討論最終決定。例如，山岩鄉夏鍋戈巴的頭人為多傑翁堆，他能當上現任頭人是由上一任頭人、他的親叔叔白馬仁青親自指定的，並獲得了全體帕措成員的一致投票通過。另一方面，由於帕措成員均有平等參政的權力，帕措頭人並無太多的特權，既無法積纍財富，也不會增加自己的政治權力。換言之，充當帕措頭人不僅是一件費力不討好的差事，而且也不會給當事人帶來實質性的利益。然而，由於所有帕措都對本族的興衰懷有強烈的榮辱感和責任感，都願意為自己的帕措任勞任怨地作貢獻，無償服務，所以每個帕措總是能夠找到合適的人選來承擔起帕措頭人的職責。新確定了本帕措頭人的人選，要舉行一個簡便的儀式，把象徵本帕措權力的「聖物」（如飛鏢、經書、家譜、佛像等）交接到新首領的手中，從此由他來保管，直到下一任首領選舉產生。

---

63 參見段清波：〈西藏貢覺三岩之帕措〉，《考古與文物》1990年第1期。

　　第二，位於中間的是勇士團和長老團成員。勇士團由成年和青壯年男性組成，具體負責搶劫、盜竊、械鬥、防禦、保衛等事務；長老團一般由曾擔任過帕措頭人的年長者和部分威望較高、口碑較佳的老人組成，主要為內部的重大決策提供諮詢與參考意見，並對帕措頭人和勇士團的行為進行監督。勇士團和長老團是一個帕措的中堅力量，他們成員人數的多寡，最終決定該帕措的規模與勢力的大小。本帕措男子年滿 15 歲就可加入勇士團，並根據其個人的能力在勇士團內進行排名，排名越靠前者個人的威望就越高，甚至可被選為帕措頭人；另外，當有威望的勇士團成員達到了一定的年齡（一般 40 歲以上），自然就轉為元老團成員。

　　第三，位於下層的是一般平民。這部分人不能參加帕措的搶劫、盜竊和械鬥等活動，包括家裏行動不便的老人，無法嫁出、被迫成為住家覺母的女兒，殘疾人以及婦女和未成年的兒童（15 歲以下）等。

　　此外，帕措成員必須遵守帕措內部的習慣法，主要包括以下九條：

　　（1）成員只以男性計算。凡男子自出生之日起便是帕措成員，稱為「措巴」，稍為懂事（一般滿 14 歲）即開始參加帕措內的會議，但直到滿 15 歲才有投票權，並正式參與討論對外的談判與械鬥，商討戰利品及搶劫物資的分配、對無男性家庭財產的繼承，解決帕措內外的糾紛。

　　（2）女性是男子的附屬品，稱為「納加」（藏文中意為「手上的東西」，指附屬物），既無婚姻自主權也無財產繼承權。女性可以算作帕措成員，但不能參加帕措會議，就算參加也無議事權。到了一定年齡，由帕措會議商討其婚事，成為帕措間聯繫或結成同盟的紐帶。婚後的地位由生男生女決定，如不能生男孩或孩子，可以由帕措安排其夫再娶。女子喪偶，由帕措安排某男去接管她和全部家產，女若私奔

而生有男孩，帕措有權要回兒子並負責賠償一定損失了結，有時還會引發械鬥。

（3）帕措內無固定的領袖與辦事人，一切事務由帕措會議裁決。帕措內有一名「名譽」首領，他的產生無須選舉，是靠平時辦事有魄力、有膽量、能說會道，受到了大家敬重而自然產生的；他的地位並不固定，也不能享受特權。帕措內大小事務都由措巴共同商定，有分歧時採取少數服從多數的原則。

（4）土地、牧場、農具等生產資料一律歸帕措集體所有。以往一些帕措以搶劫、偷竊為主要生計，誰偷搶越多就越受到尊敬，但在分配所有收穫品時一律平等。如帕措間逮獲偷盜者，被逮方的帕措要按所盜物品的 39 倍賠償。同樣，在狩獵中所獲得的獵物也一律要平均分配。

（5）每個成員必須全力維護本帕措利益，嚴守秘密，不得向外洩露內情，否則視為反叛，將受到迫害或被開除。在帕措間發生械鬥或糾紛需要賠償對方損失時，一切費用由全部成員分攤；若得到賠償，除受害者家中留下 1/3 外，其餘也由全體成員平均分配。

（6）帕措有為其成員復仇的義務，必要時可採取「血仇制」。但凡男性成員，從小都要接受維護本集團利益的教育；帕措全體成員有義務把遺孤養育成人，並教導他日後一定要復仇雪恨。

（7）內部糾紛由帕措會議解決，內部發生械鬥則處以罰金，由無理一方支付給有理一方，全體成員都有愛護養育子女、贍養老人的義務。

（8）帕措採取嚴格的外婚制，盛行一妻多夫制婚姻，內部成員禁止通婚，與外帕措有「血仇」的不准聯姻，最基本的聯姻為女嫁男娶，女子婚前不得隨意發生兩性關係，婚後嚴禁通姦行為，如有違反，處予逐出家門或斷腿之刑。

（9）內部有嚴密的道德規範。鼓勵盜搶和睚眥必報的復仇行為，有「男人不搶竊，不如守灶鬥」和「哪家有人被殺不復仇，就砍哪家男人頭」等說法，如不遵守，則可視情節輕重處予相應的懲罰。此外，主張有難同當、有福同享的思想，同一帕措內的人相互視為兄弟姊妹，走到哪裏都要互相支持，患難與共。

概而言之，帕措聯合周圍的勢力形成一個帕措父系血統的家族群體，內部的世系按父系計算，財產由男子繼承，父權在家庭中有至高無上的權利。另外，帕措內部發展出種種的制度與禁忌，根本目的在於保證與強化這種「父權制」的權威與持久性。

（三）帕措的頭領及議事規程

首先，帕措不分大小，都有自己的頭人，這些頭人是在長期的社會活動中自然形成的。他們不但是驍勇善戰的主帥，而且是處事果斷、巧於用計的軍事指揮員。頭人的作用主要是在械鬥紛爭中表現出來，例如，在糾紛械鬥時能出主意、想辦法，在解決糾紛時能討價還價，在械鬥中能親自參加，衝鋒陷陣，而且不怕死、不退卻。但決定大事項時，頭人須按大多數人的意志行事，不能獨斷專行。在帕措內部，帕措頭人一般要反戴羊皮帽，這是區分頭人與一般成員的主要標誌，通過服飾來加以表達。

至於充當帕措頭人的條件，一是出身於本帕措中具有悠久歷史的家庭，年齡一般在 40 歲左右；二是有口才，能言善辯；三是有組織才幹，在帶領本帕措進行的械鬥中表現突出；四是誠實可靠，處事公道，深孚眾望；五是經濟上有一定的實力。頭人沒有名額的限定，有的帕措有一兩個頭人，也有的有兩三個頭人。這些頭領一般由民主推舉產生，不稱職者可隨時除名，有才幹者可以世襲，如朗年村的嘎日帕措頭人已連續傳到了第 13 代。有的帕措頭人被藏政府委任為地方

頭人，還可借政府的勢力維護其在帕措中的地位和聲望。舉行民主選舉時，頭人的能力必須讓眾人信服，一般獲得參加會議的帕措成員一半以上的選票（按人頭一人一票計算）才可當選。若有兩人以上的「候選人」，則需要進行競選演講，主要項目有：①背誦家譜；②講述本帕措的家史和征戰史；③競選對手之間的口才展示，即以相互對說的形式展示個人通過使用對比、類比、比喻等形式，發揮出辱罵對方的「才幹」。一般平時善戰、好鬥、能搶、善辯的人會佔據上風，這是因為他不僅有能力提供本帕措的生活必需品，而且在介紹自己的能力時可以振振有詞，從而獲得族人的喝彩和擁戴而當選。

頭人是帕措的最高行政長官和對外發言人，其職權主要包括：①對內根據情況決定每戶應承擔的各種攤派；②對內根據血親遠近和財產多少分配每戶應承擔的「賠命金」；③在遭遇天災人禍時，對內動員捐錢捐物，扶危濟困；④對外組織策劃血親復仇械鬥；⑤對外代表本帕措協商「賠命金」。

頭人與本帕措成員之間是一種相互尊重的平等關係，沒有統治與被統治的關係，成員之間一律不分貴賤、尊卑。成員不向頭人承擔任何義務，頭人沒有個人特殊的權利，不佔有任何財產，同樣承擔「賠命金」，血親復仇時必須衝鋒在前。如果有多數帕措成員持有異議，頭人也可以隨時更換。

其次，關於帕措內部集會議事的規程，在三岩地區基本上大同小異。以一次帕措內部某個成員被害並打算為此復仇的集會議事為例：

（1）本帕措中，每戶必須有一男性家長參加集會。

（2）在集會時，由被害人的兄弟或兒子把被害者的血衣拿出來，沒有男性公民時，由其家屬拿來。

（3）把血衣展示在參加集會的帕措成員面前，讓大家仔細察看，分清是槍傷、刀傷或為其它傷。經過分析，確認致命傷的部位並

認定兇手，進而激起憤恨，萌發復仇的意念和動機。

（4）商量復仇的辦法，明確分工，如誰去殺人，誰去搶財產，誰去搶牲畜，誰去燒房子等。

（5）宰牛吃肉，喝酒盟誓。

（6）褒貶在械鬥復仇中的英雄和懦夫。參與械鬥打死人者被尊為英雄豪傑而受到表揚；在械鬥中縮頭縮腦或被他人欺侮、唯唯諾諾者則受人譏笑。

此外，遇有天災人禍，需要本帕措共同救濟時亦要提交議事會商量。

最後，帕措內部還有一套不成文的行為規則，世代相傳。其主要內容是：

（1）逢年過節必須在有山神的地方集會，熏煙祀神，頭領講經，喝酒盟誓。

（2）不准偷盜和搶劫本帕措內的財產。

（3）帕措內建房要聚集在一起，不允許私自脫離本帕措。

（4）成員必須忠於帕措的利益，不得對外洩露帕措內部研究的事情。否則視情節輕重，處以驅逐出帕措，挖眼、割鼻、割唇、割肉、斷手、砍足等酷刑。

（5）以能搶竊、兇悍、善鬥為榮，常以搶劫數量的多少來確定本人在帕措中的地位，故有「男人不搶竊，只能守灶門」的說法。

（6）同帕措男女不能通婚，否則將被驅逐出帕措或撵往他地。

（7）女人無權繼承家業，若夫死則由帕措派人接管此女與其家業。

（8）本帕措內不准吵嘴鬥毆，男子不得支持和參與婦女間的口舌之爭。

（9）不做有損本帕措尊嚴和聲譽的事情，如不允許乞討，但可以搶劫。

（10）在對外復仇的械鬥中要衝鋒陷陣，必要時男女都要出動，但一般不殺害婦女，否則會被恥笑。

（11）本帕措全體成員共同承擔殺人賠償的費用。

（四）帕措的械鬥與協調

首先，不同帕措之間的械鬥會經常性地發生。事實上，械鬥已經成為了三岩人日常生活中的一部分。械鬥復仇的引發一般有三個方面的原因：一是歷史上延續下來的舊恩怨；二是發生有損本帕措聲譽的兩性關係等事情；三是日常生活中偶發的瑣事，如酒後失言、鬥毆稱強。第一種稱為「普卡」，即由於男方原因所產生的爭鬥，即血仇；第二種稱為「姆卡」，即由於女性原因所產生的爭鬥；第三種統稱為「則莫果」，即除了男女關係之外的各種引發爭鬥的原因。

帕措以人眾槍（刀）多者為強，雖有大小之分，但互不隸屬，各自獨立。本帕措中很有威望的頭領，對其它帕措沒有任何的約束力。帕措之間只有勢力之大小、經濟貧富之不同，不存在依附和從屬關係。在有些特殊的情況下，一個帕措內部可以分為兩個帕措，但對外為了顯示自己的勢力則統稱是一個帕措。有些情況下，幾個帕措可聯合起來向另一個帕措或另一個帕措聯盟復仇。例如，新中國成立初期，山岩鄉劣巴村梅哥帕措與著戈下桑帕措因為爭奪女人引發械鬥，雙方僵持不下，各有傷亡；後來梅哥帕措投靠松果帕措，著戈下桑帕措投靠拉確帕措，雙方再次發生械鬥。經過月餘的鏖戰，最後松果帕措獲得勝利，著戈下桑帕措全體成員被迫逃往江西（即三岩）避難，拉確帕措則與松果帕措講和，松果帕措燒毀了著戈下桑帕措的 7 所房子。

　　械鬥時，還有一些象徵性的表現。每個帕措都有自己統一的鮮明的標誌，以區別於其它帕措的成員。如木協阿比次登帕措成員留有八字鬍；東達村次仁帕措成員的頭髮穗上帶有紅綢布條；敏都益西帕措的標誌在鞋帶上。行為上，如甲方拿斧頭在乙方一戶大門口砍一斧，算是挑戰；乙方去對方大門口回砍一斧，就算應戰，一場械鬥就此開始。有時帕措之間的械鬥可持續很長的時間。例如，木協鄉跌爾帕措和達窮帕措打冤家長達百年之久，一直持續到 1954 年才結束，雙方在多次的械鬥和仇殺中一共死了 250 多人。又如，山岩鄉的松果戈巴與木勒戈巴從 1939 年一直打到 1947 年，雙方損失慘重，死 20 多人，毀房 50 多間，許多人傾家蕩產，流浪他鄉。

　　帕措間既有紛爭和鬥爭，又有聯盟和團結。聯盟的目的是為互相聲援支持，壯大對外械鬥的力量。有時兩個帕措之間雖有矛盾，但如果存在共同的利益也可以合為一體一致對外。如澤達的桑米尼帕措和主東尼朗帕措，對外是一個帕措聯盟，他們有時還聯合上、下朗年的祥薩帕措和得若帕措一致對外。聯合的方式是由雙方頭領喝血酒盟誓，或者共同尋根問源，找出原來都是同一祖先後代的線索，以此強化相互的關係。

　　極個別小的帕措因戶少人寡，勢力單薄，而被大帕措兼併，稱為「差羅」。有的村莊也有不是帕措的家戶，這些家戶因怕被當地帕措和外來帕措凌侮，必須依附其所在村莊的帕措，並盡帕措的義務。這樣當他們受到侵害時，所依附的帕措才肯出力幫助。

　　帕措的每次械鬥活動都有一套完整的儀式。當某人或某家被外帕措的人欺侮或者遭到搶劫，他便請本帕措的男女老幼集會喝酒，乘著酒興把被害情形詳細訴說，請求本帕措的人幫他復仇。年長者多主張調解，少壯派則多力爭械鬥。最後，由頭領根據少數服從多數的原則決定行動。

　　每次實施復仇前都要商量具體的行動方案，並具體分工，明確責任，到時各盡其責。由於械鬥復仇的預謀和準備是秘密進行的，復仇的行動是在對方毫無防備的情況下，出其不意攻其不備，因而出擊一方往往必勝。若首次復仇沒有達到目的，還有再次復仇的可能。但這時就由主動變為被動，因害怕對方來報復，只能集體居住在一起，不敢單個行動，以防不測。在這種情況下，還可請人在中間調解，實行緩兵之計，待對方毫無戒備時，再次突擊行動。

　　其次，械鬥往往具有社會危害性，如果持續時間長、械鬥規模大，將嚴重影響到人們正常的生活秩序。有鑑於此，處理好帕措之間的矛盾與械鬥的協調工作，對於當地人而言是一個意義重大的政治事件。解決械鬥的途徑，一是邀請其它帕措頭人（或宗教領袖，如寺院活佛等）出面調解。二是發生衝突的雙方中有一方主動求和，由理虧或戰敗方賠償給獲勝方總數多達 27 件的物品，按照好、中、差共三套每套 9 件來計算；如果勝方接受這些物品，意味著械鬥暫時得到瞭解決。然而，失敗的一方總是重新積蓄著力量，並將戰死者的血衣等物收藏起來教育後代，提醒他們長大以後早日復仇。因此，短暫和平中往往潛藏著新的危機，新一輪的械鬥又即將爆發。

　　至於協調賠償金問題，也是一件十分煩瑣的事情。多年來的械鬥使得當地就受傷和死亡都有一個大致的賠償價格。但賠償金要由雙方協商，並共同邀請一個彼此都能信任的中間人（有時有威望的喇嘛也充當調解人）出面斡旋。協調時雙方共選一地方舉行會議（時間可持續數天乃至數周），在中間人的監督下，雙方帕措頭人就賠償金問題採取用石頭投票的方式（一塊石頭代表一定的物品數量），以決定一個能讓雙方都感到滿意的數額。如果其中一方就金額的問題遲遲未能表態，中間人有權前往（或派人到）這方家人中做思想工作。在此期間，中間人甚至要與其同吃同住，對方也有義務負擔中間人的伙食，

直到這家人最後同意為止。

誠然，賠償金也會存在「以大欺小」的情況，即大帕措能夠獲得較多的賠償，小帕措獲得的賠償則要少許多。例如，1940 年，沙東鄉雄巴村的田果帕措前往阿香村的瑪德果帕措搶劫牲畜，由此導致械鬥。最後瑪德果帕措死亡 2 男 1 女，田果帕措也死亡 1 男。田果帕措自恃人多勢眾，要求對方賠償各種牲畜和物品，總價值六七萬元。可以說，這六七萬元只是當時一條性命的價格，新中國成立初期該命價除了牲畜和物品外，還應該包括 13 萬元的現金，時至今日，該命價已翻了數倍之多。例如，1994 年，由外來的格欣活佛率頭，在羅麥鄉朗岩村，朗岩帕措和德若帕措就 30 年前的血仇商議賠償金，最後雙方議定給死者賠償土地 10 餘畝，牲畜 12 頭，瑟珠 4 個，價值 4,000 元的糧食和炊具，另外賠償現金 4 萬多元，總價高達 50 萬元。

二　帕措的動態結構

必須指出，以上描寫僅涉及帕措的內部結構。這是一種靜態的結構，部分反映帕措作為一種政治組織的理想狀態，卻無法說明帕措時刻處於一種動態的調試過程當中。帕措械鬥與協商，實質就是一種動態的結構，是對整體稀缺的生態環境的有效適應，且一直居於變動輪換的狀態之中。若無法對這種動態的結構加以把握，則無法說明帕措的實際運作情況，也不能對社會變遷進行有效的解釋，更談不上就其未來走向作出正確的判斷。

（一）鐘擺理論

事實上，關於帕措之間的械鬥與調解，用艾德蒙・利奇所提出的

「鐘擺理論」可以得到很好的闡釋。利奇主要對緬甸的克欽人[64]進行研究，他的理論主要解決這樣一個問題，即社會是否是穩定的和具有內部一致性的呢？實際上這是一個關於社會發展的動力是什麼的問題。利奇發現，在克欽社會的氏族集團間的親屬制度和政治活動中，存在著三種制度模式，其中有兩種互相對立：一種是貢勞制（gumlao），是一種講究人人平等的均權、無政府主義制度；另一種是貢薩制（gumsa），是一種存在等級差異的制度。第三種則是能對貢勞制和貢薩制共同施加壓力的撣人政府制度，是一種類似於封建專制的等級制。在撣人政府制度的作用力下，克欽社會制度呈現出一種動態的狀況，時刻在貢薩制和貢勞制之間進行鐘擺。[65]

必須指出，婚姻制度和親屬制度在其中發揮著重大的作用。例如，貢薩制採取的是與下層階級或地位較低的人通婚的體系（高層婦女外嫁到下層），名為「墨尤—達瑪婚」；與此相反，撣人政府制度則採取與上層階級或地位較高的人通婚的體系（低層婦女外嫁到上層）。貢勞制中，婚姻是一個封閉的圓圈，每個人都應該遵循對姻親所持有的義務，妻子之間的交換是平等的，任何一個氏族都不能享有優先於他者的絕對權利。貢薩制中，由於位於高層的男人把自己的姊妹外嫁到下層的成員中，姻親之間的關係轉換為一種主導與從屬關係。隨著聘禮從新郎家流入新娘家，位於高層的男人潛在的妻子數雖然逐漸減少，但所積累財富卻在不斷增加。由此可見，就參與交換的人而言，財富與地位相比顯得更為重要。這樣，親屬制度、階級分層、歷史和意識形態便組成一種複雜的社會結構，它們共同構造出一種動態的關係。在此基礎上，利奇進一步提出了「社會轉變的理

---

64 國內稱克欽人為景頗族。

65 Leach E R. *Political Systems of Highland Burma: A Study of Kachin Social Structure*. The Athlone Press, 1964、1954.

論」，構想出轉變的三種動力：一是物質環境或生態學上的動力，二是政治環境或政治歷史的動力，三是英雄人物的動力。[66]

　　龔佩華曾對國內的景頗族進行過長期的研究，她認為利奇所提出的三種動力的理論有一定的道理，但作為完整的社會制度變化的理論則有明顯的缺陷。在她看來，利奇忽視了克欽社會本身不斷生產的活力，這種力量來自廣大克欽人強烈的生存意識、開拓意識，以及對生活的追求。社會生產力的發展使得他們從原始社會演變為貢薩制社會，貢薩制社會的政治制度與農村公社的兩重性相適應，當私有制完全確立時，貢薩制必然被貢勞制所替代。「墨尤—達瑪婚」的實質主要是借聯姻在血緣上建立一種長久的舅甥關係，以便相互間在個體力量不足時得到對方的幫助。當生產力得到較大的發展時，舅甥血緣紐帶的作用完全被純經濟利益關係所代替。所謂貢勞制回覆到貢薩制，是因為新興的貢勞頭人在與舊貴族的鬥爭中失敗，或因新興的財富貴族發展成為獨裁者，即使回覆到貢薩制，也只是存在一箇舊的軀殼，其實質已經發生改變。[67]「由於利奇沒有從古姆薩[68]社會的內部去尋找演變的根本動力，沒有從歷史上去瞭解古姆薩制度之產生、形成和演變的全過程，當然也就不能分清古姆薩制度的原生態和演變形態，因而也不可能瞭解演變的真正動力。」[69]

　　由此可見，對克欽人進行研究，利奇和龔佩華均強調人的主觀能動性作用，無論是英雄人物還是人們群體自身，都是推動社會進步的動力來源。然而，從三岩的實際情形出發，由於受生態環境與社會環境的雙重作用（即整體稀缺），三岩社會也處於某種鐘擺狀態之中，

66　同上，頁228-229。
67　龔佩華：《景頗族山官制社會研究》（廣州市：中山大學出版社，1988年）。
68　古姆薩制度指貢薩制，兩者譯名不同，內容相同。
69　龔佩華：《景頗族山官制社會研究》（廣州市：中山大學出版社，1988年），頁152。

此鐘擺狀態更多地與帕措作為一種政治制度居於生產關係的層面有
關。一般而言，三岩社會的鐘擺可分為內部與外部兩種。

首先，三岩社會內部的鐘擺，主要是在帕措之間不斷地發生械鬥
與協調的轉換。

長期以來，帕措這種組織形式是在無政府的狀態下自行發展的，
直到 20 世紀 50 年代「民主改革」以前依然發揮著重要的社會功能，
其影響保留至今。可以說，帕措的形成，歸根到底離不開特定的生態
環境、歷史、經濟、親屬制度和宗教等因素的作用。由於惡劣的生態
環境所施加的文化迫力，三岩內部的人際關係不斷地強化，進而上陞
至僅以父系血緣來認同的程度，最終形成了帕措制度；另一方面，又
由於當地資源緊張、生活資料匱乏，因此不可避免地引發各種形式的
政治衝突（如草場衝突、盜搶、血仇等），而解決衝突的動力來自帕
措的實力大小。那麼，帕措之間的械鬥與協調究竟如何有效地運作
呢？正如前文所述，帕措內部可分為若干個等級，如「學」、「倉
（沖）」、「布」等。例如，當處於「學」級別的子帕措安尼卡學和色
苦之間發生糾紛時，如果彼此不能解決問題，它們可聯合各自所屬的
上一級的「倉（沖）」帕措夏戈和麥果來加強自身的力量；如果在這
一層面上問題依然未能解決，還可以再上溯到更高一級的、屬於
「布」級別的帕措夏戈和安幫。通過這種方式，械鬥的規模不斷擴
大。當涉及全體帕措的根本利益時，所有的帕措又以歐恩帕措的名義
團結起來一致對外，這也是當地所宣講的「天下帕措（戈巴）是一
家」的說法得以成立的理論基礎。由於帕措之間存在既聯合又分離的
關係，大小帕措之間的械鬥，其規模與頻率總能夠控制在一個適當的
範圍內，一方面，帕措之間由於懸殊的實力使得問題很快得到暫時的
解決；另一方面，又能保證械鬥不至於過於頻繁而使得日常的生產勞
作無法持續下去。這是因為三岩帕措之間的械鬥，歸根到底並非決定

性的爭鬥。究其原因，在於爭鬥不外乎其生存本身的一種契機而已，多數鬥爭是零星地、不充分地進行著，未及分出徹底的勝敗就一定程度上彼此分離或中立了。[70]

其次，三岩社會外部的鐘擺，主要發生在帕措與生態環境及社會文化（整體稀缺）之間的相互轉換。與內部的鐘擺相比，外部鐘擺的情形要複雜許多，涉及四個層次的相互作用關係，分別：①生態系統；②生產力；③生產關係；④上層建築。

四個層次的從屬關係如下：生態系統限制生產力的發展，生產力又限制生產關係，生產關係反過來主導生態系統與上層建築。就三岩社會的具體情形而言：首先，相對惡劣的生態環境限制了三岩社會生產力的發展；其次，與生產力相適應的，是三岩人發展出帕措這種社會與政治的組織形式，並使其成為一種生產關係；最後，帕措作為一種生產關係一經形成，必然對作為上層建築的家庭、政治、宗教等要素施加反作用力，進而能動地適應與改造著生態環境。在涉及四種層次的迴圈式的鐘擺過程中，帕措無疑居於核心地位。從這個意義上講，促進三岩社會演變的根本動力，實質來源於生產方式對生產力的能動性適應與反作用力。

（二）帕措的社會功能

事實上，對三岩社會外部的鐘擺所做的描述，已經涉及帕措所承當起的社會功能。在筆者看來，帕措最為重要的一個社會功能，是對生態環境與社會文化發揮出一種制約性的作用，是對生態環境的有效適應。

---

70 〔日〕豐增秀俊著，葉渭渠、唐月梅譯：《原始社會》（北京市：中國文聯出版公司，1991年），頁52。

1 人口調節

　　首先，這種制約性功能體現在它調節著三岩社會的人口總數。正如前文所述，三岩的生態條件可以用「稀缺」一詞來概括，具體表現為氣候乾燥、降水量少、自然災害多、可開墾利用的耕地稀少、精細化程度不高、草場資源緊張等。可以設想，三岩仍然處於原始社會「刀耕火種」的生產階段，有限的自然環境所能承受的人數必然有限。然而，三岩社會中經常性發生的械鬥，實質承擔起一個調節人口基數的社會功能：一方面，不斷有帕措成員在械鬥中死亡；另一方面，一些帕措懼怕血仇，不得不集體搬遷到外地，從而減少了潛在的家戶數。例如，民國時期，金沙江東岸山岩鄉的賴莫戈巴與另外一個戈巴發生了械鬥，賴莫戈巴死亡 12 人，從此元氣大傷，僅剩下 2 戶。又如，1932 年，山岩鄉門哥戈巴色克家族聯合本戈巴的壯年男子偷竊日噶戈巴熱邦家的牛，被日噶戈巴的人發現，雙方隨即發生了械鬥，日噶戈巴的頭人熱噶杜下被打死，後來經過協商，門哥戈巴賠償了熱噶杜下的命價以及一切損失。日噶戈巴經過一年多的準備，對門哥戈巴實施突襲，殺死門哥戈巴 2 人，搶走門哥戈巴全部的重要生活物資，並將其族人趕到了義敦一帶。由此可見，從人口統計的意義上考慮，以上兩方面的因素均能有效地減少三岩當地的人口總數，使得當地的自然環境與人口承受數維持在一種動態的平衡狀態當中。

2 血緣認同

　　其次，這種制約性功能還體現在三岩社會的血緣認同上。從社會層面考慮，帕措絕非隨意的一些人或家庭拼湊而成的，而是完全圍繞父系血緣認同為原則組織起來的。換言之，帕措的每位成員，都與其它人存在血緣關係或姻親關係，但父系血緣的關係顯得尤其重要。同

一帕措內部可能由於血緣過近而嚴禁通婚，因此他們必須與其它帕措通婚，但帕措與帕措之間的社會關係，並不完全是建立在血緣基礎之上的。由於帕措只認父系血緣，帕措之間並不因為彼此之間通婚而鞏固相互之間的關係，因此帕措之間的械鬥始終無法終止下來。另一方面，外部械鬥時刻存在於人們的意識當中，反而強化了帕措內部的群體凝聚力，最終確定以父系血緣為認同依據的社會組織。如果說帕措械鬥在調節著三岩人口的總數，使其與生態環境建立一種動態的平衡，這種調節可能源自於一種社會性的無意識結構；那麼相比之下，帕措內部的血緣認同原則明顯是一種主動性的社會意識存在。

3 經濟影響

再次，這種制約性功能在三岩社會的經濟生活中同樣發揮著深遠的影響。由於三岩當地盜搶成風，械鬥隨時爆發，「血仇制」的陰影又時刻壓抑在人們的內心，再加上宗教觀念的影響，周轉流動的世界在三岩人的眼裏不外乎是人生的一次短暫的輪迴而已。這種主觀性的思想認識，不自覺地促使三岩社會的社會財富快速轉移和消耗。如果把人們的經濟生產活動分為正常的與非正常的兩種，則非正常性的經濟專案已在總體經濟收入中佔據一個相當大的比重。三岩人尤其看重的財富主要是土地、牲畜、刀槍、馬匹等。獲得財富的主要途徑有三種：一是盜搶；二是婚禮的嫁妝；三是賠償。

第一，土地一般為集體佔有，雖然可在內部買賣，但價格昂貴，僅在一些特殊的場合（如作為自己女兒的嫁妝），一個帕措才把原屬自己的一份土地贈給另外一個帕措。

第二，牲畜既是牧區的生產資料，也是生活資料，發生在三岩社會的械鬥大多與牛、羊等牲畜或草場的糾紛有關，就連商談賠償金時也要用牲畜來進行折算。然而，牲畜是一種最容易受破壞又難以恢復

的生產資料，處理得不好就會造成嚴重的破壞和損失，給人民的生活帶來傷害和不穩定的因素。

第三，刀槍數量的多寡，總體上反映出一個帕措的實力大小。如果一個帕措擁有的刀槍（特別是槍）多，就會在無形中形成一種威懾力，使得其它帕措不敢輕易對其實施盜搶。因此，大量的財富用於購買刀槍，無論是槍支還是鋼刀，均須從外地購入，甚至還有人專門跑到國外（印度、緬甸、越南等地）去購買槍支。據民間的說法，三岩基本上家家戶戶都有槍或曾經持有槍。一份擬自 1962 年的登記表顯示，三岩地區 82 個大小帕措 681 戶，總計擁有鋼槍 196 支、火槍 246 支、戰刀 943 把、馬 200 匹。[71]據金沙江西岸敏都鄉幹部的描述，2005 年，鄉政府曾突擊收繳槍支，一天之內在鄉里就繳獲了各類軍用槍支近 60 支。這些足以表明三岩擁有刀槍的情況究竟達到何種程度。

第四，在三岩這樣的高山峽谷地區，馬匹主要充當交通工具，一般不從事畜力勞作。如果兩個帕措相互發生械鬥，馬匹數量的多寡往往決定一個帕措在機動性方面能否擁有優勢；然而，飼養馬匹也是一項耗資頗大的項目，不是一個家庭隨意可以承擔得起的。值得指出的是，本帕措成員外出搶劫，養有馬的家戶有義務提供馬匹服務，並可按照自己「參股」獲得一定的盜搶回報。綜上所述，三岩的主要財富體現在非正常的生產活動上，既不穩定，也易於發生喪失、轉移、消耗，這無論是對於個人還是社會，都是極其不穩定的因素。

大量的財富基本消耗在非生產性的項目上，這對三岩社會造成了一個直接的後果，即不利於社會財富的積纍。事實上，三岩社會已經出現正常的生產活動無法支撐非正常的生產活動消耗的情況，入不敷

---

71 貢覺縣檔案館：《帕措情況登記表》（1962年）。

出是經常的事，三岩家庭中無口糧、缺口糧達數月之久的情況也時有
發生。例如，1964 年，三岩地區九鄉[72]內部發生借貸口糧總量達
235.5 藏克，涉及 148 戶，解決 120 戶 616 人，其中特別困難的有 46
戶達 146 人；[73]1966 年，三岩雄松區經社貧代會摸底核實，當地無
口糧或缺糧的共有 169 戶 584 人，其中無口糧的有 38 戶 58 人，缺糧
兩月的有 19 戶 51 人，缺糧一月的有 120 戶 485 人。[74]1965 年至
1966 年期間，三岩的一些村子發生過多起集體外出乞討的事件，甚
至還出現了餓死人的情況，引起了貢覺縣人民政府的高度重視。[75]

　　一方面，財富不是用於生產資料的再生產，而是用於非正常性消
費，另一方面，家庭經濟生活出現入不敷出的狀況，一個可能的結果
是促使三岩人鋌而走險，外出實施盜搶，以解決自身「有機體」要生
存下來的首要需求，由此形成了惡性的迴圈，甚至養成「吃一天找一
天」的生活惰性。一些當地的鄉幹部指出，三岩地區的貧困戶數在貢
覺縣名列首位，一些家庭乾脆依靠政府的救濟款度日，「等、靠、
要」是他們給人留下的初步印象。一方面，社會生產落後，生活資料
匱乏，另一方面，盜搶又成為了風氣，生活沒有保障，三岩長期處於
貧窮落後的局面，整個社會處於極不穩定的狀態之中。

　　由此可見，本來三岩地區生產力水準就極其低下，加上大量的資
源耗費在非正常性生產上，沒有建立起生產資料再生產的良性迴圈，
生產受到了很大的影響，連基本生活所需的口糧都出現了短缺的情

---

72 三岩地區九鄉分別為上缺所、下缺所、阿尼、雄松、崗托、木協、拉巴、康泊、
　　拉則。
73 貢覺縣檔案館：《1964年三岩地區基本情況統計表》。
74 貢覺縣檔案館：《雄松區關於安排群眾生活情況報告》。
75 參見貢覺縣檔案館：1966年《關於群眾外出討飯問題的檢查報告》、《關於羅麥、剋
　　日、從昌、沙東四鄉群眾外出討飯的檢查報告》、《關於對木協鄉餓死人情況的調查
　　報告》等。

況。為此，盜搶成為了非常規性的生產活動項目，這明顯是三岩人解決生計所想出的一種權宜之計。另一方面，三岩人們為了生活下去，勢必要依靠血緣關係和親戚之間的幫助，同時要求具有原始公社時期平均主義與互惠型特徵的經濟模式長期存在，落後的生產生活習俗促使三岩社會在民國時期的社會經濟長期處於萎縮的狀態之中，這也是帕措能長期存在下去的基礎。因此，帕措通過偷盜、搶劫而來的財物，需要在內部平均分配，帕措與帕措之間因械鬥所獲得的戰利品，也需在內部平均分配，這些平均主義的做法之所以在三岩社會盛行也就不難理解了。誠然，帕措族人還有相互幫助的義務，如帕措組織集體性活動所需花費的物資（如糧食、酒和馬匹等）均由帕措內部按人頭或戶數湊足；平時帕措內部發生重大事情，如紅白喜事或支付因械鬥而產生的賠償金時，費用也由全體帕措成員共同分攤；此外，帕措內部成員還要承當起撫恤無父的孤兒和無兒的老人的義務；等等。

4 政治影響

最後，從政治層面來看，帕措內部的領導權顯得非常鬆散，帕措成員具有前部落時期平等參政的特色。帕措頭人由集體選舉產生，一般不能世襲，擔任帕措頭人有一些特殊的要求，如在帕措內部有較高的威信，口才較好，勇武好鬥，曾殺過人等；即便如此，他們也無法使用權力來強迫其它帕措成員遵從違背自己意願的命令，人們也沒有必須絕對聽從他的安排的義務。總體而言，帕措內部成員平等參政的特色，明顯受到經濟因素的主導性作用。由於生產力低下，非正常性生產又佔據了很大的成分，社會不穩定因素居多，社會財富無法積累，不可能出現多餘的財產以供消費。例如，在克欽社會中，一個富有的世系頭人經常要為整個村子舉辦盛大的節日盛宴，由此說明他在社會政治生活中發揮著重要的影響力，他也因此被認為與神靈世界有

著更為密切的聯繫。頭人的世系也與其它的世系群被區分開來，因為他能通過追溯自己的祖先，進一步密切自己與神靈之間的聯繫。因此，具有均權主義性質的貢勞制漸漸演化成為具有等級差別的貢薩制。[76]相比而言，三岩社會本身就沒有多少剩餘財產，帕措頭人利用財富增強自己威望進而實現世襲制的途徑根本無法實現，因此，三岩社會迄今還保留著前部落時期平等參政的特色。

概而言之，作為一種經濟、政治和文化制度，帕措一經形成便具備一定的結構與功能。首先，就帕措的結構而言，它可分為靜態的和動態的兩種。靜態的結構具有相當的穩定性，動態的結構時刻處於一種鐘擺的狀態。鐘擺又可分為兩種——內部的與外部的。內部的鐘擺涉及械鬥與協商和帕措之間的關係，外部的鐘擺的情形要複雜許多，涉及生態系統、生產力、生產關係、上層建築四個層次的相互作用關係。由於內外部均發生鐘擺的情況，三岩社會的內部獲得持續發展的動力，因此一直居於某種動盪的狀態之中。其次，就帕措的功能而言，它體現出一種制約性作用，無論是在人口統計、社會，還是在經濟、政治等方面，均有效地制約著三岩社會獲得進一步的發展。從這層意義上講，帕措既是一種強化群體凝聚力、促使社會發生變遷的內在動因，又是一種制約著社會獲得快速發展的社會力量。

第五節　「血仇制」的原理

如前文所述，帕措內部的動態關係表現在械鬥與協商之間發生了鐘擺，本節集中關注這種鐘擺狀況的內在動因，即「血仇制」的運作

---

76 Leach E R. *Political Systems of Highland Burma: A Study of Kachin Social Structure.* The Athlone Press,1964、1954.

原理以及存在根源。由於「血仇制」的存在能在無形中產生一種威懾力，促使械鬥之後的涉事雙方總在協商工作上很快就能達成一致。

一　血仇與調解

　　一般來講，引發械鬥復仇的原因，一是歷史上沿續下來的舊恩怨；二是發生了兩性關係等有損本帕措聲譽的行徑；三是日常生活中偶發的瑣事。一般械鬥之後，容易導致結怨雙方的復仇行為。如果復仇涉及兩代或以上的家庭成員，則可稱為「血仇」。血仇在三岩的語言中稱為「帕夏累」，意譯為報父仇。血仇的基本意義在於維護父系親屬關係的權威，同一帕措內若有一人被殺害，此仇非報不可。三岩峽谷的血仇不是帕措之間相互以消滅對方為目的的報復，實際上隨著帕措勢力的發展，小帕措一般不敢與大帕措發生正面的衝突，而大帕措之間也往往形成勢均力敵的均衡態勢。理論上講，很難發生某一帕措被徹底消滅的情況；當然，不能排除歷史上曾有個別帕措在此類的衝突中消失了身影。

　　血仇僅僅針對帕措內部成員發生作用，是不同血緣群體之間的一種實際聯繫，雖然也有因為女人引出的血仇，但是最終仍然要歸結為某個帕措成員的死亡，才可以將血仇轉化為整個帕措的責任。普裏查德亦指出，血仇作為一種血緣群體之間的「結構運動」對以血緣為基礎的村落社會發揮著重要作用，「每個社區都通過某種方式同一個宗族聯繫起來，結果，社區中所有不屬於該宗族的成員都在政治關係上被同化進這個宗族中來，從而，這種政治關係常常以宗族價值觀的形式表達出來」[77]。在普裏查德看來，血仇正是這樣的一種方式，將地

---

77 〔英〕埃文思・普裏查德著，褚建芳、閻書昌、趙旭東譯：《努爾人──對尼羅河

緣群體與血緣群體緊密地聯繫起來。然而，三岩的情況卻有所不同。以三岩地區盛傳的德村與雄松村的血仇為例，據說這是一起發生在一兩百年以前的衝突（也有說幾十年前的），今天生活在雄松村與德村的三岩人已經不能準確說出最初發生衝突的原因，而僅僅能說出報復血仇的經過。

據說，民國時期，一個丟失羊羔的人承諾要是一個牧羊人幫忙找到羊就贈送他一發彈殼。當牧羊人找到羊後，這個人不但違背了他的諾言，反而說要「給他五個手指」（手指扣動在扳機上）。當時，牧羊人只有讓這件事情不了了之，但是之後遇到這個人，就會一再讓他兌現諾言。這個人再次並不友善地拒絕了他，繼而立刻被盛怒的牧羊人所殺。不幸的是，殺害事件發生時正是一個耍壩子的季節，許多帕措成員正在草地上聚會。很快，死者的兄弟，包括同一個祖先繼嗣下的所有男性向殺人者的兄弟尋仇。1 小時之內，14 個男性便因為一發彈殼相繼喪生。由於兩個村莊是鄰居，雙方不斷發生衝突，很多人在日常勞動的時候被對方的人偷襲喪命。最嚴重的時候，甚至雙方沒有一個男人敢在白天離開康爾（三岩碉樓）。如前文所述，三岩境內到處是高山峽谷，缺少壩子（平地），人們只好自己在山坡上開墾荒地，並將康爾建築在自己的土地之中。高大的康爾實際上既是現實生活的基本空間，又是有效的作戰防禦工事。站在康爾內可以俯視整個村莊的田野，一旦發生戰爭，三岩人就躲在康爾裏，利用牆壁上事先留下的槍眼監視四周的動靜。此時，兩個村莊的康爾裏隨時都有人在槍眼的另一側觀察著村莊的動靜。因為帕措的血仇不牽扯女人，除非女人身懷六甲，考慮到生下的可能是男孩，才不得不將女人殺掉，所以，日常的生產活動——砍柴、背水、種田等只好全部由女人進行；男人

畔一個人群的生活方式和政治制度的描述》（北京市：華夏出版社，2002年），頁184。

們唯有躲藏在家中，等到夜晚出來活動。由此可見，所謂的血仇並非意味著絕對發生在帕措之間的衝突，因為如果衝突達到帕措的層次，空間上接近的兩個村莊必然發生集體性的械鬥和戰爭，不可能持續不斷地進行這樣的暗殺行動。

　　對這一血仇事件的記憶，之所以被三岩人保留至今，除了血仇使得彼此的暗殺行動一直延續到並不遙遠的 20 世紀 50 年代這一時間上的原因以外，還因為其中有一個年輕人的「英雄」行為得到三岩人的普遍認可。據說當時這個年輕人的父親不久前已經在一次仇殺中失去了生命，他和幾個兄弟商量後決定自己挺身而出，維護尊嚴。經過反覆考慮，年輕人趁夜溜出自己的康爾，進入仇人所在的村莊。他成功地躲開了對方的監視崗哨，直接來到仇人的房下。但是高大而堅固的康爾，使他沒有辦法採取自己預先計劃好的行動。於是，年輕人藏在這個康爾的樓下。康爾雖然比較堅固，適於作戰需要，但也是生活的空間，因此也存在漏洞──康爾的廁所。康爾的廁所設置在三樓或二樓，一般伸出康爾建築，下面懸空，糞便直接落在一樓的外牆角。因為宗教的原因，三岩人雖然經營農業，卻並沒有收集肥料的習慣──他們認為人的糞便有毒，不能用來種植莊稼，所以糞便隨意處置。而且，三岩的具體環境也不適合漢族地區常見的糞肥處理方式的實施。前文已述，由於三岩土壤多石、水源珍貴、沒有平地、氣候寒冷，不適合建造化糞池以集中糞便進行發酵，更不利於毒氣的排放；這樣的環境反而令糞便易乾，使其更適合通過土壤與風化自然消解。因此，廁所之下實是一塊普通的平地，雖有糞便少量堆積，卻不會形成漢族所習見的糞池，平時這裏也一樣可以作通路。年輕人就躲在糞堆旁邊的草叢之中，就這樣等了幾天幾夜，終於有一日，年輕人看見仇人如廁，立刻在草叢中開槍射擊，一槍命中，完成了報仇的使命。事成之後，年輕人立刻飛奔回村，宣佈勝利的消息。當然此後血仇並沒有消

失，仇殺依然繼續，據說不久年輕人也在一次偷襲中被對方殺死。

可見，在三岩人講述的關於這一血仇的故事中，年輕人關心的並不是帕措的利益，而是自己的父親被何人所害。因此，他並沒有站出來組織整個村莊同一個帕措的人一起向敵人發起進攻，而採取了個人主義的「英雄」策略，獨自完成報復血仇的使命。

從結果看，任何一種糾紛一旦變成血仇關係，也就宣佈了沒有盡頭的戰爭的開始，對三岩人而言，血仇與世仇沒有差別。這一點有別於努爾人的社會，努爾人的宗族裂變支結構決定了其個別裂變支的血仇需要通過各種方式轉譯為整個宗族社區的世仇。三岩峽谷一定程度上也可以理解為一種裂變的結構模式，但是三岩峽谷並不需要任何文化策略來完成對個別支系上的血仇向整個血緣村落的世仇的轉變。三岩人認為，報復血仇首先是個別家系內部的事情，所以每個三岩人都知道一定要保證血緣的延續，因為一旦某一代人不能報復血仇，血仇就會自動傳給下一代，如此不斷傳承直至成功報仇，從而在裂變支意義上的每一個支系上，血仇經過時間自然轉變為世仇。

三岩人的血仇總是瀰漫著某種個人主義的氣質，即一人或數兄弟一起找仇家尋怨，這一過程是不會牽扯到帕措力量的。這也從另一個角度說明，血仇僅僅局限在血緣譜系的個別分支之中，這一分支實際上就是三岩峽谷最小的血緣結構，帕措對這種血仇或世仇並沒有絕對的義務與責任。目前還沒有發現某一個帕措與其它帕措存在整個帕措意義上的血仇的案例。這與帕措體系似乎存在某種矛盾，因為任何一個最小規模的譜系都有發展成為帕措的可能，這樣祖先的血仇既然總是傳給子孫，邏輯上應該出現帕措之間的世仇。

解釋這種矛盾的出現需要考慮三岩特殊的經濟模式。嚴重依賴於自然環境的三岩經濟，很難生產出足夠滿足人口迅速擴張需要的產品，因此由最小的血緣譜系發展成為帕措的過程總是非常緩慢的。而

且，一旦帕措發展起來，並且規模日益擴大，則其成員必須離開原先
的聚居點向更遠的地方遷徙，只有不斷開拓新的生存空間才能解決人
口與土地間的矛盾。血緣關係從而必須面對地理空間的挑戰，因此帕
措的關係面臨因為地域遷徙造成的弱化的危機。所以，可以聚居生活
在一起的小型的血緣關係才對三岩人具有現實的意義，從而血仇得以
有效限制在聚居生活的血緣體系之內。

由此可見，由於血仇機制的存在，促使帕措械鬥與仇殺被控制在
社會許可的一定範圍之內，也使得相互之間的協商與調解成為了可
能。由於復仇本身是一種對可見利益的毀壞[78]，因此每次解決糾紛的
直接目的都在避免出現復仇。而來自對方復仇的壓力，則是保證一方
接受調解的重大原因。調解的直接目的在防止復仇，而復仇則保證了
調解得以成功進行。因此，復仇和調解相互約束，相互影響，交替對
社會進行控制，達到穩定秩序的結果。沒有調解，就會出現要麼強勢
的一方在這一時期崛起，要麼弱者引入外來權威的現象。沒有了復仇
的震懾力，私下解決刑事糾紛就難以維持。儘管復仇本身增加了糾
紛，但是從另一個角度來說，也促進了糾紛的解決和抑制。復仇重新
分配社會力量對比，賠償則重新分配社會財富。因此，調解就必須盡
可能使復仇只是一種威脅而不是實際發生。中間人必須努力保證雙方
接受裁決結果，避免復仇出現。當地人在調解中一般採用如下四種
手段：

---

78 但這並不意味著復仇只有消極意義。毀壞社會財富，或一定程度上毀滅某些原有社
會關係的行為，未必是一種非理性的行為，反而有可能有利於整體社會。典型的例
子如經濟危機，資本家寧願毀滅生產過剩的東西也不願將其用於慈善捐贈，原因在
於毀滅這些產品反而總體上維護了社會財富。早期民族志的研究中，也發現有一些
人群周期性地毀壞積累起來的財富，來換取其它一些利益，如博厄斯發現美國西北
海岸的印第安土著人舉行一種「誇富宴」，以看似非常浪費的方式，把他們所擁有
的大量的物品和財產都拿出來消耗光和扔到海裏。

第一，調解結束後雙方當事人在中間人小組面前賭咒，發誓不再復仇，這是以中間人的威信和權威來維持的形式[79]。如果任何一方反悔，矛盾就會轉到中間人和不守信者之間。中間人小組有權在經濟上處罰這一方，要求其向中間人支付多達幾萬元的賠償。

第二，讓雙方到神山、神水、湖泊、寺廟和瑪尼堆這些看起來永恆的東西旁邊，對著它們賭咒、發誓。當地人認為，如果一方反悔，則厄運就會降臨到這個不守信者和他的家庭成員身上。

第三，將雙方各自的頭髮取下一縷，包好後寫上名字，由中間人交到附近的寺廟，由活佛或喇嘛保管，若一方反悔，活佛和喇嘛會對所保管的頭髮念經詛咒，在周圍的村落宣傳和責備復仇者，讓其身敗名裂。此外，不再向這一方提供宗教服務，他生病時也不提供幫助。[80]

第四，一方如果在調解之後反悔復仇，在對新一次的傷害進行調解時，這一方必須支付比上次更多的賠償作為反悔的懲罰，有時候甚至是上次價款的兩倍。

這裏並沒有體現出在對漢人社會的研究中常見的，鄉土社會的秩序維持主要依靠年長者的權威、倫理說教、成員內化的道德規範、服從於傳統的習慣以及社區輿論的壓力。儘管這些控制手段在中間人調解糾紛中或多或少有所反映，但都不是主要方式。對復仇的畏懼是赤裸裸的表現形式，在中間人主持下的調解也體現為對復仇的防止。

---

79 張永和把賭咒、發誓列為「另類規範」，認為它們在社會中起到的作用並不亞於主流的法律規範，實際上起到了主流規範的作用。參見張永和：《信仰與權威——詛咒（賭咒）、發誓與法律之比較研究》（北京市：法律出版社，2006年），頁14。在三岩地區，賭咒、發誓是常見的形式，在糾紛解決中也經常使用。

80 當地人常常請喇嘛到家裏念經，每年都要超度已故的人，發生意外事件、遇到不好的兆頭、生病、舉行婚喪儀式等都要請喇嘛做法事。如果生病，慣常的做法是先請喇嘛打卦，確定醫治的方式，再進行醫治。所以活佛和喇嘛這些宗教人士在當地人生活中扮演不可缺少的角色，失去他們的信任和幫助，對當地人來說是一個嚴重的懲罰。

　　長期以來，這些帕措或私人之間的矛盾是通過反覆的相互復仇和高額的調解賠償交替控制，來達到相對的社會平衡，並且總體上穩定社會力量對比，維持社會秩序。[81]當然，這種平衡是相對的，復仇儘管存在制度化的一面，但作為一種私力救濟，很多時候是難以約束和規制的，任何一方的衝動都會使復仇超出應有的限度，引發更嚴重的復仇產生，這一點是調解所難以完全解決的。總體來看，三岩的復仇和調解雖然形成一種相互支持、相互限制的狀態，但在微觀層面上，復仇一直存在並且沒有太大改觀，調解本身有時也淪為形式。在這個基礎上，復仇和調解也變得符號化了，一定程度上糾紛雙方會利用復仇和調解來作為一種工具。例如，一些小的帕措通過強調一定要復仇來增加在調解中談判的籌碼；一些打算將來復仇的帕措假意接受調解，但又暗自把對方給自己的賠償金原封不動保存下來，準備將來復仇之後向對方賠償之用；更有甚者，一些家庭把爭鬥的血衣刀具用以警示後代一定要伺機復仇。這些都表明，儘管宏觀上社會是平衡的，糾紛也得到調處，但是復仇和調解依然缺乏規制和約束。雖然三岩人毫不懷疑它們的有效性和合理性，但是其不利的一面也體現得淋漓盡致。

---

81 格拉克曼在有關非洲未開化社會的個案研究中對糾紛的性質有類似的見解，在那個非洲部落中，各種各樣的大小組織基於親屬關係或地域關係組成，人們處於「在同一個組織中是友人，在別的組織的則是敵人」的社會關係中。各組織的聯合和糾紛不可分離地密切結合，而糾紛則以「公然爭論」的形式為習慣，並導致了仲裁制度的產生。在各種社會關係和價值體系的影響下，社會在很長時間裏形成了特定的社會秩序。這就是著名的「反目之中有和平」的結論。參見Gluckman M. *Custom and Conflict in Africa.* Oxford: Basil Blackwell, 1955.

二 血仇制存在的根源

關於帕措血仇制存在的根源，從法學、人類學的角度出發，可做一些闡釋性的工作。眾所週知，法是對人的基本權利（生存、財富、自由、平等、互助等）的意志表達，任何違反法意的行為都會給他人帶來損害，從而遭到制裁。社會通常有兩種制裁：一是迫其（施害主體和其親屬）接受同樣的痛苦，即他做了什麼，就讓其承受什麼，如果他褫奪了人家的生命、財產、妻兒，也迫他嘗試一番；一是迫其拿出財產或勞役來修復遭到破壞的社會關係，這麼做有時是施害主體及其親屬的主動要求。前者屬於壓制性制裁，據此產生刑法，後者屬於賠償性制裁，民法以此為基礎。[82]三岩社會雖然地處偏遠地區，但那裏並非無法無天。探討血族與仇殺的根源，可以窺視法的本質和維持秩序的古老形式並存的局面。

宣統二年（1910 年）十月，隨軍文書劉贊廷記錄了武城縣的物產。1939 年夏，白玉縣縣令羊澤實地考察河東岸的色巴、巴巴、劣巴三村，撰文說土地珍貴，「食之者眾，生之者寡」；又說人民析產分居，各娶一妻，「生齒日繁，大有人滿為患」的感受，[83]情況堪憂。

2008 年，筆者率隊前往三岩從事田野工作，有學生描述了河西岸三岩的經濟景況：耕地少（人均不足 1 畝），牲畜人均不足 4 頭，生產的糧食僅夠吃半年，另一半靠牲畜和採集。近年蟲草和野生菌的收購價上漲，人均年收入仍較低。[84]三次記錄跨越百年，情形不改，

---

82 Durkheim E. "On Law". in *Law and Anthropology: A Reader*. edited by Sally Falk Moore. Malden: Blackwell Publishing Ltd, 2005:41-42.

83 羊澤：《三岩概況》，趙心愚、秦和平編：《康區藏族社會歷史調查資料輯要》（成都市：四川民族出版社，2004年），頁403-405。

84 陳洲：《金沙江畔三岩的糾紛解決機制研究——社會控制規範化的一個視角》（北京市：中山大學碩士學位論文，2008年），頁8。

不禁使人發問：「土地貧瘠，生產力低下，沒有外部支持，怎麼會產生複雜的社會組織呢？」雅各・布萊克—麥考德在《內聚力：地中海和中東的世仇》一書中創立「整體稀缺」的概念，筆者覺得有必要借用此框架來加以闡釋。

在社會生活中，我們經常看到稀缺的現象，當生存受到威脅時，條件接近於「烏有」的時候便有此感受。所謂生存條件可分三種：物質上如土地、收益、財富等，制度上如婚姻、生育、安全、自由、公平等，精神上如榮譽、美感、運氣等。三種需求都不夠，是「整體稀缺」，只夠滿足一兩種，是「部分稀缺」。[85]反之，三種需求都滿足了，為「充分富足」，只滿足了一兩種，為「局部富足」，上述概念揭示了社會風氣與生產方式之間的關係，例如，「溫良恭儉讓」代表「倉廩足」的社會，「鋌而走險」代表整體稀缺的社會。

三岩酷似一個整體稀缺的社會。首先，因生態脆弱、技術落後和外力支持不足，阻礙了個人與團體獲取財富的途徑，使社會分工凝滯，經濟基礎薄弱。例如，家家食不果腹，一年產的糧僅夠吃半年，新中國成立後一直依靠政府救濟、靠著向村裏的儲糧會借貸口糧渡過小半年的饑荒，男女老幼幾乎終年赤身裸體，只在下身繫一塊布兜遮羞，僅有的衣物也只在外出時才捨得穿。其次，社區沒有明顯的權力差異，既然難以獲取財產、地位和聲望，那麼其傳遞也就明顯不足，使用與傳遞的制度也建立不起來。最後，物質資源的缺乏必定引起人們對挨餓受凍的恐懼，又因缺少制度保障而擔心僅有的一點東西為他人所掠奪，甚至人身受到侵犯，這就促使人們以親屬關係為紐帶組成血族，攻守同盟，提供安全，在血族基礎上形成村落，進而形成區域單位，進行權力制衡，以保證資源的平均分配，排斥特權，產生平等

---

85 Black-Michaud J. *Cohesive Force: Feud in the Mediterranean and the Middle East.* Basil Blackwell, 1975:160-177.

的政治倫理觀，因此，精神生活不可能豐富，只能使人清心寡欲。這就是三岩血族與仇殺的根源。

整體稀缺的條件創造了血族的適應機制，但三岩又是個以父系血緣為認同的親屬式的社會，個人與血族互為支點，與講究地緣和契約的國家式社會區別開來。三岩表現出五個方面的基本特徵：

1 男性為血族之本，女性為血族之末

男孩出生之日起便算作本血族的成員，15 歲行成年禮，之後可配刀[86]，參加族中聚會，商討戰事及搶劫物質的分配、戰敗後的賠償等大事。為了保存家庭勞力，免除代代瓜分家產之虞，血族鼓勵兄弟共妻。女孩婚前看作家庭成員，少數終身不嫁，與父母兄弟合住，在家修行，稱阿尼，因其對家庭貢獻大，人到中年便具有較高的地位，甚至兄弟也要聽她們的話。但是家庭大事由男子說了算，婦女只是勞動與生育的工具。娶入的媳婦要做好幾件事：一是生男孩，二是做家務、服侍丈夫，三是協助家庭生產，搞好親友鄰里關係。剛娶入的婦女還不算夫方的血族成員，當其生了兒子，兒子長大後才被夫方血族成員認同。要是她無嗣，其胞姊妹（或從姊妹或表姊妹）嫁給原夫，替她生育。血族間通婚完全是外婚制的需要，與結盟或和解無關，有隙（甚至有世仇）的血族間也通婚，但不會消釋舊仇，也不會緩和以往的矛盾。比如，甲 1 和乙 1 是兩個和戶頭，甲乙是兩個有隙的血族，甲 1 和乙 1 分屬於甲乙，其中甲 1 的女兒嫁給乙 1 的兒子，甲 1 和乙 1 兩家成為姻親，在血族層面看來，此事只意味著家庭關係的改善，血族的仇恨不會冰釋，故乙 1 的兒子（亦是甲 1 的女婿）在血親

---

86 三岩男子人人配刀，首先是實用之需，可砍樹枝、灌木，可防身，可切肉〔當地有吃生肉（風乾肉）或熟肉兩種吃法〕；其次是裝飾之需。各縣政府因擔心屢屢出現傷人事件，進行刀具管制，不准帶刀入公共場所。

復仇時同樣成為甲族的襲擊對象。反過來說，乙族不會襲擊甲 1 的女兒，因為女性不計入血親範疇。婦女起不到緩和衝突的作用是女性沒有社會地位的表現。女性不能在血族會議上議事，也無權繼承產業（不動產）、名號（如房名）。這些東西傳男不傳女，若無男性，則由本血族在集體討論的基礎上，安排同族男性繼承。西藏許多地方，婦女通過嫁奩和召贅從本家繼承財產，這種情形發生在缺乏男性繼承人的家庭，讓一位女兒留在本家，收養一個男孩給她作丈夫。三岩（如宗西鄉及其周圍的村落）則不允許召婿入贅，於是婦女完全喪失繼承權。

2 同血族內部的權利義務、道德責任相等

同血族內部的權利義務有如勞動合作、嚴守秘密、血親復仇、托負孤兒或父母（養育孤兒和贍養受害人的父母）。道德責任有特殊的評價標準如「男人不搶劫，只能守灶門」，誰偷搶最多誰就受尊敬，偷搶得來的東西平均分配，狩獵中所得也一律平均分配。通過復仇洗涮污名是天經地義的事情，當地有這樣的一句俗語：「哪家有人被殺不復仇，就砍哪家男人頭。」平時，族中成員婚喪嫁娶，費用和勞務由全體成員平均分擔。械鬥中獲得的戰利品大家均分，需要賠償時，其費用也由全體成員共同分攤，若打死人，對方賠償的撫恤全部由死者家屬保存，待尋機為死者復仇後作為退贈對方的撫恤費。禁止內耗，即不准偷盜、搶劫、殺戮本族人，違者受罰。

3 血族無常任首領，年齡級團體起重要作用

遇事由輩分最高的長者臨時召集會議，每家派一名男丁參加，決議時少數服從多數。議事程序大致為：陳述事實→調動情緒→商量措施→確定實施方案。帕措如遇突發性的重大事故，或在逢年過節時舉

行祭拜山神的活動，均要召開全體帕措會議。如需集體行動，則由眾人從中年人中推舉出臨時的頭目，事畢該頭目地位自然消失。秉性好（果斷、勇敢、組織能力強、講信用、有口才等）的中年人任頭領，處理日常事務，主持血族會議。老年人給頭領做顧問，協助裁決重大事項（如男女婚配、農牧業、人事方面的問題）。青少年承擔襲擊、搶劫與防務的重任。

4　血緣與地緣組合成有生命力的單位

　　大的村落包含若干小村。每村鮮有單一血統，通常是幾個血族雜居，或者說一個大血族往往分佈在幾個村落，甚至跨江而居，故一個地緣單位便容納了幾個血緣單位。大村落的頭人藏語稱「歐巴」或「協歐」，漢語稱「百戶」或「百戶長」，承擔村莊公共事務，轄背鹽者、勤雜若干，由血族各家輪流派任。小村的頭人稱「更保」，也由血族派人輪任。

　　血族無獨立公產，村莊的公地（道路、荒地、草場、溪流等）各戶均可使用。村莊使血族融為一體，是共同利益所在，大家都要參與捍衛。依照覆仇原則，「每個人都可能被認為是責任者，就是說，每個人都可能用自己的生命抵償家庭其它任何成員所犯的殺人罪」[87]。依照村莊原則，家庭、財產和血族相混合，遠親不如近鄰，同村互為責任人，一人受辱，群起而攻之，共濟、共慶也以村莊為單位。

5　血族規模不一，互相統攝

　　血族大者五六十戶，上百人；小者幾戶，十幾人至幾十人不等。原則上血族無論大小都要講究平等，事實上大欺小、強凌弱不可避

---

87 〔德〕馬克思：《馬·柯瓦列夫斯基〈公社土地佔有制〉一書摘要》，《馬克思恩格斯全集》第45卷（北京市：人民出版社，1985年），頁311。

免，而弱者向強者復仇也很常見，強者之間也會出現競爭，一時難分高下。由於人人配刀，買槍者漸多，一有糾紛，動輒抽刀開槍，經常釀成命案，只要一方動了刀槍，對方一定報復，輸家必須賠償，甚至徙走他鄉，贏家也須提防。故輸贏是暫時的，或者說幾乎沒有贏家。弱小者為求安，經常採取認同方式併入強者，強者也樂於履行收養的義務，通過庇護弱者擴大力量，此乃血族自相統攝的又一原因。有時認同和收養採取整體方式，即一個血族全體併入另一個血族。

血族雖然經常處在分離與整合中，但其常量基本維持不變。白水禿嶺、蠻荒之地的人們生存的驅動力特別強烈，游牧民族的血性潛移默化地加劇了他們的生存競爭。人的行為準則是環境塑造出來的，三岩未有制裁搗亂分子的習慣法，夾壩（搶劫）風氣盛行，多為團體行動，搶人者除當場受傷或被擊斃外，甚少有被擒受審的。事態的發展視被搶者有無力量（或後臺）而定，如是漢人，當場不能抵抗，事後又無力緝辦，唯有自認晦氣。如被搶的人在當地有背景，定要追回失物，否則糾集鄉黨，圖謀報復。故清末至民國時期，村莊間、「千戶」間常因人民互相搶劫，演成械鬥，變為世仇。

三　三岩的本土調解機制

在整體稀缺的社會，「強＝理」是一部分人的信條，宗教（先苯教，後佛教）並未教化人們放棄這一點。法制社會視為罪惡的行為（兇殺、搶竊等），血族視其為美德。例如，關於殺人，無論是糾紛中無意引出人命，還是故意殺人，包括同態復仇──出了命案後，血族同仇敵愾，一致對外──你殺我群一人，我奪你群一命（女性除外），或者是變本加厲，殺一個夠本，殺兩個賺一人，把上代人的怨

仇轉移到下代，使對手害怕[88]。這都是受本能驅使，貌似非理性，實際上是有理性的，精心設計、遵循規則，復仇與威懾並存就是證明。任何社會都有「搗亂」分子，對其是講道理，還是以其人之道反治之，由此可以看出社會的文明程度。三岩人是不講仁慈的，必要時不惜聯合血族，訴諸極端手段洗涮污名[89]，使對手不敢輕舉妄動。利用這種「急剎車」的機制，使顛倒的社會秩序有所恢復，己群的安全有所保證。

　　窮人不可能從他人做的錯事中獲得公平，唯有自我救助，以私力解決糾紛──這是蠻族人視復仇為正義的理由，階級社會也沒有否認這一點。差別在於蠻族的公權隱藏於社會之中，未交給一個常任機構，因此有公權等於沒有，出現糾紛時，現成地利用「以暴制暴」和「賠償」的機制。當公權日益脫離全體人時，便進入階級社會，國家代為執行懲罰的救助出現了，這就是法制，它剝奪了自救的權利。三岩長期只有第一種機制，廉價有效，形成慣性，公權救助機制在特定的環境中成本高、效率低，人們一時難以接受，此乃三岩社會治安的癥結所在。

　　由此看來，衝突是社會的原動力，但衝突不能無限地升級，否則會引發秩序的崩潰，故社會需要某種機制來中止惡性循環。三岩有一種沿用至今的本土調解機制，民國時期，有人將其叫作「說官司」；近 20 年來，引入了國家機制；最近十來年，出現了一種創新的機制。以下分別加以說明：

---

88 前兩者可視為「仇殺的開始」，後者可稱為「仇殺的延續」或「世仇」（隔代仇殺）。
89 〔美〕露絲・本尼迪克特著，呂萬和、熊達雲、王智新譯：《菊與刀──日本文化的類型》（北京市：商務印書館，1990 年），頁 101-103。

1 傳統的樣式

該樣式可簡化為「調解（仲裁）……賠償（發誓）……復仇」的公式。理解時應該注意三點：一是程序性，即糾紛出現後先是調解（包含著仲裁），調解成功則賠償（包含著發誓），調解失敗則復仇；二是功能性，三因素當中，調解為程序之第一步，為賠償或復仇的中介，而賠償與復仇起著法制社會的民法與刑法的作用；三是公式中溝通三因素的連線是虛線「……」而非實線「──」，表示調解不具有成功之必然。

調解是公式的先導。不同血族成員之間發生了糾紛，未到白熱化程度，就會有和事佬出來了。只有多次調解無效的糾紛，人們才袖手旁觀，讓其糾纏。當和事佬的人，過去是喇嘛、活佛、千總、頭人，現在是鄉村幹部，外加喇嘛、活佛，當地稱之為「巴巴」，有聲望者，為雙方所信賴。巴巴小組一旦構成，便張羅活動，雙方息鼓罷戰，在指定地點支起帳篷，宰牛殺羊，招待巴巴。談判時，巴巴在甲乙兩方的帳篷間穿梭，把各自陳述的損失和提出的要求傳遞給對方，如有宿怨，藉此總清算。故一場官司，常半月至月餘，協議結果，力求公平，雙方損失可互相抵銷，如一方損失過大，則抵銷之後的剩餘加倍計算就是賠償的數額，當場議定，調解乃結束，和事佬辛苦一番，例由兩邊贈送金錢或牛馬以作報酬，[90]因此，當巴巴的人有吃有拿。下面是一段筆者的田野親歷。

2005 年 10 月，白玉縣山岩鄉色得村臥列戈巴的成員阿寧與加果戈巴的成員阿松酒後發生爭鬥，阿寧在阿松後腦勺上揮了一刀，造成三指寬的一道創口，血流如注。兩人被勸開後，阿松憤憤不平，揚言：「等著瞧！」阿寧則不冷不熱地回敬：「隨便你！」

---

90 李中定：〈康區的習慣法〉，《邊疆通訊》1942年第1卷第1期。

幾天後，色巴村村民澤翁多吉聽說此事，馬上串聯了本村布量戈巴的成員澤仁紮西、劣巴村松果戈巴的成員松安（此人是山岩鄉幹部），三人前往色得，在該村又召集了果憂戈巴的成員桑朱，四人組成巴巴小組。

調解小組先去受害方阿松家，先是嚴肅地指出打架的無聊和報仇可能產生的嚴重後果，繼而放緩口氣安撫阿松，表示會盡可能替他向對方索取賠償，足夠他請喇嘛念經消災，請小工照料生活，還有剩餘。經過連續兩天的思想工作，阿松終於同意不再復仇，願意接受賠償，但未提出具體數額。接著，巴巴小組去到加害方阿寧家。阿寧是個玩世不恭的人，其父深知兒子愛惹是生非，於是積極配合調解，言必稱四位長者的德行，保證會認真考慮他們提出的要求。加害方的工作很快結束了，四位巴巴開始討論賠償事宜。為了避人耳目，特地躲進村中一戶人家的小樓合計。巴巴小組認為阿寧應該支付請喇嘛、請小工及醫藥等費用共計 5,000 元，還要額外補償這道傷口給阿松帶來的痛苦 8,000 元——此係澤翁多吉提出的，理由是阿松傷及顴骨，令人憐憫。

阿寧稱只有 5,000 元現金，於是巴巴小組再次開會，決定由加害方將本家的兩頭耕牛（值 6,000 元）、一匹母馬（值 2,000 元）和一床優質毛毯（約 1,500 元）折合成 8,000 元賠償。基於加害方毫髮無損，巴巴小組有意壓低了物價。從給阿松的額外補償到壓低阿寧的物品折價這兩件事，可以看出巴巴的調解不純粹是折中，而且貫徹了仲裁的原則，以顯公平。

鑒於支付賠償後，阿松不願發誓永不反悔，巴巴小組特地敦促他寫下保證書，承諾不再復仇，否則就要將到手的 13,000 元退還給阿寧。為了避免「賠了夫人又折兵」，阿松照辦了，白紙黑字，簽字畫押。於是糾紛即告解決，雙方各自支付每位巴巴 200 元作為酬勞。

剛才未提押金一事，因是特例[91]，但它同樣體現巴巴制度的運作（參見圖 2-9）[92]：如果糾紛中死了人，殺人者不必抵命，可借財物來抵償。這樣做有時是加害方主動提出，有時是受害方要求，於是財物具有賠命金的性質。三岩有「命價」或「血價」一詞。某血族的成員被殺，賠償的數額根據受害人的出身、地位而定。出身是前定的，地位則以受害人在世時博取的功名、能力等來衡量。名望包括能說會道、樂善好施、掌握人心等。等級高的死者，賠命金多，反之則少。賠命金形式上體現為牛羊、茶葉、鐵鍋等，這些是足值的「貨幣」，在當地廣為流通，很少用紙幣，因為紙幣經常貶值。如果殺人方名望較高，或者說其地位較高，被殺方名望較低（地位較低），那麼賠命金的計算會出現名實差異，例如，一頭犛牛，2004 年市價值 2,000元，如果某次械鬥中有 1 人被打死，雙方商定賠命金為 10 萬元，殺人方照價要給 50 頭犛牛，因殺人者名望高，一頭犛牛則按 3,000 元計算，即多算 1,000 元，故只賠償 33 頭犛牛。反之，名望低的人殺死名望高的人，計算賠命金時則不會增值。通常出了命案，血族頭領趕緊調解，達成賠償協定，及時履行，於是事態得到平息。如果協議不成，則再行報復，其法或行暗殺，或訴諸戰爭，結果仍不外成仇與講和兩條途徑。成仇則雙平，講和則賠命價了事。但被殺一方是不甘

---

91 為使調解順利，使裁決得到執行，巴巴要求雙方交出一些財產（誓金、押金），以此作保，調解結束後，勝訴者取回扣押他的錢財，敗訴者的錢財充公。訴訟雙方為訟案先存給裁判一筆錢，裁判持有這筆錢就掌握了裁判權，敗訴方的押金將用於執法，尤其是用於公祀（在神靈面前發誓），並包括強制執行。故後來法學家將此慣例看成司法戲劇化的起源：兩名男子扭鬥，一人從旁經過而加干預；爭論雙方向他訴說情由，並同意他做裁判，他的處理是敗訴一方除放棄有爭議的東西外，還要支付公證人（裁判）一筆錢，甚至要支付勝訴者一筆錢。這筆誓金到底是多少，在古羅馬為雙方訟產價值的1/3，在三岩為1/4。

92 採自中山大學2008屆碩士研究生陳洲的學位論文《金沙江畔三岩的糾紛解決機制研究──社會控制規範化的一個視角》第18業的示意圖。

心的，「血債血償」的古訓在起作用，血族給青少年播下了仇恨的種子，教育他們「先下手為強，後下手遭殃」。社會需要械鬥塑造硬漢，激發鬥志，培養愈挫愈勇的氣概。一代人相安無事，難保下一代人不翻舊賬，因此協議是管不了多久的。

2　現代的樣式

　　一個社會無論如何界定，從某種觀點來看，自身總是一個政治組織單位；從另一種觀點看，它同時又只是一個更大的社會（一個規模更大的政治體系）的一個環節。因而，任何政治單位的穩定性，必然受該單位所隸屬的那個大系統所配置的權力結構及其變遷的影響。[93]

　　元末（1368 年），康區設立了土司制，時德格土司仿照吐蕃的「十五條法典」規定了命價的賠償，三岩人間接地受到影響。雍正四年（1726 年）始，達賴的宗本在三岩推行噶瑪政權制定的「十六條法典」，第九條規定了命價：人分為上、中、下三等，再各分為三，例如，上上等為贊普，其命高貴無價，下下者為平民，其命只值草繩一根。宗本、大喇嘛、血族的頭人可任審判員。輕微的民事刑事案件，不告不受理，嚴重的刑事案件，如殺人、偷盜、搶劫和危害統治階級利益的案件，不能隱瞞，要交由宗本處理。宣統元年（1909 年），趙爾豐在德格頒佈「改土歸流」章程，明確規定「殺人必須償命，聽官審斷，自能為之剖白，斷不准私自賠銀了案」，以及「凡人夾壩搶人，拿獲即予正法」等詞訟。[94]宣統二年（1910 年）十一月三十日，他在三岩告示，列舉章程 12 條，化民懲戒，如設立衙

93　〔美〕李區（利奇）著，張恭啟、黃道琳譯：《上緬甸諸政治體制：克欽社會之結構研究》，（臺北市：唐山出版社，1999年），頁257。

94　四川省甘孜藏族自治州白玉縣志編纂委員會編：《白玉縣志》（成都市：四川大學出版社，1996年），頁364。

門申理冤抑；禁止夾壩、復仇；設學堂，免烏拉（瑤役）；完糧納稅；等等。[95]宣統三年（1911 年），趙在蓋玉審結兩起村民告更保案，為流官判案之始。民國三十年（1941 年），白玉為司法縣，羊澤兼理司法縣長，從此建立了現代法制。1956 年，白玉縣人民法院成立。1974 年，貢覺縣人民法院成立。江達、芒康、巴塘也先後成立了縣人民法院。在 20 世紀 50 年代，政策高於法律，實行「多調查、少判決」的方式，鼓勵按照傳統風俗習慣調解民事糾紛，中心是解決好血族與血族之間的糾紛，把問題解決在基層。「文革」至 20 世紀 70 年代，法制向下滲透仍然是極其有限的。20 世紀 80 年代逐步恢復法制，禁止以賠償方式私下結案。21 世紀以來，法制對傳統的碰撞日益增強。

以上說明三岩受封建法典的影響，斷斷續續達 600 餘年，有些條規已內化為當地風俗。至於現代法制，從民國時期算起，與三岩接觸不過百來年，若以公路修通後，警車、制服、手槍、手銬等法制符號來判斷，鄉下仍很少見到，更無法庭和監獄，偏僻山村殺死一個人，縣裏的探員 34 天才能趕到。近幾年縣政府在鄉里設置司法協理員，主要職責是調解，而非巡迴辦案。有些鄉至今無派出所，設立派出所的鄉政府警員也很少，只有兩個人，還是漢人，不會講藏語，難以展開工作。因此，現代法制在傳統面前顯得十分羸弱。2006 年 10 月的一天，白玉縣蓋玉鄉發生群毆事件，該鄉派出所駐蓋玉，出警範圍覆蓋三鄉（蓋玉、沙瑪和山岩），到沙瑪 30 公里，距山岩 70 公里，後者幾乎全是山路，小車要走 3 個半小時。當日，派出所接報，即派 3 人趕赴現場，警員無法控制事態，反遭人奪槍，所長急中生智，向天

---

95 參見劉贊廷編：《武城縣志》，《中國地方志集成・西藏府縣志輯》（成都市：巴蜀書社，1995年），頁135-139。

空鳴槍，不料不法分子拔刀圍攻，所長擊傷襲擊者，率警員殺開血路撤離到派出所，緊閉院門堅守，同時請求縣公安局火速增援。兩個班的武警趕來解圍，卡車載著他們在 90 公里的林區路上顛簸了 3 個小時，武警在蓋玉駐紮的兩個月時間，和派出所聯合抓捕了一些「搗亂分子」，對當地人造成威懾。事態平息之後，所長調離崗位，去向秘而不宣，避免他遭到報復。

三岩地曠人稀，農牧民一年忙到頭，遇有爭訟，誰都不願跑遠路去縣城。貢覺縣法院自成立到 1980 年，6 年間接到的民事、刑事訟狀僅十來宗。20 世紀 90 年代中期，到法院告狀的三岩人有所增加，多數是不服巴巴裁決的訟者，不滿以賠代罰的行為，為了出氣去法院討說法。訴訟者不懂得現代判決既有懲罰，也有賠償，因此只求對施害方量刑。法院判決之後，受害人回去了，在家鄉照樣接受肇事人或其家屬的賠償，這麼做等於否定了法院的判決，有時受害人或其家屬主動提出賠償要求，否則就要報復，這就割裂了賠償和懲罰的關係，他們不瞭解賠償也是一種懲罰，把法院看作實行懲罰的主體，把血族看作實行賠償的主體。有時施害方這麼做是被迫的，主要是害怕對方報復。2000 年以後，當地人逐漸懂得後一層含義，通過法院索賠的人多起來。

農牧民發生的爭訟主要採取傳統方式在基層解決。民主改革之後，基層有了新政權，人民公社成立後，出現「一大二公」的生產關係，糾紛與賠償減少了。分田到戶以後，生產關係改變了，這些東西復活起來。20 世紀最後 20 年，貢覺縣三岩片的 6 個鄉共發生 30 起殺人傷害事件，死亡 19 人，傷殘 11 人，均與財產有關。通過巴巴制度控制事態，解決的方式也離不開財產——共賠償土地 103 畝，牛馬 522 頭（匹），現金 75.9 萬元，物品 17 件。同一時期，縣政法機關卻

沒有接到這麼多重大的案件。主位[96]觀點對此的解釋是，巴巴制度及時有效，緩解了社會矛盾，減輕了公檢法機關的壓力，如果依賴法律，取證困難，處理周期長，成本也不低。客位觀點認為，老百姓主要不是從效率考慮（這是荒唐的，實際上老百姓最講效率），而是從血族利益考慮，有時故意掩蓋命案；巴巴制度不能保證公斷，而是看人說話，以血族實力決定賠償數額，並且存在敲詐勒索行為，要是受害方勢力大，便會趁機抬高賠命金，否則以報復要脅，殺人方即使在被敲詐的情形下，為了自身利益，也不會告到法院；當雙方實力相當時，如果一方敲詐，一方拒絕，仇殺有可能重啟。客位觀點呼籲終止民間機制，引入外來的救助機制。2002 年 7 月，西藏自治區人大常委會通過的《關於嚴厲打擊「賠命金」違法犯罪行為的決定》尤具代表性。

上述兩套互相排斥的評判標準顯示出兩套救助機制的不相融。法制因有國家作後盾，敢跟傳統風俗叫板，槍打出頭鳥：1996 年 11 月，貢覺縣法院以敲詐勒索和搶劫合辦三岩敏都鄉夏果帕措的頭人──羅追的罪行，判處有期徒刑 16 年，剝奪政治權利 4 年。判決書稱，1989 年、1993 年，羅追夥同他人敲詐勒索，總金額達 6,200 元。傳統風俗面對法制的洶洶來勢，唯有施以太極推手，依靠鄉土性、親和力、效用性的特點吸引民眾，決不肯退出歷史舞臺，即使魚死網破也在所不惜。1994 年，為了消除一樁 30 年前的仇殺隱患，格欽活佛參加在羅麥鄉朗岩村主持朗岩帕措與德若帕措的賠償公斷。這兩個帕措本為鄉親，事件發生後，德若搬到木協避難。經多番商議，巴巴小組決定讓朗岩帕措拿出十餘畝土地、12 頭犏牛、4 對瑟珠（天

---

96 主客位法是人類學常用的一種研究方法。主位指調查者在研究中能充分考慮各種客觀因素，進行理性的分析。客位指調查者應主動學習被調查者所具有的地方性知識和世界觀，置於被研究者的立場，去瞭解、理解和研究問題。

珠）、一些糧食和炊具（兩項共值 4,000 元），折價 4 萬元給德若帕措。木協、羅麥兩鄉的政府聞訊前來制止。德若帕措沒有得到償命金，翌年製造了一樁血案，殺死朗岩帕措 4 人。[97]

3 綜合的樣式

2002 年 7 月，西藏自治區第七屆人民代表大會常務委員會通過了《西藏自治區人大常委會關於嚴厲打擊「賠命金」違法犯罪行為的決定》，其中特別指出了「帕措」這種「封建宗族勢力」在操縱「賠命金」，要求堅決打擊帕措勢力。自治區（省級）法制機關給「賠命金」臚列了一連串污點[98]，指出巴巴操縱「賠命金」，要求堅決打擊。此種做法表明，西藏自治區政府對傳統的協調機制基本採取了否定的態度。但是公檢法機關沒有那麼多人到基層，不准民間協調，積案必然增多，結果導致官民對立，最後只得以「雷聲大，雨點小」來收場。

鄉政府是國家神經的末梢，是傳達上級「雷聲、雨點」的管道，承擔著國家物質援助、經濟補貼、技術傳播、清查社區異己分子的任務，因此對鄉民的震懾與吸引作用都是很大的。巴巴的活動收斂了，胳膊畢竟擰不過大腿！同時鄉政府又是下情上達的管道，群眾有什麼訴求經常來找他們。因此，鄉政府處於上下兩個壓力的中介。鄉政府的人員一年到頭待在鄉下，縣政府的人員也要經常下鄉，他們都很瞭解實際情況。血族間發生的糾紛，絕大多數傾向於私下解決，如果沒有明顯的優點，這種機制可能一直持續下去嗎？他們看到巴巴以仲裁委員會的角色介入，軟硬兼施，給糾紛雙方施壓，使談判由此前的漫天要價、各說各斷變為以某種習慣和案例作為協商的基礎，促其達成

97　貢覺縣檔案館：《貢覺縣政法委工作報告》（2000年）。

98　如「違法犯罪、干預司法、損害群眾利益，危害基層的政權建設、經濟建設和局勢穩定，嚴重破壞了社會主義法制的統一和尊嚴，是對國家司法權的嚴重侵害」。

「合意」，這對不斷改變策劃、得寸進尺的當事人將是有效的限制。巴巴小組對於當事人雙方和糾紛解決機制十分熟悉，因此，無論從理性上還是從感情上都被當事人視為支持者，同時也是現代法制的強勁對手。

重要的是，雖然政策法令三番五次地禁止私下調解糾紛，但屢禁不止，因為貌似簡單的糾紛帶有盤根錯節的社會原因。三岩天高皇帝遠，血族勢力強，若無群眾基礎，政府就要失去支持。貫徹政策法律應該注重原則性與靈活性的結合，以務實的態度把強勁對手變為親密戰友，變阻力為助力。國家的代理人從「單打一」的窘境中退出來了，血族精英也學會從大局考慮。官民各讓一步，謀劃出一種介於政策法令和傳統樣式之間的新機制，它發生在基層，如果是跨鄉的糾紛，則上陞到縣，如果是跨縣的糾紛，則上陞到行署，採取三結合（民間要人、有責任的鄉政府、有關的上級單位）的方式組織人員協調。請看下面的一個例子：

紮凱撒仁是敏都鄉敏都村人，40 歲，在阿多帕措中輩分較高，因見多識廣、能說會道、辦事公道而任該血族的首領。這些品行和特點使他為鄉政府所賞識，並介紹他入了黨，培養提高政策水準，村民推選他當上村長。這樣一個官民都看得起的人物，民間找他做巴巴，鄉政府也樂得順水推舟，讓他在調解中儘量貫徹政策和法令，並隨時向鄉政府報告。

2004 年，敏都鄉那學帕措的家戶澤日得遺失了一個打酥油茶的電動攪拌機（市場價格 300 元），在得知有人將其賣給潘撒帕措的澤紮西後，要求後者歸還遭拒，糾紛由此產生。紮凱撒仁召集了雄果村潘撒帕措的吉美、敏都村潘撒帕措的根多和阿尼戈巴的甲巴，四人組成巴巴小組調停。他們先到澤紮西家看了攪拌機，詢問事因。澤紮西承認明知銷贓仍然購買，但拒絕認錯，拒絕透露竊賊的信息，也不願

意歸還贓物。巴巴小組當即讓澤紮西選擇，要麼披露竊賊的身份，要麼承擔竊賊的罪責──歸還原物，再罰與原物同等價值的物品（金沙江對岸的賠償標準是 9 倍）[99]。在反覆勸說下，澤紮西仍不講出竊賊是誰。於是巴巴小組商議，要澤紮西歸還原物，再賠一個新攪拌機給澤日得。由於澤紮西當天買不到攪拌機，決定讓其用一床毯子和一床被子代替。調解結束，巴巴小組沒有收傭金。

這個案例沿用了傳統框架來解決糾紛，但出現新的生長點：一是賠償價格與過去相比大為下降；二是整個解決過程都在鄉政府的視野中，而不是像過去一樣完全撇開鄉政府；三是調解的內容受到政策法令的影響。

幾年間，綜合的樣式帶來治安的轉變，默許私人解決糾紛，巴巴獲得參與權，政府獲得監督權，國家權力在向下滲透時建立了權威。不過這種合謀的行為始終不能浮出水面，因為沒有法理地位，只能靜悄悄地幹，民間與官方都不願意聲張，以免這點權利被上面收回去。由於紮凱撒仁式的人選難以物色，故有不少發生在鄉政府眼皮底下的糾紛鮮為人知。

概而言之，三岩帕措內部發生了鐘擺的情形，內在動因來自血仇制在其間有效地運作。「血仇制」存在的根源，來自三岩社會發生了「整體稀缺」的狀況。分析三岩的血仇的機制與根源，能為法律的歷程提供民族學的證據。如果把社會控制無限延長的線條劃分為三段，上述三種規則依次各占一段，法律是最後的線段。在三岩，我們看到了三種情形的混合。邊陲之地保留著一些特殊的文化，歷史上關係緊密的群體利用血緣組織開闢出社會控制的地方性知識，使其獲得效益

---

99 紅（山）岩鄉黨支部、工作組：《山岩鄉關於戈巴組織問題的調查報告》（1974年4月），資料來源：白玉縣檔案館。

的最大化。我們必須清楚地認識到：這種知識世代傳承，即便國家法
制沒有完全進入，三岩也是個秩序井然的地方。

第六節　教育、人格和成年禮

一　教育

「血仇制」的原理和自身所產生的震懾作用，有賴於家庭所承擔
起的教育功能的維持。當三岩帕措之間發生了械鬥且導致有人員傷亡
時，一些家庭往往把爭鬥後的血衣與刀具保存下來，警示後代一定要
伺機復仇。帕措內的男性成員從小受到「一個措巴一隻手」的教育，
內部十分團結，一人有難，由全帕措成員共同承當。由此可見，教育
在文化傳承過程中能起到關鍵性作用。100 年前，趙爾豐派遣傅嵩林
攻克三岩，在設治武城縣之後，有感於當地無王化之風，乃興辦學
堂，普及現代式教育。《武城縣志》曾留下當時的文字記載：

> 三岩之野蠻，由於子弟之不學，則不明道理，不懂不知王法，
> 不分善惡，不知趨向。且既設漢官管理，而與漢官語言不通，
> 文字不識，全憑通事傳譯，一有錯誤則漢官之意不能口達，百
> 姓之情漢官不能知，官民隔閡，於爾等大有不利。本大臣是以
> 於蠻地所到之處，必先設學堂，以期語言相通，於民有益。
> ……
> 本縣在設治之初，學務局派勸學委員周極涵來此勘查，以雄
> 松、口他、黨河、溪薩四處各設官話小學堂一所，由縣署督
> 催，百姓建築學舍工竣，招生開學。乃人民以子弟入學認為當
> 差時，周極涵在薩東，勒令開學，慢無應者，即迫頭人洛登按

戶清查，凡六歲以上十五歲以下者一律入學。人民聞之，皆閉
戶匿藏。周怒以馬鞭擊洛登之首，誤傷其目，眼珠爆裂，洛登
急赴縣署鳴冤。周恐待罪，密函趙使，偽稱頭人洛登慝同百姓
復叛，現以相抗開學。趙使即令統領鳳山、知府傅嵩炑攜兵二
千重新申討，至時見百姓安靜如常，始知為周極涵一人所為。
而百姓見大兵復來，驚惶異常。鳳統領等招之安慰云：此次重
來，係為開辦學堂，恐其爾等有所阻礙。百姓聞之，即時集聚
學生四百餘人開學，周極涵責革管押。時人諷之曰：欲要讀
書，必達周公之禮。傳為笑柄。至民國元年，因學費無著，僅
留雄松一堂學生，常十餘人至二十餘不等。[100]

　　以上的文字記錄雖然一鱗半爪，但多少也反映出與教育相關的幾
個重要的問題。第一，當三岩進入國家的視野之後，國家將現代式教
育當成「教化」的重要工具，其理論依據是：「由於子弟之不學，則
不明道理，不懂不知王法，不分善惡，不知趨向」，如果一個人出於
落後的生活方式而無法接受教育，就會繼續過以往蒙昧的生活，不利
於政府實行有效的行政管理。第二，國家開展教育的方式，採用了
「迫力」的方式，勒令「凡六歲以上十五歲以下者一律入學」，促使
三岩民眾誤以為子弟入學實為當差，由此才發生了相抗開學的「周極
涵事件」。第三，從「即時集聚學生四百餘人開學」到「民國元年，
因學費無著，僅留雄松一堂學生，常十餘人至二十餘不等」，這些足
以說明：傳統方式的教育在三岩依然佔據著主導力量，如果沒有獲得
外部力量（如政府）方面的強有力支持，現代教育進入三岩的進展可
謂舉步維艱。如果說第一個問題反映出一種漢文化語境下的「民族自

---

100 劉贊廷編：《武城縣志》，《中國地方志集成‧西藏府縣志輯》（成都市：巴蜀書
　　社，1995年），頁37、151。

我中心主義」的傾向，第二、第三個問題則體現出三岩的傳統教育所遺留下來的強大力量。這種傳統教育方式與現代社會的教育有所不同，不僅認為知識應為全體民眾所擁有，而且強調了言傳身教、口耳相傳的知識體系在培養兒童和青少年人格方面所起的關鍵性作用。

事實上，任何民族的教育不外乎兩方面的內容：其一，傳授謀生的本領；其二，是最重要也是最難的，那就是培養兒童、少年、青年男女的道德、智力和宗教觀念，以維護社會的穩定和團結。[101]關於第一個內容，它涉及個人的生存能力；就第二個內容而言，它不僅涉及個人如何培養出人格，而且與其如何成長為最終受社會認可的社會成員有關。

眾所週知，世界所有的生物有機體為了生存，必須適應自身的環境，這就要求它們的行為能夠最大化地利用周邊的環境，一方面以便尋找食物，避免危險，另一方面確保自己的種群能夠繁殖下去。為此，這些生物有機體不得不借助某些生物屬性，發展出具有適應性的行為模式。像其它的生物有機體一樣，人類也在不斷地進化他們的身體與行為特徵，使得自身得以繁衍生息。如果說大多數的生物利用自然選擇來適應周邊的環境，那麼人類與自身的環境之間還要附加另外一個過程加以調節，即文化。關於文化，人類學家泰勒最先給出了一個經典的定義：「據人種志學的觀點來看，文化或文明是一個複雜的整體，它包括知識、信仰、藝術、倫理道德、法律、風俗和作為一個社會成員的人通過學習而獲得的任何其它能力和習慣。」[102]社會人類學也認為，文化具有一些普遍性特徵，主要包括：第一，文化是共用的；第二，文化是通過學習獲得的；第三，文化建立在符號的基礎之

---

101 〔德〕利普斯著，李敏譯：《事物的起源》（西安市：陝西師範大學出版社，2008年），頁214。

102 〔英〕泰勒著，連樹聲譯：《原始文化》（上海市：上海文藝出版社，1992年），頁1。

上；第四，文化是個有機的統一整體；第五，文化是動態的。[103]

以上觀點均強調了學習與教育在文化中所扮演的重要功能。簡單地說，人類通過文化來調節自身的環境並有效地解決生計問題。然而，文化並不能像一些動物的生物性一樣可以世代地傳遞下去，文化需要社會成員不斷地學習，才能從一個人傳遞到另一個人，並從上一代人傳遞到下一代人身上。為了社會成員能夠學習文化，首先需要社會具備一個能夠有效傳遞信息的系統，其中就包括了語言。其次，還需要社會提供可靠的方法，傳授兒童一些社會認可的行為規範，使其最終成長為一個合格的社會成員。由於成年人的人格很大程度上有賴於自身成長過程中的生活經歷，兒童撫養與教育的方式在塑造他們後期的人格中同樣扮演著重要的角色。

二　人格

所謂人格，是指個人在思考、感覺和行動時表現出與他人明顯不同的方式。人格與社會的教育方式（尤其是兒童和青少年時期）存在著密切的關係。就三岩人的人格而言，他們呈現出一種矛盾式的雙重性。例如，在一些人的筆下，三岩人具有勤勞、勇敢、合作、溫順、謙讓等優良品質；[104]然而，由於三岩人世代以夾壩與盜搶為生計，內部又存在永不休止的械鬥與血仇，三岩人又容易給人留下殘暴、狡黠、貪婪、愚昧、富有侵略性等印象，「問以前劫掠之事，直認不諱，殺之不懼，驅之不去，兩目灼灼，蓋殺人越貨尤不知之違法

---

103 Haviland W A, etal. *Anthropology: The Human Challenge*. Belmont: Wadsworth, 2005: 348-356.

104 參見馬麗華：〈走出三岩〉，《經濟與社會》2002年第3期；稅曉傑、范河川、楊雅蘭編著：《發現山岩父系部落》（北京市：中國青年出版社，2007年）。

也」[105]。但也有人指出了這種性格的雙重性特徵：「按三岩野番性慷爽、無狡詐，搶劫之事直認不諱，刑而不逃，可以縱囚歸獄有太古之風焉。」[106]又如，「雄松農民實驗場未數年間竟成一模範之縣，當西軍中營管帶顧占文攻此於仔他，獲悍匪數十人，奉命斬於軍前，顧釋之未殺。至民國元年，顧占文為西康省都督，藏番東侵，圍困巴安三岩，聞之自動調聚男女民兵數千赴援以報不殺之恩。解圍後，獎之不受，猶雲西康業已建省，焉容藏番滋擾，住一日凱歌而還。民國十年，西康內亂，漢官自退，遂以自立至今，不服藏管，以待內附，似此三岩尚有太古之風，猶非野人也」[107]。

誠然，三岩人所展示出的這種矛盾性人格，並不為三岩人所專有。例如，拿破崙・查岡在對南美洲亞馬遜地區的雅諾瑪莫人（Yanomam）的研究中，同樣指出該民族的人格具有兩重性：一方面黷武好鬥，青睞於用暴力來解決爭端；另一方面又靦腆羞澀，內斂文靜。[108]一定程度上，三岩的人格與露絲・本尼迪克特在《菊與刀》一書中對日本國民人格所作出的分析何其相似。在該書中，本尼迪克特用「菊」與「刀」來比喻日本國民的矛盾性格，即日本的民族文化具有雙重性，如愛美而黷武、尚禮而好鬥、喜新而頑固、服從而不馴等；在此基礎上，進一步分析日本社會的等級制及有關習俗，著重指出日本幼兒教養和成人教養的不連續性是形成雙重性格的重要因素。[109]露絲・本尼

---

105 劉贊廷編：《武城縣志》，《中國地方志集成・西藏府縣志輯》（成都市：巴蜀書社，1995年），頁153-154。

106 傅嵩炑：《三岩投誠記》，《西康建省記》，（臺北市：成文出版社，1912年），頁83。

107 劉贊廷編：《武城縣志》，《中國地方志集成・西藏府縣志輯》（成都市：巴蜀書社，1995年），頁154。

108 Chagnon N A. Yanomamö: *the Fierce People*. New York: Holt, Rinehart and Winston, Inc., 1983:X.

109 〔美〕露絲・本尼迪克特著，呂萬和、熊達雲、王智新譯：《菊與刀——日本文化的類型》（北京市：商務印書館，1990年）。

迪克特受訓於美國現代人類學之父弗朗茲‧博厄斯，後者致力於研究文化與性格的關聯性，早期的研究成果促成人們更好地理解不同人類社會中關於性格形成、思想、行為與情感發展的各種進程，形成了文化人類學中著名的「文化與人格」學派。

　　事實上，關於文化與民族性格之間的相關理論，《文化模式》一書才是露絲‧本尼迪克特的代表作。在此書中，本尼迪克特區分了三種不同的社會模式與民族性格，即新墨西哥的普韋布洛人、美拉尼西亞的多布人以及美洲西北海岸的已經消失了的克瓦基特爾人。普韋布洛人的民族性格屬於「阿波羅式」，強調溫文爾雅、循規蹈矩、團結合作、和睦相處、愛好和平的倫理觀；相比之下，居住位於平原地帶的多布人和克瓦基特爾人則屬於「酒神式」，他們不僅生性多疑，性格暴躁，而且大多具有暴力的傾向。關於普韋布洛人所表現出的「中庸之道」，本尼迪克特認為與該民族盡力在避免使用暴力和藥物有關。相反，多布人和克瓦基特爾人之所以表現出某種「暴力傾向」，與他們經常性地從事戰爭與使用暴力有關。此外，他們還大量地使用藥物、酒精與舉辦盛宴，這些行為在一定程度上也在助長這種性格的形成。[110]

　　博厄斯的另一名弟子——瑪格麗特‧米德在導師的倡議下，前往波利尼西亞的薩摩亞研究薩摩亞人的青春期問題。米德在薩摩亞停留長達 9 個月的時間，重點訪談當地三個村子總計 68 位薩摩亞少女。她的研究結果表明：與美國本土社會截然不同，薩摩亞青少年在青春期內並不必然存在叛逆的心理，因此成年人與青少年的衝突並非由基因所決定的。她把兩個社會的差異歸咎於不同的文化體系，由此產生

110　〔美〕露絲‧本尼迪克特著，何錫章、黃歡譯：《文化模式》（北京市：華夏出版社，1987年）。

不同的文化性格。此外，薩摩亞價值體系中一貫強調集體與合作精神，而這些價值觀來自薩摩亞人撫育兒童方面的習俗，與薩摩亞人家庭結構有密切的聯繫。[111]

概而言之，無論是露絲・本尼迪克特還是瑪格麗特・米德，她們的研究均已表明：一個社會群體的價值與倫理觀，足以影響到這一社會的民族性格。換言之，民族性格首先是由文化塑造而成的，通過研究這一社會成員的民族（族群）性格，自然也就理解了這一社會的整體文化。由此可見，要理解三岩社會的總體文化，有必要先對三岩人的個人性格乃至群體性格進行全面的剖析。另一方面，作為社會成員的個體能否有效地運作，還取決於自身的性格能否與社會有效地接軌。因此，探討社會成員的族群性格乃至民族性格便具有重大的意義。然而，關於社會成員的族群性格，其塑造的過程往往與這個社會的總體文化特徵密切關聯。

文化從一個人傳遞到另一個人，或從上一代人傳遞到下一代人身上，這一過程稱為「儒化」（enculturation）。家庭是一個社會成員進行儒化的首要場所。誠然，其它的家庭成員也在其中扮演著相當重要的角色。至於他們究竟在其中扮演怎樣的角色，取決於這一社會的家庭結構，它對家庭成員的人格形成施加了影響。不僅「學什麼」對於個人在其性格塑造上具有舉足輕重的作用，而且「如何學」所發揮的作用也尤其重要。許多來自人類學的研究顯示，兒童早期的生活經歷，往往會對其成年後人格的形成具有重大的影響。

例如，一項對居住在南非卡拉哈裏沙漠地區的菊霍希（Juhoansi）人的研究表明，一個社會的經濟結構有助於構造撫養孩子的方式，這

---

111 〔美〕瑪格麗特・米德：《薩摩亞的成年——為西方文明所作的原始人類的青年心理研究》（杭州市：浙江人民出版社，1988年）。

種構造反過來會對成年人的人格形成影響。[112]菊霍希人是布須曼人（Bushman）的一個分支，後者曾廣泛地分在非洲南部地區。傳統上的菊霍希人，其經濟模式以遷徙性的採集—狩獵型為主，然而近30年以來，許多菊霍希人被迫定居下來，開始飼養牲畜、種植莊稼，並不定期地從事一些具有工薪性質的短期性勞務。這種傳統型的採集—狩獵型生活方式特別強調男女之間的平等地位，絕少容忍男女中出現一方統治或欺辱另一方的情形。菊霍希男人表現出與女人一樣的溫和性格；相反，菊霍希女人與男人一樣活力充足、自強自立。相比之下，在那些採取永久性定居生活的菊霍希人的村莊中，男人與女人的性格開始呈現出迥異的情形，而這種情況為西方工業化社會所認可的男人與女人應當具備的品質。

在菊霍希人的傳統社會裏，新生兒自呱呱墜地起，便受到母親長達數年的持續性的照顧。一個新生兒與另一個新生兒之間的間隔一般為45年。當然，這並不意味著母親會經常性地與新生兒待在一起。例如，她們有時會到野外採集野果，這時就會把孩子留在家中由孩子的父親或其它家庭成員照料。由於這些家庭成員有男性，也有女性，因此孩子在嬰兒期已經習慣了有男性與女性成員的陪伴。

另一方面，菊霍希人的父親角色並不具備權威性。這些父親也會花費不少時間來照看自己的孩子，他們會糾正孩子的一些不良行為，但極少採用嚴厲或懲罰的方式來讓孩子順從、聽話。因此，菊霍希青少年在成長的過程中畏懼父親的權威並不比畏懼母親的權威來得更多。事實上，一個淘氣的孩子並不會受到過多的責罰，一般大人將其帶走就可以了，或讓其參加一些更加安全可靠的活動。此外，孩子無論男女，均不會被安排參加家庭勞作，他們更多的時間是與自己年紀

---

112 Haviland W A, etal. *Anthropology*: *The Human Challenge*. Belmont: Wadsworth, 2005: 407-408.

相仿的玩伴待在一起，由此形成大小不一的年齡組。因此，在菊霍希人的青春期中，兩性之間並無太多的差異。

然而，在那些定居下來的菊霍希人的村莊中情況可就大不相同了：婦女需要花費大量的時間待在家中，既要從事家務，準備家庭的食物，又要照看小孩。與此同時，成年男人待在外面的時間要多許多，從事農田勞作、種植莊稼、飼養牲畜，或者做一些短工。因此，孩子接觸父親的機會要比接觸母親的機會少許多，這樣容易在父親與孩子之間形成隔膜。由於外部工作所造成的距離感，再加上男人對外部世界的廣泛認識，以及由於參加短工所獲得的現金收入，均有助於強化男性在家庭中的權威性與影響力。

在村子的家庭內部，性別模式的鑄造從較早時就已經開始。女孩子長到一定的年紀，就要學會照看自己的弟妹，以便讓母親擁有更多的時間來處理家務。來自這方面的需求限制了女孩子外出的機會，既要求她們把更多的時間和精力用在家裏，還要求她們學會聽從家長的指令，做事也更加小心謹慎，處理他人的需求時能更加認真細緻。相比之下，男孩子無須照料自己的弟妹，即使偶而被家長委派什麼工作，基本上也是一些外出跑腿的活計。由此可見，女孩的活動空間受到了很大的限制，她們受訓在行為上做到溫順謙讓；男孩的活動空間則被無限地擴大，他們逐步學會去扮演成年男性在家庭中應當發揮的主導性角色。

以上對人格的研究成果足以說明，無論是個人性格、群體性格，或是民族性格，均與兒童和青少年的撫養方式有密切的關聯。這種撫養方式又可分為兩種：依附型（dependent training）與獨立型（independent training）。[113] 依附型的撫養方式強調個體在社會化過程中應當

---

113 Whiting J W M, Child I L. *Child Training and Personality: A Cross-cultural Study*. New Haven, CT: Yale University Press, 1953.

更多地考慮到集體的利益，試圖將自己融入集體中，必要時可犧牲個人的利益。這種模式主要與主幹家庭的結構有關聯，常見於以農業為主導經濟的社會當中，有時也可見於由若干個家庭組建而成的狩獵型群體中。人數較多、規模較大的主幹家庭具有重大意義，因為只有這些家庭才能提供足夠的人力來耕作農田、飼養牲畜，甚至從事一些能夠給家庭帶來收益的短工。此外，依附型撫養方式還借助其它一些有效的方式來引導個體的社會化進程，如互相說明和糾正個體的某些生活行為。一方面，它能給個體提供最大化的援助；反過來，個體也在盡量為集體貢獻自己的綿薄之力。例如，大人對兒童不僅過於放縱，而且給予更多的關愛，特別是在有意地延長嬰兒的哺乳期上。哺乳期一般可持續 34 年，在必要的情況下甚至還可適當地延長。反過來，孩子自懂事起便要學會幫助大人幹一些家務活，甚至在父母不在場的場合下幫忙照料自己的弟妹。另一方面，它時刻糾正個體的一些「不良」行為。例如，如果年輕人身上表現出一些被社會認為是自私自利與過分索取的行為，就會受到大人的嚴厲責備；相反，大人更多地希望孩子們聽話懂事、合作團結、互相說明，從而更好地服務於家庭整體的利益。

相比較而言，獨立型的撫養方式更加注重培養年輕人的獨立和自立的個性，並在個人成就上有所建樹。這種模式主要與核心家庭有關聯，常見以商業、工業化和後工業化為主導經濟的社會當中，後者把獨立性和個人成就作為衡量一個人是否為成功人士的特質，此點對於男性成員而言尤甚。獨立型的撫養方式同樣需要借助其它一些有效的方式來引導個體的社會化進程，其中就包括消極與積極的因素。一方面，從消極的因素上看，嬰兒的哺乳期大為縮短，多數情況下通常採用奶粉取代母乳。嬰兒較早就開始訓練自己攝取食物，甚至要自理大小便方面的事務。此外，嬰兒一般擁有自己的私人空間，多數與父母

親分開來睡。與前工業化社會相比，嬰兒獲得家長照看與關注度明顯
要少許多。家庭中兄弟姊妹的數量並不多，即使家中有數個兄弟姊
妹，照看自己弟妹也並不必然是一個年長孩子的家庭職責，而這一方
面的工作通常由從外界聘請的保姆來完成。另一方面，從積極的因素
上看，孩子展現個人的意願、自信，甚至進取心，往往會受到家長的
鼓勵與支持。無論是在學習上，還是在未來的職業生涯中，這些孩子
很早就懂得：在這個社會中，不是勝利者就是失敗者，但社會只認可
前者，而與他人開展公平競爭則是個人應當具備的品質。總之，在現
代社會的教育方式下，孩子很容易發展出強烈的個人主義傾向，集體
榮譽感要淡化許多。

那麼，在三岩這樣一個以傳統農業為主、畜牧業為輔，外加盜搶
風氣盛行的經濟模式中，又會對青少年和成年人的人格塑造形成怎樣
的影響呢？在筆者看來，與這種經濟模式相適應的，首先是三岩特殊
的家庭結構。就家庭結構而言，三岩社會至少呈現出五個特徵：第
一，行從父居制，以父系血緣為認同基礎；第二，強調兄弟之間的感
情，兄弟共妻制是強化兄弟之間感情的一種婚制；第三，關注家庭
（族）榮譽感；第四，提倡採用主幹家庭；第五，財產由家庭的男性
成員共同擁有。以上五個家庭特徵，均在兒童的涵化過程中起到了潛
移默化的作用。

其次，在對兒童和青少年的撫養方式上，在嬰兒期更多地表現出
依附型的特徵，但自青春期始逐步呈現出獨立型的特徵，也就是說三
岩社會中同時具備了依附型和獨立型兩種撫養孩子的方式。按照三岩
當地的傳統觀念，雖然嬰兒是父母的骨肉，是由父親的「骨」、母親
的「肉」構成其身的，但是在他成年之前，所形成的生命個體卻是與
父母完全無關的新人。這種認知體系的形成，大抵與藏傳佛教所提倡
的輪迴觀念有關。按照此種輪迴概念，當一個人去世以後，要進入一

種中陰狀態，然後才進入五（六）道輪迴當中；至於轉入何種境地，取決於這個人生前的業力。[114]嬰兒出生後的頭一個月內，通常要請當地的活佛過來給孩子行第一次的灌頂禮，賦予嬰兒生命的力量[115]。這一儀式要在清晨舉行，除了請喇嘛念經以外，還要舉行一個簡潔的煨桑儀式，以清除孩子出生後給家裏帶來的不潔淨之物。此後還要連續念 12 個月的經文，共計 13 個月，人們認為這樣才算念滿了一週年。所念的經文基本相同，主要有《嘎解》、《然巴》、《普巴》等。其作用是祛除疾病和災難，保祐孩子健康快樂地成長。每次念一部經即可，但具體念哪一部，需要喇嘛當場打卦確定。所請喇嘛、紮巴的數量視家庭經濟情況而定，一般四五個即可。另外，與內地「本命年」的說法相似，三岩同樣以十二生肖來標示年齡。三岩人很重視他們的「本命年」，在這一年還有一個專門的念經儀式——「呷覺」，同樣需要邀請喇嘛過來念經。在當地藏語中，「呷」是障礙、疾病、困難的意思，「覺」是糾正的意思。「呷覺」就是祛除病魔、健康成長的意思。

當給新生兒特意舉辦的第一次煨桑儀式順利地結束以後，親朋好友才可登門造訪，並帶來禮物慶賀。到了適當的時候，父母還要把新生兒帶到附近的寺院並請活佛給孩子命名，據說這樣做嬰兒才能獲得神的庇祐，健康快樂地成長。給嬰兒命名無疑具有重大的社會意義，因為它認可了嬰兒出生的權利，從而確立其合法的社會成員的身份。

嬰兒自出生以後，一直由母親負責照顧，甚至連外出勞作都會將其背在自己的身上，可謂寸步不離。到了晚上，嬰兒也會與母親睡在一起。每逢孩子有生理需要或大吵大鬧而無法入睡，母親總是適時地為其哺乳。這一時期可持續到嬰兒長大至 23 歲。此時孩子不僅掌握了一些基本的生活詞彙，而且逐漸具備了自我意識。正是這種自我意

---

114 蓮花生著，徐進天譯：《西藏度亡經》（北京市：宗教文化出版社，1995年）。
115 當地人按照虛歲計算年齡，小孩在娘胎內就被視作生命的開始，一出生便是1歲了。

識，在孩子的涵化過程中扮演重要的角色，因為它開始讓人為自己的行為負責，學會與不同的人交往，並承當起一系列不同的社會角色。此外，三岩人從來不體罰嬰兒，如果孩子有什麼淘氣的行為，至多也是採用恐嚇的方式加以糾正。例如，筆者在三岩從事田野工作期間，從多家的入戶訪談獲知，除了以往引用三界中「鬼怪」的概念來恐嚇孩子外，「趙爾豐」在近代竟然也發展成為其中的一個「怪物」的名稱。例如，每當嬰兒吵鬧不休，母親就會在其身旁不停地安撫，一邊口中念念有詞：「孩子不哭啦，不哭啦！趙爾豐要來了！趙爾豐要來了！」何以趙爾豐竟然也成為了「怪物」？或許與趙爾豐曾在康區和三岩進行過血腥的鎮壓有關。當然，此種做法也常見於其它的民族地區。例如，西非潘格威男子或較大的孩子在房子外面揮舞吼鬧發出聲音，對孩子說是「吃小孩的」精靈「埃比本古」來了，讓他們從小就對那些不可知的神秘力量有所瞭解；齊佩瓦印第安人也用到相似的方法，他們用「熊要抓了」之類的話來嚇唬孩子，有時將一隻舊鹿皮鞋穿在木棍上，從外面伸進帳篷好像熊真的來了，使得那些「小犯人」大為驚慌；[116]霍比人在教育孩子時，也會用到「卡其那」這個傳說中的食人怪獸來恐嚇那些不聽話的孩子。[117]以上諸多民族的教育做法，雖然形式有所差異，但是目的可謂殊途同歸：既達到寓教於人的目的，也使得孩子不會與自己產生過大的距離感。正是這一時期母親對孩子的精心呵護，不僅強化了孩子與母親的聯繫，而且也為孩子初期人格的形成奠定了堅實的基礎。在此之後，父親以及家庭其它的成年男性陸續加入了撫養孩子的行列。由於三岩大多以主幹家庭為主，當

---

116 〔德〕利普斯著，李敏譯：《事物的起源》（西安市：陝西師範大學出版社，2008年），頁215-216。

117 Queen S A, Habenstein R W, Quadagno J S. *The Family in Various Cultures*. Cambridge: Harper & Row, 1985:46.

地又盛行一妻多夫制婚姻，一個家庭內部可能會出現好幾個父親，這些男性成員不僅經常給孩子帶來禮物，而且還會帶他們去外面遊玩。可以說，通過眾多成年男性成員的「言傳身教」，孩子在其成長的過程中無疑會深受影響。

再者，由於三岩一直存在一種「男本位、女末位」的思想觀念，這種「大男人主義」容易導致孩子對父親產生崇拜的心理傾向。在兒童時期的最早階段過去以後，男孩會模仿父親的勞作、捕獵、戰爭等行為。這是一種自然形成的英雄崇拜。他們會製造出屬於自己的小工具和武器，其形狀很像父親使用的工具和武器，其中就包括了木製的刀和槍；此外，他們還聆聽有關自己家族與帕措的事蹟與傳說，培養出強烈的家庭（族）榮譽感。女孩則向母親學習做飯、打酥油、擠奶、拾牛糞、砍柴火等行為。她們最初只是把這些活動當作遊戲，後來則將其作為專心致志去做的工作，逐步掌握了作為一名家庭婦女應該掌握的所有的生活知識與技能。通過這些刻意的模仿，孩子逐漸培養出自己的謀生技能，使自己最終成為一個合格的帕措成員。

此外，由於三岩社會存在整體稀缺的情況，互惠型的經濟模式早已嵌入到當地社會文化生活當中。例如，當帕措集體外出搶劫或偷盜獲得食物或生活物品，均要在內部實行平均的分配，孩子自懂事起就已獲知家庭或家族內部相互依存、相互幫助的重要性。因此，在這一時期內孩子表現出任何有悖於家庭團結的行為，均會受到家長的嚴厲責備。然而，當孩子進入了成年期並能為自己的行為負責時，他們又被寄予厚望，即個人能夠積極進取、自立自強，勇於去外部冒險與探索（如實施偷竊與搶劫等活動），通過自身的努力為家庭帶來實際的收益，最終為整個帕措提高聲望。

概而言之，來自嬰兒期與成年期兩種截然不同的撫養方式與社會文化模式，直接造成了三岩人在人格上的雙重性。此外，匱乏的自然

資源、頻發的械鬥、「血仇制」的存在，以及「男本位、女末位」的思想觀念，必然強化一名成人三岩男子在個性上最終具備勇敢好鬥、堅毅冷漠、深思熟慮，以及富有侵略性等品質；這就與以往受社會所認可的個人應當表現出溫順聽話、團結合作、相互謙讓的個性形成了鮮明的反差。

由此可見，三岩人在青春期前後，個人性格逐漸呈現出不同的特徵，所扮演的社會角色也有所不同。從另一個角度上看，表明社會對個人所扮演角色的期待發生了混淆的情形；此外，三岩的社會群體由於帕措的存在，雖然一貫以嚴厲的群體約束力而著稱，但它也在一定程度上默許甚至助長這種角色混亂情形的產生。

英國人類學家瑪麗·道格拉斯從個人與群體的角度出發，探討社會形態與儀式行為的關係，並在此基礎上提出了著名的「群格」理論。[118]道格拉斯認為，社會形態可分為「群」（group）和「格」（grid）兩個向度來加以闡釋：群一般是帶有明顯界限的社會群體，指如何明確定義個人的社會地位是否處於一個有界線的社會群體之內或之外；格概指社會中個人與他人交往的準則，包括角色、類別、範疇等。她還認為，群與格還可在不同的向度發生交互作用，由此形成一個類似於數學中關於象限概念的社會境遇圖。

橫軸代表群的向度，由左至右順著箭頭所指方向，群體所形成的約束力逐步增強；縱軸代表格的向度，由下至上順著箭頭所指方向，個人與他們交往互動的準則逐步嚴格。群與格兩向度縱橫交叉，形成了 A、B、C、D 四個象限。A 象限代表一種社會其群體約束力很強，同時個人角色的規定亦極其嚴格；B 象限代表一種社會其群體約束力依然很強，但個人角色的規定相當鬆散，甚至發生了混亂的情

---

118 Douglas M D. *Natural Symbols*. New York: Vintage, 1973.

況；C 象限代表一種社會其群體約束力很弱，群體界限模糊，但對個人角色的規定極其嚴格，重視人際交往與互動；D 象限可視作 A 象限的對立面，代表一種個人主義傾向極重的社會，在這樣散漫型的社會中，社會約束力與個人角色的規定都極其鬆懈，幾乎是一種沒有組織的社會。[119]

按照道氏的理論，A 象限的社會因為群的約束力很強，個人角色的規範嚴格分明，所以是一個非常講究形式化的社會，傳統的中國漢族社會可算作其中的代表。相比之下，B 象限的社會屬於群體約束力很強而個人角色規範模糊者，三岩社會可劃入這一範疇之內。這種類型的社會由於群體約束力很強，所以非常注重社會群體界限的存在，內外的區分涇渭分明，我群與群外的分野極其明顯。另一方面，由於在社會內部個人角色規範的模糊性與不確定性，促使對群體界限內外的重視，內部的混淆不清與困境，都懷疑是外來敵人所致，因此敵我界限分明，內部意見發生分歧時，就懷疑是外敵的唆使所引起的內奸，所以清掃內奸、抵禦外敵是這類社會的特徵，道格拉斯稱其為「社會衛生」（social hygiene）的社會。[120]

綜上所述，由於帕措制度的存在，三岩社會的群體約束力表現極強，這是一種基於父系血緣為認同依據的約束力，能對個人產生強大的作用。另一方面，由於三岩社會內部的個人角色規範呈現出兩重性特徵（如表現在人格上），導致了這種社會非常注重社會群體界限的存在，注意區分我群與群外的差別。從社會宇宙觀的投射上看，表現出善與惡兩種勢力的對立與抗衡；在思想意識上，則認為一切外來的不利因素都應該清除。因此，三岩人的族群性格在總體上表現出一種自我保護意識下的侵略性特徵，此點或許與藏族的民族性格和文化傳

119　Douglas M D. *Natural Symbols*. New York: Vintage, 1973:83-86, 169-173.

120　Douglas M D. *Natural Symbols*. New York: Vintage, 1973:140.

統有直接的關聯。彼德王子曾經描述藏族的民族性格：「內在的殘忍性，甚至於封建時代的虐待狂，表面上都成為了藏族性格的組成部分。」[121]可以說，三岩人的人格特徵是藏族民族性格的縮影，除了獨特的家庭撫養方式在其中扮演著重要的角色以外，它還與當地特殊的自然環境和社會制度（特別是帕措）有關，其中與侵略性有關的群體性格特徵，在一個長期處於整體稀缺的社會中表現得尤其明顯，特別是該社會的約束力極強，不同集團的成員長期處於相互敵對的狀態，且械鬥又在頻繁地發生。

三 成年禮

必須指出，三岩人的個性從早期的溫順型轉型到以侵略型為主要特徵，並非一蹴而就的，其中還存在著一個過渡階段。處於這一階段的孩子們開始覺得大人們對他們的態度發生了變化，有些過失行為不再得到大人的原諒或縱容，但有些大人才有資格參與的行為卻又不讓他們去做。他們失去了以往作為孩子所能享受的種種特權，又被排除在成人所享受的權利之外。例如，如前文所述，三岩帕措採用的是直接的民主制，而不是世襲制，每位帕措男性成員均有參政的義務，但帕措中只有 15 歲以上的男性才可出席帕措成員大會，15 歲以下雖然可以參加會議，雖算帕措成員但沒有選舉權和投票權。因此，在成長的過程中，處於 13 周歲至 15 周歲之間男性就會處於一種矛盾的時期：既被剝奪了未成年期的各種自由，但又未被賦予作為成年男子應該獲得的權利。

可以說，實現由未成年人轉向成年人、或由不成熟轉向成熟的，

---

121 Prince Peter of Greece and Denmark, H R H. *A Study of Polyandry*. The Hague: Mouton, 1963:457.

是一種名為「成年禮」的人生儀式。它在三岩人雙重人格的轉型過程
中，扮演著極其重要的角色。成年禮是為承認年輕人具有進入社會的
能力和資格而舉行的人生禮儀，是個人由個體走向社會的必經之路，
標誌著個體具備成年人應當擁有的能力與社會地位，同時享受作為
成年人應當獲得的各種權利。一個人經過漫長的儒化過程後，逐漸走
向成熟，脫離了親人的養育、監護，開始享受所在集團和社會所賦予
的權利與承擔起相應的義務。在這個時候，人們要舉行一系列的禮
儀，來紀念當事人完成了由不成熟走向成熟的階段，這種禮儀就是成
年禮。

　　成年禮是一種普遍存在的文化現象，許多民族和部落至今依然保
留著許多隆重的成年儀式。當這些民族的男孩女孩發育成熟時，要舉
行盛大的儀式將他（她）們納入成年人的行列。例如，在漢族傳統文
化當中，一直有「二十弱冠」的說法。古代男子 20 歲算成年，行莊
重嚴肅的「加冠之禮」，以示成人。至今客家人在為孩子舉行成年禮
時，還保留有一個名曰「上號牌」的重要儀式，即由舅舅為外甥取
「字」或曰「表字」，要求舅舅在外甥結婚時取好字，請畫師或有文
化的先生題寫在「錦字畫」[122] 上，等外甥成親，舅舅來賀時一併送
贈，掛在祖堂或私房正廳的中堂，並要在拜堂前當廳作贊恭賀外甥成
丁及新婚之慶。廣東省潮汕地區至今保存著一種名為「出花園」的成
年禮儀式。在揭陽的普寧市，孩子無論男女若長到 15 歲，就要舉行
「出花園」儀式。普寧人認為小孩自小生活在花團錦簇、鶯歌燕舞的
花園裏，生活充滿了天真爛漫的童趣。然而，到了 15 歲，孩子的言
行思想都到了一個轉捩點，從此告別無憂無慮、懵懂無知的年代，步

---

122 俗稱「風景畫」，畫的內容多為龍鳳呈祥或喜鵲登梅、花開富貴等，且多嵌錦、
　　福、雙喜、紅桃心等字樣。

入致學上進、謀事創業的人生歷程。「出花園」儀式一般定在農曆七月七日即乞巧節。選擇這一天寓意孩子將來巧妙處世、足智多謀。孩子「出花園」時應拜阿婆（床腳婆、公婆母），阿婆在當地不僅是民間文化中一位和藹可親的阿婆媽，更是一位地方保守神。據說，孩子的「膽識」便是在這位阿婆的調教和護理下與日俱增。若是位男孩，除了拜公婆母外，還需到神廟祭拜老爺。經過了「出花園」儀式，孩子便獲得了成年的地位，可以在飯桌上要坐大位。[123]

在傳統的基諾族社會中，當一個男孩子滿 16 周歲時要舉行成人禮。一般對當事人（將要舉行成年禮的男青年）事先保密，待暗中做好一切準備工作後，到時用突然襲擊的方式，將該青年劫持來會場參加儀式。劫持受禮者的任務是由「饒考」[124]的成員來實施和完成的。按照基諾族的習慣法，劫持時當事人若逃跑，則要遭到石塊和棍棒的襲擊，負傷咎由自取。在成年禮上，當事人還要接受母親贈予的裝有煙盒、檳榔盒的精製通帕，母親要親手把這通帕挎在兒子的肩上。通過這種成年儀式，當事者從此加入成年未婚男子社團，同時確定了他在村寨社會分層中的地位，作為村寨的正式成員和衛士的角色也得到了神和人們的承認。[125]至於女孩的成年禮，則因寨而異，有的也存在類似男子成年禮儀式的突然劫持，有的則沒有，但都要接受父母的贈禮——全套農具和成年衣飾。[126]

瑤族人也很重視成年禮。瑤族男孩長到 12 歲後，即可舉行「度

---

123 普寧市民間文藝家協會編：《普寧民俗禮儀》（北京市：社會科學文獻出版社，2010年），頁28-29。

124 「饒考」是基諾族社會中的成人未婚青年組織，屬於成人社會的一個群體，只有舉行過成年禮之後才能加入該組織。

125 杜玉亭：〈基諾族男子成年禮儀式簡論〉，《雲南社會科學》1989年第6期。

126 金少萍：〈基諾族傳統社會中的未婚青年組織〉，《中南民族學院學報》2000年第1期。

戒」儀式，他們認為，只有經過了「度戒」的男子，才能被承認是盤古王的子孫，也才有權接受師父的香火，受到族人的尊重。[127]「度戒」儀式分為燒香、正式度戒、度師和度道等幾個程序，期間當事人還要接受諸如「上刀山」、「過火煉」、「睡陰床」、「跳高臺」等多種危險的考驗。以「跳高臺」為例，雲臺由 4 根 4 米多長的木柱擺成正方形，一邊紮以橫木作梯。受戒者在師公的帶領下登上雲臺，等師公念完戒詞後，受戒者要團身抱膝，勇敢地從臺上翻至雲臺下那張鋪有稻草的藤網，跳落中可以表演一些精彩的翻騰動作，以展示自己的驍勇，也象徵所要經歷的人生歷程。受戒者剛落下，下邊的人就拉起藤網一齊用力旋轉。此時，四周歡呼聲響起，讚揚孩子的勇敢無畏，祝賀又一個瑤山漢子走入了社會。[128]

臺灣卑南族的少年在 12 歲或 13 歲的時候開始進入「少年會所」，在「少年會所」期間，禁止與女性講話，禁止飲水，禁止吃肉，一天只能吃一餐，晚上去不為人知的地方練習跑步、歌舞，動作不對或者精神狀態不好都將受到鞭打重罰，時間共計 7 天，在此期間還要為老人捕魚，供其食用，並接受老人的訓示。[129]

藏區很多地方長期保留佩刀、掛槍的習慣，三岩便是如此。腰刀是農牧民生產、生活的必需品，也是一種防衛武器，當地人特別喜愛，尤以男子為甚。腰刀藏語稱為「打久織」，長短不一。一般說來，男子所佩之刀長些，打鬥時不易吃虧。刀子的長度從手柄至刀尖，有 2 尺半（1 尺＝0.33 米）、3 尺長的，也有 1 尺半長的。女子佩刀較短，約 7 寸（1 寸＝3.33 釐米）。誠然，藏區中女子佩刀的現象

---

127 晏紅興：〈瑤族成年禮——度戒〉，《今日民族》2003年第6期。

128 戴龐海：〈成人禮的類型與特徵〉，《河南科技大學學報》（社會科學版）2006年第5期。

129 同上。

並不多見（主要在牧區中），更多具有裝飾的作用，不是表示這名女性為已婚婦女，就是意味此人具有一定的社會地位與威望。

但在三岩，一個男孩長滿 15 周歲時，便要邀請喇嘛過來為他舉行一個正式的宗教儀式，從此以後他被看作成人，身上可以佩帶腰刀了。這種活動就是一種成年禮儀式。舉行「配刀禮」後，當事人就要在帕措中盡成年男子的義務了，這時他被稱為「措巴」，意為帕措中的一員，帕措會議他要參與，在對外械鬥中，就要衝鋒陷陣了。在藏族社會，成年男子身配藏刀是歷史上傳承下來的習俗。在康巴地區，人們常說，真正的漢子沒有女人可以，但是另外兩樣東西必不可少：一是馬匹，另一樣就是腰刀。過去，帕措間的械鬥比較普遍，藏刀是帕措成員出門必須攜帶的武器。「佩刀禮」無疑是帕措文化的一個重要組成部分。由於三岩人極其看重腰刀的價值，常常以金銀鑲之。正因為如此，在槍被三岩人廣泛地使用之前，長刀與駿馬、藏白酒一道被譽為三岩的「三寶」。關於三岩人所使用的鋼刀，傅嵩炑曾有過形象的描述：「鋼刀長三二尺，寬一二寸，或以鐵為鞘，或以皮為鞘，鞘上間有飾以金銀珠玉者，刀鋒甚利，雖快槍亦能砍斷。」繼而他講述了一名部下與持刀藏人的事例，前者所持的九連發快槍被後者的刀所砍斷。[130]

無獨有偶，日爾曼人也有佩刀習慣。他們不論做公事或私事，常常攜帶著武器，在舉行儀式時他們用武器做出信號來表示他們的意見，如果不同意，便表示輕蔑，如果同意，便一齊敲擊長槍。當一個人長大，有力量攜帶武器的時候，他便被領到一個委員會授予一枝長槍和一把盾牌，從那時候起，他就是成年人了。過去他是家庭的一部

---

130 馬大正主編：《民國邊政史料江編・第25卷》（北京市：國家圖書館出版社，2009年），頁462。

分，現在他是共和國的一部分了。[131]

　　成年禮儀式可分為五種類型，分別為開導型、考驗型、標誌型、裝飾型和象徵型。[132]就三岩的「佩刀禮」而言，應當屬於標誌型的一種，其目的在於表現出區別，即它作為一個族體的「標記」，用來區分一個親屬群體與其它親屬群體的差別。在三岩帕措的階層社會中，則表示一個三岩人由一般平民（即兒童）加入到勇士團的行列。

　　阿諾德・馮・格內普（Anold van Gennep）提出了「通過儀式」（the rites of passage）的概念，並把它們分為三個階段：分離、過渡和整合。[133]所謂「通過儀式」，就是幫助個人通過種種生命過程中的「關口」，使之在自己的心理上以及與他人的關係上能順利達成。[134]「通過儀式」實質就是各種人生儀式，成年禮無疑屬於其中甚為重要的一種。考察三岩人的成年禮，它同樣具備分離、過渡和整合等三種特徵：

1 分離

　　分離的作用在於割斷剛剛成年的人對家庭的依賴，使其對家庭的忠誠轉變為對帕措的忠誠，並進一步加深對帕措族群的認同感。這種分離往往需要一些象徵的手段來加以表達。例如，居住在非洲剛果地區的科達人（Koda），剛剛獲得成年人資格的年輕人在成人禮上要全身塗成藍色。當地認為藍色代表死亡，全身塗成藍色則代表著兒童時代的「死亡」，而代替的則是作為成年人的「新生」。玻利尼西亞的提

131　〔法〕孟德斯鳩著，張雁深譯：《論法的精神》（北京市：商務印書館，1982年），頁298。

132　伊力奇：〈「成人禮」的來源、類型和意義〉，《中央民族學院學報》1986年第3期。

133　Van Gennep A. *The Rites of Passage.* Chicago: the University of Chicago Press, 1960.

134　李亦園著：〈儀式〉，《宗教與神話》（桂林市：廣西師範大學出版社，2004年），頁37。

冠皮恩人（Tikopian）在為即將成年的男孩舉辦「成年禮」時，會在受禮人的身上塗滿像血一樣的薑黃和椰子油的混合液，以象徵該男童「已死」。翌日，男孩的親屬開始服喪。在這期間，他們還會為「死去的」孩子不斷地哭喊。同樣，在三岩地區舉行「配刀禮」，象徵以往一個懵懂無知的少年的死亡，意味著一個新的「措巴」加入了勇士團的行列。

為即將成年的帕措成員舉行「配刀禮」，在帕措內部屬於頭等大事，必須認真對待。每年藏曆五月十五，帕措全體成員須到鄰近的神山舉辦一場隆重的煨桑儀式。煨桑儀式一般持續 35 天，「配刀禮」便在這時期內完成。舉行「配刀禮」時，在帕措全體成員的目光注視下，由帕措頭人親自將一把新的腰刀遞到受禮人的面前，受禮人躬身接受。在族人的吆喝簇擁下，受禮人將其佩帶在身上，標誌自己成為「勇士團」的一員，並且親自參加隨後舉行的射擊、抱石頭和跳鍋莊舞等各種文藝活動。舉辦這一儀式時，還要邀請寺廟的喇嘛前來念誦專門的經文，預示著受禮人在靈魂上也完成了人生洗禮。由於三岩當地信奉五道輪迴和轉世的觀念，認為孩子在未成年前其魂魄還沒成長健全，處於一種極其不穩定的狀態，因此孩子隨時可能遇上生命的危險。如果孩子在未成年前[135]去世，一般經喇嘛打卦實行樹葬[136]，寄望孩子能夠早日投胎，重新做人。因此，從分離的象徵意義上看，三岩人的「成年禮」不僅意味一名成年人與未成年人的徹底脫離，而且在精神上也認為當事人具備了作為一名成年人應當具備的成熟與健全的魂魄。

---

135 一般認為在14歲前，特別是13歲。當地認為13歲是孩子的一道坎，這一年是孩子最容易得病和遭遇不幸的一年。

136 關於樹葬在後文的民俗篇中有專門的論述。

2 過渡

　　過渡階段也可看作是一種蛻變期。在這期間，要對接受施行「配刀禮」的少年進行某種形式的測試，以確定他已經具備了成為成年人的資格。這種測試的目的，是通過某種緊張的磨煉，給當事人留下終身難忘的「銘記」，並且使得那些剛剛成年的人獲知，即使他們已經成年，但地位還很低下，帕措頭人和長老團成員在他們身上行使權利，他們不可拒絕。例如，非洲以游牧為生的庫族（Kung）的年輕人必須分別殺死一隻雄性和雌性的大型動物才可獲得認可，從而成為真正的男子漢。動物被殺死之後，還要分別在青年的胸口、背部和手臂上割開一道垂直的傷口，然後從被殺死的動物身上取出油脂，與草藥混合，塗抹在傷口上。傷口癒合後留下的傷痕便成為成年男性身份的永久象徵。臺灣先住民賽德克族要求年輕人必須成功獵取一具頭顱回到村寨，這樣才有資格在自己的臉上留下「文面」的印記。獵首成功者的手掌必留有血痕（呈血紅色），這是辭世後靈魂要回到祖靈身邊無可取代的烙印。只有經過「文面」的人，才能被視作真正的男人，往生後才能跨越「彩虹橋」，回到祖靈的身邊。

　　同樣，帕措內部需對那些剛剛步入成年人行列的少年進行測試，一般要求他們獨自完成一次搶劫或偷盜的任務，以檢查他們是否具備了作為帕措成員最基本的謀生本領。這種盜搶的任務，既可由帕措頭人或長老團委派，也可由自己獨自策劃和實施。然而，如果這名少年還肩負著家族的「血仇」重任，則由帕措召開集體會議後決定具體的復仇行動方案，只有完成了「血仇」的人，才能被帕措接受為真正的成員。例如，2007 年，四川山岩鄉兩個戈巴發生了械鬥並一方戈巴有一名重要成員死亡，該戈巴經過召開帕措大會，決定由一名剛完成成年禮的年輕人用槍殺死另一戈巴的頭人，儘管這位年輕人與那位戈

巴頭人是甥舅的關係。這名年輕人所展現出的勇氣和能力，最終獲得該帕措內部的一致認可。此後每逢該帕措有重大的行動，均可見到這名年輕人活躍的身影。

3 融合

融合是成年禮的最後一個環節，指回歸日常生活的階段。這時，經過了成年儀式洗禮的少年不僅社會地位得到了提升，他們的身份也會得到重新認定。通過加入屬於自己年齡組的社會團體（即帕措的勇士團），當事人確定了自己在帕措社會分層中的地位，自己作為正式的帕措成員不僅經受了帕措內部的考驗，而且最終獲得族人的承認。誠然，剛開始時他的社會地位還很低，不僅需要聆聽帕措頭人和長老團成員的意見，還需要經歷更多的磨煉，慢慢地積累生活經驗與社會威望，同時鍛鍊好自己的口才，最後才有可能成為一名讓族人信服的帕措頭人。

關於成年禮，瑞士科學家斯佩塞曾作出甚為精闢的解釋，他認為，原始人舉行成年禮的重要意義在於允許被接納的年輕人分享部落中的重要的食物。[137]從這一個意義上講，一名三岩少年通過成年禮最終融入自己的帕措組織，成為了處於帕措核心階層——勇士團的一員，不僅可自由參與帕措組織的各種重大活動、獲得在帕措大會上的選舉權和被選舉權等權利，而且還可獲得分享帕措內部重要的食物的資格。

值得注意的是，三岩社會中的成年禮是以男性為中心的，女孩邁入了性成熟和成年期，既不會舉行類似於男孩的隆重儀式，也不會像藏區的其它地方一樣舉辦特殊的儀式或採用一些明顯的標誌來加以區

---

137 〔德〕利普斯著，李敏譯：《事物的起源》（西安市：陝西師範大學出版社，2008年），頁219。

分，例如，到了成年年齡的藏區女孩，要舉辦盛大的成人儀式，受禮人不僅要請別人幫忙梳理頭髮，還要邀請喇嘛過來誦經祈福，然後戴上家裏最珍貴的珊瑚項鍊和耳環，在同伴的陪伴下一起唱成年歌；[138]或者在藏曆的正月初三，要改變其髮式和佩帶頭式，並且在髮辮上反扣上各式大小不一的銀碗，名為戴「敦」；[139]或者在 15 歲左右時要將頭髮編成獨辮盤在頭上，表示自己未婚。[140]然而，這並不意味三岩女孩沒有一個類似的成年禮儀式，只是不在更多的場合下宣揚而已。事實上，三岩的女孩子在 15 歲以前是不留長髮的，基本上一年剪一次；但是如果她年滿 15 歲，就有留長髮的資格。留有一頭烏黑的秀髮，是三岩青春少女的驕傲，同時作為她成熟的標誌，意味著她從此可以談婚論嫁了。

三岩女孩發育成熟後，一般以開導型的教育為主，即在她們的「初潮」之後，開始由母親或祖母「授以婦道」，指導少女如何去過婚後的生活——生育和撫養孩子、操持家務等。這時母親往往把自己身上最為珍貴的紅珊瑚項鍊或用紅繩穿起的瑟珠、寶石佩帶在女孩的身上。誠然，與男孩子相比，三岩女孩子的成年禮無疑黯然失色了許多，這點可能與當地長期存在的「男為本，女為末」的思想有關。此外，帕措的存在也在一定程度上壓制了女性採用某種具有張揚性的儀式。例如，以往各帕措之間為了爭奪漂亮的、剛剛邁入成年人行列的某一帕措的女子，經常會引發械鬥事件。為了避免這種不必要的爭端，一些帕措會儘量掩蓋女孩的實際年齡，甚至不惜將一些長相漂亮

---

138 尚義、索南吉：〈貴德藏族女性成年禮儀述略〉，《青海民族學院學報》（社會科學版）2009年第3期。

139 仇保燕：〈藏族姑娘的成年禮戴「敦」〉，《民族大家庭》1999年第2期。

140 劉勇等：《鮮水河畔的道孚藏族多元文化》（成都市：四川民族出版社，2005年），頁72。

的女子送到寺廟去當覺母，這樣就在不知不覺中淡化了女孩子行成年禮的重要性。

社會學家埃里克・埃里克森（Erik Erikson）認為，人格的發展有一個在生理上預先設置的機制，而人的全面發展可分為八個階段，其中處於 12 歲至 20 歲年齡段的年輕人，其社會化的最大挑戰是獲得屬於自己的社會身份（identity），即回答「我是誰？」、「我要去哪裏？」等諸多問題。幾乎所有的年輕人在致力於建立這種社會身份的過程中，都會經歷一些困惑，這種挑戰的壓力往往會讓人心力交瘁。[141]

對於三岩社會的男青年來說，他們經歷具有分離、過渡和融合特徵的成年禮儀式之後，希望在自己的身上能展現出一名成年男子應當具有的集體觀念和勇敢精神；對於三岩社會的女青年來說，她們經過家長的「開導式」教導，希望在自己的身上展現出女性持家有道的可貴的品質。從這一方面考慮，三岩社會的成年禮的社會學意義，集中體現在其傳統的教育性之上。

---

141 Curry T, Jiobu R, Schwirian K. *Sociology for the Twenty-First Century*. Upper Saddle River: Nancy Roberts, 2004:82.

芛野東南民族叢書 A0202010

整體稀缺與文化適應：三岩的帕措、紅教和民俗　上冊

作　　者　許韶明、何國強
主　　編　何國強
責任編輯　蔡雅如

發 行 人　陳滿銘
總 經 理　梁錦興
總 編 輯　陳滿銘
副總編輯　張晏瑞
編 輯 所　萬卷樓圖書股份有限公司
排　　版　林曉敏
印　　刷　維中科技有限公司
封面設計　曾詠霓

出　　版　昌明文化有限公司
桃園市龜山區中原街 32 號
電話　(02)23216565
發　　行　萬卷樓圖書股份有限公司
臺北市羅斯福路二段 41 號 6 樓之 3
電話　(02)23216565
傳真　(02)23218698
電郵　SERVICE@WANJUAN.COM.TW
大陸經銷
廈門外圖臺灣書店有限公司
　　電郵　JKB188@188.COM

ISBN 978-986-94605-9-0
2019 年 1 初版二刷
定價：新臺幣 360 元

如何購買本書：

1. 劃撥購書，請透過以下郵政劃撥帳號：
　　帳號：15624015
　　戶名：萬卷樓圖書股份有限公司
2. 轉帳購書，請透過以下帳戶
　　合作金庫銀行 古亭分行
　　戶名：萬卷樓圖書股份有限公司
　　帳號：0877717092596
3. 網路購書，請透過萬卷樓網站
　　網址 WWW.WANJUAN.COM.TW
大量購書，請直接聯繫我們，將有專人為您
服務。客服：(02)23216565 分機 10

如有缺頁、破損或裝訂錯誤，請寄回更換
版權所有·翻印必究
Copyright©2017 by WanJuanLou Books CO., Ltd.
All Right Reserved　　　　　Printed in Taiwan

國家圖書館出版品預行編目資料

整體稀缺與文化適應：三岩的帕措、紅教和
民俗 / 許韶明, 何國強著.-- 初版.-- 桃園
市：昌明文化出版；臺北市：萬卷樓發行,
2017.03　冊；　公分.-- (芛野東南民族叢
書；A0202010)
ISBN 978-986-94605-9-0(上冊：平裝). --
1.少數民族 2.民族研究
535.408　　　　　　　　　　106004097

本著作物經廈門墨客知識產權代理有限公司代理，由廣州中山大學出版社有限公司授權萬卷樓圖書股份有限公司出版、發行中文繁體字版版權。